生活因阅读而精彩

生活因阅读而精彩

向孔孟学雄辩

最有中国味的说话之道

刘小漂◎编著

中国华侨出版社

图书在版编目(CIP)数据

向孔孟学雄辩:最有中国味的说话之道 / 刘小漂编著.
—北京:中国华侨出版社,2013.5

ISBN 978-7-5113-3580-7

Ⅰ.①向… Ⅱ.①刘… Ⅲ.①辩论-语言艺术-中国-通俗读物 Ⅳ.①H019-49

中国版本图书馆 CIP 数据核字(2013)第099578 号

向孔孟学雄辩:最有中国味的说话之道

编　　著 /	刘小漂
责任编辑 /	尹　影
责任校对 /	志　刚
经　　销 /	新华书店
开　　本 /	787 毫米×1092 毫米　1/16　印张/18　字数/290 千字
印　　刷 /	北京建泰印刷有限公司
版　　次 /	2013 年 6 月第 1 版　2013 年 6 月第 1 次印刷
书　　号 /	ISBN 978-7-5113-3580-7
定　　价 /	32.00 元

中国华侨出版社　北京市朝阳区静安里 26 号通成达大厦 3 层　邮编:100028

法律顾问:陈鹰律师事务所

编辑部:(010)64443056　　64443979
发行部:(010)64443051　　传真:(010)64439708
网址:www.oveaschin.com
E-mail:oveaschin@sina.com

前言 Preface

    自古以来，有人的地方就有语言，有语言的地方就少不了辩论。大到国家党派之争，小到主妇买菜讨价还价，生活无处不辩论。

    春秋时期，大大小小的学者、思想家代表着不同流派的思想和阶级利益对宇宙、对国家、对社会万象阐释观点、著书立说、自立门派、雄辩四方，出现了百家争鸣的文化盛况，经过千百年的洗礼，其留下来的思想瑰宝至今还闪耀着真理的光辉，对中华文化产生了非常深刻的影响。

    期间，以孔子和孟子的成就最为耀眼。"至圣"孔子开创儒家思想，毕生周游列国，在同各国君主的一次次辩论中宣扬以仁为本的思想主张。孟子继承了孔子的思想，著有《孟子》一书，被后世尊称为亚圣。与孔子在《论语》中的谆谆教诲不同，《孟子》的大部分文章气势浩然、层次鲜明、逻辑紧密，通篇充斥着机智幽默的辩词。

    可以说，孔孟之道得以发扬光大，全靠两位圣人的雄辩之才。

    关于孟子的善辩，在《孟子·滕文公下》中有一段这样的对话：公都子问孟子："外人皆称夫子好辩，敢问何也？"孟子的回答是："予岂好辩哉？予不得已也。"孟子将辩论当作思想斗争的有力武器，用来对付乱臣贼子，教化贤君明主，推行自己的政治主张。

难怪中国历史上最著名的文学理论家刘勰评价孟子的说话艺术时这样说道："一人之辩,重于九鼎之宝；三寸之舌,强于百万之师。"

到了社会经济高速发展的今天,辩论依然是有识之士之间思想交流的最主要方式之一。历史无数次向我们证明,思想的僵化比肉体的死亡更可怕。正所谓"道理越辩越明"。每一次的辩论都让人们的思维更加活跃,观点更为清晰,建议更为合理,不失为教学相长的良好手段。

既然辩论如此重要,究竟我们在生活中、辩论赛场上如何才能做到辩才无碍呢？

本书以史为鉴,站在孔子和孟子这两位伟人的肩膀上系统而又层次分明地解析了他们的辩论谋略,通过列举大量古今中外生动而又贴切的说辩事例,为读者总结出适用于现代辩论的 15 种雄辩利器。包括如何增强辩论的气势,如何通过比喻、设问、事实等手段巧妙驳倒对手,以及如何使辩论语言幽默风趣,体现辩手风度等论辩智慧。

现在,我们就打开这本书,跟随孔孟之言了解雄辩的奥秘吧。

目录 CONTENTS

第一章　克己复礼，礼仪是君子雄辩之基础

子曰：克己复礼为仁。克己复礼是孔子提倡达到仁之境界最基础的修养方法。孔子能够约束自己，使得每件事都合乎道理、礼法，便能求仁得仁。对于辩手而言，做到克己复礼更会赢得对手的尊重和信赖，为论辩的成功奠定基础。

第二章　浩然之气，辩论者的心理很重要

孟子曰：我善养吾浩然之气。从某种程度上可以说，孟子的浩然之气是他游说各国国君的底气。一个人只有拥有了强大的底气，才可能营造出我们今天所理解的"强大气场"，这样他说的话才更有说服力，才更能争取到别人的支持。对于一个辩论者来说，浩然之气更加重要，只有拥有了它，你才能侃侃而谈。

第三章　见牛见羊，借题发挥是你的突破口

　　孟子在劝说齐宣王施行仁政的时候，并没有一开口就批评其对军事手段的喜好，而是先赞美其不忍杀牛祭祀的做法，认为这是"君子"作风，然后将其升华为能够"保民"行"仁政"的品质。在论辩中，我们也必须首先避开对方的锋芒，寻找听众与自己的共同立场，在对方放松戒备后，再逐步深入地陈述自己的观点。

第四章　仁者无敌，抓住对方论据的谬误

　　子曰："有能一日用其力于仁矣乎？我未见力不足者。"孔子的意思是说，只要肯用心在实行仁德之上，就不会没有力量。在论辩中，辩手如果绕开直接对抗，反守为攻、以退为进，以"仁"为本，以对手论据的谬误为切入点，便可以逐个瓦解，一举歼灭，从而取得论辩胜利。正所谓仁者无敌！

第五章　义利之争，巧用比喻让道理易懂

　　子曰："为政以德，譬如北辰，居其所而众星拱之。"孔子借用天上的北斗星被众星环绕，来说明执政者只要以道德教化民众，自然会获得民众的支持。这种用常

识现识现象作比喻，解释比较复杂、深奥道理的办法，往往有通俗易懂的效果，可以迅速传递信息。在日常论辩中，我们可以巧用比喻以便用更加简单的方式说明比较复杂的道理。

第六章　牵牛鼻子，设问让对方跟着你走

《诗经》有云："他人有心，予忖度之。"这句话的本意是说，别人有什么心思，我能够揣测出来。在论辩中，如果我们能够预先判知对手的观点，就能够先人一步，在逻辑设置和辩词陈述上取得主动权，就此牵着对手的鼻子走。正如《孙子兵法》所说："知己知彼，百战不殆。"本章就让我们从孔孟那里学习，如何做到让对手顺着你的心意说话。

第七章　巧施妙计，由对方自己呈现破绽

孟子曰："枉己者，未有能直人者也。"意思是说如果一个人扭曲自己的想法和人格，怎么可能去使他人变得正直呢？而在现代，我们的辩手在论辩过程中不仅要

坚持自己的观点说服对手，同时也应该学会在说服过程中巧妙设法，让对方自露破绽，从而获得辩论的成功。

第八章 迂回包抄，攻其不备，堵死后退路

孟子曰："非其道，则一箪食不可受于人；如其道，则舜受尧之天下，不以为泰。"这句话告诉我们，只要事情符合道义，就可以做，否则就不能做。在论辩中，只要是符合论辩目的之办法，我们就可以尝试，否则就应当避免。在正面进攻无法取得突破时，我们应该学会迂回包抄，用比较委婉的方法实现我们的目的。正所谓："舜受尧之天下，不以为泰。"

第九章 鱼与熊掌，布设两难

孟子曰："鱼，我所欲也，熊掌亦我所欲也，二者不可得兼，舍鱼而取熊掌者也。"有时候，我们必须在非此即彼的情况下作出选择，但如何选择，则需要好好斟酌。孟子的本意是呼吁人们舍生取义，但他也说，这种抉择是非常困难的。在论辩中，我们则可以反其道而行之，故意布局设置这种两难处境，让对手进退维谷。

第十章　赤子之心，话说三分，给人留台阶

　　孟子曰："人皆有不忍人之心。"孟子认为不忍之心是人生来固有的，换而言之，不忍之心就是一种赤子之心。我们在辩论中做到气势逼人固然可喜，但也应秉持一颗赤子之心，话说三分，给对方留个台阶，再见面亦是朋友。

第十一章　蓬生麻中，让真理自己证明自己

　　孟子曰："有楚大夫于此，欲其子之齐语也"，"一齐人傅之，众楚人咻之，虽日挞而求其齐也，不可得矣；引而置之庄岳之间数年，虽日挞而求其楚，亦不可得矣。"这句话的意思是，人的成长会受到周围环境的影响。环境好，成长得就顺利；环境坏，成长就会失范。后者形成一种矛盾对立关系，会耽误一个人的顺利成长。在论辩中，我们要注意找出这种矛盾关系，发现对方辩论中前后相互抵触的地方，进而判断出对方说理失范的漏洞所在。正所谓，让真理证明自己，让谬论杀死自己。

第十二章　独乐众乐，诙谐幽默是雄辩之良器

孟子曰：独乐乐不如众乐乐。意思是自己独自享乐不如和大家一起分享这份快乐，他当年是劝诫宣王要与民同乐才可以王道统一天下。联系到我们的论辩赛场上，如果辩手能用诙谐幽默的语言活跃现场气氛，使得论辩双方的心情轻松，便犹如一件雄辩良器在手，胜算更添一筹。

第十三章　仁者爱人，斩钉截铁地控制住局面

子曰："人而不仁，如礼何？人而不仁，如乐何？"这句话的意思是说，只要仁者爱人，就能够牢牢地掌控局面，更好地领会礼乐的意义。在日常生活中，人们面对各种诱惑，要做到"仁者爱人"，必须坚守立场。论辩也同样如此，辩手必须斩钉截铁地掌控局面，才能够让自己的论辩更加有说服力。

第十四章　孰轻孰重，站在诡辩高点上说服人

孟子曰："金重于羽者，岂谓一钩金与一舆羽之谓哉？"这句话的意思是说，将两种东西拿出来，比较孰轻孰重，不能采用不同的标准，而要放在同一水准的考察条件下比较。说金子比羽毛重可以，但说一车羽毛比一丁点金子轻就不对了。从论辩的角度说，我们要比较优劣势，要说服对手，就必须站在诡辩高点上压制住对手的论辩逻辑。

方法 1　虚拟前提，云山雾绕

方法 2　转换问题，逆袭对手

方法 3　放大错误，寻找矛盾

方法 4　活用反语

第十五章　触类旁通，举一反三的辩论智慧

子曰："绘事后素。"他的弟子子夏立刻由此联想到孔子先仁后礼的思想主张。子夏这种举一反三的灵活思维受到孔子的赞许。我们同样可以从这一事例中领悟出辩论的智慧——触类旁通、由此及彼。

方法 1　管中窥豹，以小见大

方法 2　不拘成规，直接破的

方法 3　声东击西，言此意彼

方法 4　明知故问，点透事实

第一章 克己复礼，礼仪是君子雄辩之基础

子曰：克己复礼为仁。克己复礼是孔子提倡达到仁之境界最基础的修养方法。孔子能够约束自己，使得每件事都合乎道理、礼法，便能求仁得仁。对于辩手而言，做到克己复礼更会赢得对手的尊重和信赖，为论辩的成功奠定基础。

【经典今解】

子入太庙，每事问。或曰："孰谓鄹人之子知礼乎？入太庙，每事问。"子闻之，曰："是礼也。"（《论语·八佾》）

公都子曰："滕更之在门也，若在所礼，而不答，何也？"

孟子曰："挟贵而问，挟贤而问，挟长而问，挟有勋劳而问，挟故而问，皆所不答也。滕更有二焉。"（《孟子》）

"礼"学专家孔子到祭祀周文王的太庙里，每件事都要请教别人。因此，有人质疑他是否真如传言所说是一位知礼之人。而孔子这种不以知之而自满，反而自谦求问的态度正是他克己复礼之处。

公都子说："滕更在您门下学习，似乎应该在以礼相待之列，可是您却不

回答他的问题，为什么呢？"

孟子说："倚仗着自己的权势来发问，倚仗着自己贤能来发问，倚仗着自己年长来发问，倚仗着自己有功劳来发问，倚仗着自己是老交情来发问，都是我所不回答的。滕更有这5种中的两种。"

而后，朱熹《集注》引赵氏说："二，谓挟贵，挟贤也。"进一步说明了滕更仗着自己是国君弟弟的地位权势，自认为贤能有为，才向孟子求学。

可为何孟子对这些有所倚仗的人不予回答呢？

这一点，我们可以从孟子的交友原则中窥知一二。孟子曾说："友也者，友其德也，不可以有挟也。"交朋友靠的是自身品德，一旦掺杂了权势、地位这些因素，友谊也就不纯粹了。

交朋友如此，求学问更是如此。朱熹《集注》引尹氏所说："有所挟，则受道之心不专，所以不答也。"如果仗着自己的权势地位，心怀自满地求问师长，怎么能专心听取教诲，有所收获呢？所以孟子不予回答。而这种不予回答，又是不是"予不屑之教诲也者，是亦教诲之而已矣"呢？（《告子下》）

"三人行，必有我师焉。"其实不管你如何位高权重，如何博闻强识，每个人都有你所不及的地方值得学习。哪怕面对不如自己的人也应该有如孔子所说："敏而好学，不耻下问。"（《论语·公治长》）的精神。所以，对待任何人，我们都应该放下所有倚仗，约束好自己的行为，态度谦和守礼，这样才能从他人身上汲取知识，不断完善自己。

辩手要想使对手对自己的观点心悦诚服，首先必须克己复礼，匡正自己的行为举止，做到有礼有节，在此基础上才能以诚动人、以情感人、以理服人。用真诚的态度、饱满的感情让对方折服于你的人格魅力，以有力的论据和恰当的技巧让对方认同你的论点。引起对方情感和理智上的共鸣，从而让他自然而然地接受并且支持你的想法和观点。

【古为今用】

方法 *1* 真诚表达，以诚动人

某学院老师曾为推销自己写的一本书，对学生们作了一次演讲："当老师的在这里推销自己写的书，难免有一种'王婆卖瓜，自卖自夸'的尴尬。但如今作者也很难，不仅写书，还得卖书。出版社给了我 1000 册的任务，我不得不厚着脸皮找大家帮忙。书到底写的怎么样，我不好说，不过有两点可以保证：第一，我前后花了 3 年时间完成这本书，可以说这本书是我心血的结晶；第二，书里的内容都是我这些年来自己长期思考的见解，决不是东拼西凑抄下来的。我并非想要凭老师的身份强迫你们买我的书，相反，我是以朋友的身份向大家告知这件事，希望能得到大家的帮助和支持。买不买全靠自愿，如果觉得这本书对你有用，你又有财力就买一本，算是帮我一个忙。谢谢。"演讲结束当下，这位教员就卖出了 300 多册。

这位教员的推销语言简单朴实，看似毫无技巧可言。可正是这样一番简单的表述展现出了论辩的最高技巧——真诚。他自然流露出来的真诚赢得了听众的信赖，也赢得了这次演讲的成功。

另一个例子，某旅游团参观一家糖果店后，都没有购买意向。临走的时候，服务员不但没有不耐烦，反而热情地端出一盘精选的糖果，彬彬有礼地说："远来是客。这是我们店刚进的新品种，清香可口，甜而不腻，特地请你们免费品尝，以尽地主之谊。"一番话说完，众旅游者顿时有一种宾至如归的感觉，欣然品尝了店家的糖果。顾客既然承了店家的美意，自然也会购买一些糖果回敬对方，于是每人买了一大包产品，大家都带着满意的微笑离开。

试想，如果这位服务员在推销过程中出言必称自己的产品有多好，或者不断询问顾客是否购买，这种目的性过强的行为，不管表现得多么热情，都只会让人反感。付出真诚自然就会收获真诚。但如果为了求得回报才表现得热情，那这份情也不真不诚，不足以打动人了。

在论辩的过程中同样如此。真诚是一种自然流露。辩手在语言表述过程中不是想着如何说服对方，而是有礼貌地真情实意地表达自己最真实的观点，如此才是最有说服力、最有感染力的表达方式。

所谓真诚的表达不仅体现为态度的自然诚恳，更重要的是表达内容的诚实准确。

"诚者，天之道也，思诚者，人之道也。"（《孟子·离娄上》）孟子认为大自然的规律是真实无妄的，追求这种真实也是做人的道理。其实这也是论辩的道理。在论辩过程中，最能取信于人的便是真话、实话。

通常，言不由衷的人，论辩技巧越高超，只会越引起人们的反感和抵触。例如之前提到的例子中，假设那位老师美其名曰是为了学生的课业着想，提供题材，任凭他把自己写的书夸得头头是道，学生们也只会认为他是为一己私利，蒙骗学生，对购买书籍越发抵触。事实上，这名老师选择了说真话、说实话，明明白白地告诉大家自己就是来推销书籍的，希望大家能帮忙，从而取得学生的信任，达到了推销目的。

由此可见，如果辩手在论辩过程中彰显诚实品德，以德信人，即使没有舌战群儒的雄辩之才，也足以打动人心，取信于人。

以理服人靠的是知识的权威力量，以德服人则凭借人格魅力，两者不可偏废。但后者更能直达人们内心深处，撼动心灵。我们常说德高望重，其实"德高"不仅能"望重",而且能"言重",即增加说话的分量。因而,两者又是相辅相成的。从某种意义上说,德行是形象的道理,道理是抽象的德行。

生活中无数事例证明,最善于说服别人的人并不一定是口若悬河的人,而是态度得体、真诚表达的人。当你用谦和有礼的态度诚恳地表达出真实的内容,你就能赢得对方的信任。一旦建立起双方的信赖关系,论辩就变得轻松很多,因为对方很有可能由信赖你这个人而信服你说的话。自然而然,论辩的主动权就掌握在你的手中。

一泻千里的演讲虽然气势惊人,但是如果少了诚意,也就失去了吸引力,如同一束色彩鲜艳的绢花,姿态娇美却缺乏生命力。因此,演讲者首先应该注重如何在演讲中体现出你的真诚,如何把自己的真实想法传递给对方。只有当听众感受到你的诚意时,他才会打开心门,接收你讲的内容,才能实现彼此之间的沟通和共鸣。

方法② 真情实感,以情感人

"感人心者,莫先乎于情。"论辩是一种以己达人的艺术,不仅要以理服人,更要以情感人,即通过丰富的情感展示引起人们相同的情感体验,从而影响人们的行为以及观点的变化,取得最佳的论辩效果。

以情感人最直接有效的方法就是现身说法,用自己真实的亲身经历和遭遇情真意切地劝导别人,如此最容易引发对方的共鸣。

美国南北战争结束后,曾任过两三次国会议员,功勋卓著的著名英雄陶克将军和一名普通的士兵约瑟夫·爱伦一同竞选国会议员。

陶克在演讲中说道:"诸位同胞们,记得17年前(南北战争时)的一天晚上,我带兵与敌人激战,经过激烈的血战后,我独自在荒无人烟的树丛里睡了一个晚上。如果大家没有忘记那次艰苦卓绝的战斗,请在选举中,也不要忘记那位吃尽苦头、风餐露宿、造就伟大战功的人。"

显然,陶克的演讲打的是"苦情"牌、"战功"牌,提醒人们记起他吃过多少苦、立过多少功。这番话果然引起众人的钦佩和感激之情。

紧接着,爱伦说道:"同胞们,陶克将军说得没错,他确实在那次战争中立下了奇功。我作为他手下的一个无名小卒,无数次替他出生入死,冲锋陷阵。连他在树林里安睡时,我还得携带武器,站在荒野上保护他,饱尝风寒露冷。"

爱伦的这番演讲高明之处在于他将陶克引起的情感共鸣转移到了自己身上。他让听众恍然大悟,功劳是将军和士兵一起打拼来的,可士兵比将军更辛苦,于是大家认为士兵更值得钦佩和感激,最终,人们将票投给了爱伦。

"情不深,则无以惊心动魄。"只有深厚澎湃的激情迸发才能引起听众的强大共鸣。这就好比冲出龙门的河水、呼啸着奋进的浪花,让人听了心中激荡万千。所以,有经验的论辩者会在必要的时候直抒胸臆,激情万丈,引发论辩的高潮,激起对方情感上的强烈共振。

想要做到以情感人,首先要求论辩者性情洒脱直爽,能与听众同悲同喜,不扭捏作态。正所谓"未成曲调先有情";其次,论辩者说话要坦率无伪,对听众推心置腹,讲述真情实感。再次,论辩者的态度应有礼有节、爱憎分明。对真、善、美热情讴歌,对假、恶、丑无情鞭答;最后,在论辩过程中应该张弛有度,既有情感推动又有理性分析,寓理于情。

一个雄辩家,不但要掌握真理,而且要善于将真理寓于情感之中,学会声情并茂地表达,使别人心悦诚服地接受你的观点。

在一次"安乐死符不符合人道主义精神"的论辩中,反方二辩有一段感人至深的陈词：

谢谢主席，大家好！当我听到对方辩友的发言，我的心情十分沉重，我们才20岁，正值生命最旺盛、最蓬勃的时刻，我们却冷漠地、不痛不痒地让一个还有生命力的人选择死亡。我们有什么资格这样做？我们爱鲜花，如果它快要枯萎，我们要不要把它从枝头上折下来？我们爱河流，如果它快要干竭，我们是不是要索性将它填成平地？我们爱蓝天，如果飘来一朵乌云，我们是不是永远不再抬头？我们更爱生命，哪怕生命即将结束，任何人都没有权利提前扼杀它。"身体发肤授之于父母"。我们应该尊重神圣的生命，我们应该尊重赋予我们生命的父母。尽管这个生命快要走到尽头，也不应该舍弃尊严，颓丧放弃。死有轻如鸿毛，假如你畏惧痛苦，轻言放弃。死有重如泰山，假如你奋斗到生命最后一刻，永不认输。如果连生命都不值得你留恋，那我们的存在还有何意义？

诚然，让一个风华正茂的20岁青年来谈生死，这个话题过于沉重了。人生之哀莫过于生死。辩手首先谈自我感受，引发同龄人的共鸣，继而采用一系列生动的比喻来说明不能扼杀美，不能扼杀生命，寓理于情。最后引用司马迁的名句强调生命的尊严不容放弃，令全场人肃然起敬。

我们再看一段关于"越是民族的是否越是世界的"论辩中，正方某大学队三辩胡景辉同学总结陈词的结尾：

当新世纪的钟声已从地平线的那端传来，当新世纪的曙光已经照亮了我们的窗棂，我们在这里面对着亿万中国的电视观众，用优美的话语探讨一个世纪的命题，我们越来越感受到这样一个真理明显地昭示于我们面前："各民族文化繁荣昌盛之时，也就是世界走向辉煌灿烂之际。"

这真理属于世界，这真理更属于我中华民族。中华民族五千年文化源远流长，生生不息。我们在这里创造，我们在这里扬弃，我们从这里面向世界，走向未来。

我是你河边破旧的老水车，数百年来纺着疲惫的歌。我是你额上熏黑的矿灯，照在历史的隧洞里蜗行、摸索。我是你雪被下古莲的胚芽，是簇新的理想刚从神话的蛛网里挣脱，是绯红的黎明正在喷薄，祖国啊，我亲爱的祖国！谢谢大家！（热烈的掌声）

胡景辉同学这番话声情并茂，一方面显示出了他对民族文化走向繁荣的信心，更浓烈地表达了自己作为年轻学子对祖国和民族的深爱。当他说到"这真理属于世界……走向未来"时，嗓音高亢响亮，激情四溢。接着又压低嗓音，用浑厚、深沉、缓慢的语调背诵起舒婷那首著名的诗。最后带着无限感情地大喊一声："祖国啊，我亲爱的祖国！"为演讲做了完美的结尾。

一刹那，整个辩论场都被他的激情震撼，被他热烈的爱国之情感染，掀起会场的情感高潮。

方法 3 注重沟通，以理服人

在论辩过程中，想让别人认同自己的观点，以理服人，我们就要注重沟通，只有通过沟通，才能拉近人与人之间的距离。而要达到有效的沟通则是要因人而异，根据对方的性格来选择恰当的沟通方法。

中国人说话很有意思，一般不会把话说得太满、太绝对，总会留有余地。大多数人讲"是"有"非"的成分，讲"非"有"是"的成分，讲"行"可以变成"不行"，讲"不行"可以变成"行"，阴阳文化，阴中有阳，阳中有阴。

每个人收礼的时候，没有人会直白地说，我最喜欢收礼了，一般都会客气地说："哎呀，人来了就好，礼物就不用了。"然后欣然收下礼物。

比如当你邀请对方来家里做客，对方心里不想来，但直接说不来的话，会让你没面子，于是嘴上说来。到时候没有来成，你也会体谅对方不是不想来，而是不能来，这样就不会伤了和气。当对方想来的时候，他就说不来，结果来了，对方会很惊讶，你看人家本来不能来的，特意为了我赶来了，真是够朋友、讲义气，于是彼此感情更加深厚了。

再比如，你是汽车销售员，客人询问价格，如果你直接回答26万，他会立刻抬脚走人，因为他来之前已经比较过好几家了，有人只卖20万，一样是汽车，他凭什么要选择贵的呢？但是你不可能面对客人的询问，每次都只报一个最低的价格，这样你虽然留住了顾客，但赚不了多少钱。这个时候你就应该注重沟通技巧，巧妙地与顾客周旋。首先避开直接回答价格问题，转而介绍汽车的功能特点，让顾客了解你的汽车比别家的更安全、更省油、更具购买价值。当顾客发现你卖的汽车确实更好，对你报出的价格接受度自然就提高了。

在和大多数人沟通的时候，不要莽撞地单刀直入，强行把自己的观点灌输给对方，而是要迂回婉转地旁敲侧击，引导他们自己领悟出你想要转达的想法，这样才会提高他们的认同度。

心理实验证明：人们往往会喜欢和自己相似的人。因此，寻求心理相容，不外乎是要寻求共同的话题、共同的爱好、共同的情感体验、共同的目的，从而达到有效的沟通，融洽相处。

一个成功的辩手，不仅能以犀利的言辞、缜密的思维、铿锵的语调去征服对方，他们更擅长通过亲切随和的态度，借用共同的话题切入对方的防备圈，引起心理共鸣，让对方觉得大家的想法都是一样的，是同盟，从而欣然接受其观点。

1952年，尼克松与艾森豪威尔竞选总统的时候，突然《纽约时报》上登出一篇文章，抨击他在竞选中秘密受贿。

为此，尼克松立即赶往电视台为自己澄清事实。下午6时半，当尼克松在电视屏幕上出现时，所有美国公民都在关注他。尼克松通过电视把自己的财务状况全部公开，从自己的家产一直谈到他的欠债。这在政治史上是一个非常罕见的举动，紧接着，在说到自己的经济收支情况时，他一五一十地把每一分钱的用途都说得仔仔细细——从孩子矫正牙齿到改装锅炉等款项。他还诚实地告诉大家，这次竞选中，确实收到了一件礼物，就是德克萨斯州的人送给他孩子的一只小狗。

说完这些，尼克松态度诚恳地再次强调了自己的施政纲领、为政原则。

当他讲完走出广播间时，到处都是欢呼声。有许多人通过电话、电报或寄信的方式表示对他的支持。在这次全国瞩目的演讲中，尼克松成功地洗去身上的污名并且获得众人的爱戴。

尼克松的演讲之所以能取得这么大的成功，首先要归功于他演讲中表现出的谦和有礼，面对普通民众，真正做到了放下所有架子，克己复礼。在此基础上，他真诚地公布了自己财务的真实情况，举出生活中人人都会遇到的琐碎事件，引起听众共鸣，赢得了他们的信赖，建立起信赖关系后，人们对他最后提出的施政纲领和为政原则更容易接受和信服，从而获得了演讲的最佳效应。

除此之外，辩手还可以在论辩过程中通过察言观色，了解对方最迫切的需求，有的放矢，并采用适当的方式予以激发和满足，趁机引导对方同意自己的想法和观点。这是通常所说的"虚心恭维话"。

窃国大盗袁世凯在夺得中华民国临时大总统的权力后仍不满足，每天做着当皇帝的美梦。

一天，袁世凯正在午休，侍婢送来参汤，一不小心摔坏了袁世凯最喜爱的羊脂玉碗，袁世凯气得脸色发紫。

婢女紧张之下，急中生智，连忙跪着哭诉道："这不是小人的错，小人刚才走进来，看见床上躺着……躺着……。"婢女看似吓得说不出话来。

"混账东西，"袁世凯更加怒不可遏，"俺躺在床上你怕啥？"

"小人看到的不是大总统啊！"侍婢急哭了，闭眼大声道，"是一条五爪大金龙！"

袁世凯一听，心中不由一阵狂喜，以为自己是真龙转世，真的要当皇帝了，高兴之余大大奖赏了婢女。

粗心大意的婢女铸成大祸，在生死攸关之际，情急生智，编出"乍见五爪金龙惊落玉碗"的故事。不但没有受到惩罚，反而获得奖赏，究其原因，就在于她终日侍奉袁世凯，太了解他想要当皇帝的心理需求，并借这个故事暗示他是真龙转世，迎合了他心中所想，使袁世凯化盛怒为狂喜，也让自己转危为安。

辩手在使用这种虚心恭维话时要注意3点：其一，要符合情理，不可太夸张；其二，要直接恭维对方，不要借用贬低别人来抬高对方，以免引起误解；其三，恭维的语言要得体、直切要害，并选择最恰当的表达方式。

孔子在教育弟子时提倡因材施教，根据每个弟子不同的性格给予不同的建议。

教育如此，辩论也是如此。辩手在与对手沟通时，如果能根据对手不同的性格特点选择恰当的表达方式，自然会事半功倍，这便是因人而异。

在和人说话、打交道的时候，因人而异，通俗来讲就是"见人说人话，见鬼说鬼话"。

清朝时流传下来这么一则笑话。有一次，一个布政使请巡抚喝酒，找了衙门内一个能说会道的小官作陪。席间，巡抚提到只有一个儿子，不由得黯然神伤，陪酒的小官说道："子好不在多呀！"巡抚闻言，心下舒坦，布政使却叹气道："唉，我的儿子太多了。"那个小官这时又说，"子好不愁多呀！"不管什么情况，这个小官说得都有理，双方都没得罪。

见什么人说什么话，常常被传统保守的人看成油嘴滑舌的表现。其实，这在日常交谈和论辩中都大有必要。每个人都有自己的性格、背景、遭遇，兴趣爱好各不相同，对语言的偏好敏感程度也不相同，如果不去了解这些差别，因人而异，很容易得罪了对方而不自知，造成沟通上的误会和失败，又或者说了半天发现对方根本听不懂，只是对牛弹琴。

做到因人而异要考虑几个方面的因素：性格的差异、性别的差异、职业的差异、年龄的差异、文化程度的差异、地域的差异、兴趣爱好的差异等。不光是因人而异，还要因时而异、因地点而异、因事而异。

作为辩手，既要考虑到时间、场合和论点的差异，也要参考对手的兴趣爱好、教育背景、沟通目的等具体情况具体分析，对某些人可能只用解说大意，对某些人可能需要晓之以理，动之以情。面对不同的人选择最能打动对方的表达方式和语言，便可使其无法抗辩或反对。不懂得因地制宜、因人而异的辩手，不管对方是谁，都用同一种方法去说服，就失去了最有效的沟通武器，就算他传播的是真理也无法吸引人们去相信。

方法 4　态势自然，以行待人

态势语言最重要的就是自然，要从形式上使之规范化是不可取的。姿势是内心状态的外部表现，受情绪、感觉、兴趣的支配，是内心的表现，越是自然的动作和姿态越能感染对方的真情实感。

自然与不自然的区别，就像鸟鸣与口技高超者模仿的鸟鸣的区别，前者会让你从内心感受到生命的美好，而后者只会让你觉得新奇有趣。一个人不管他的本身性格是不是活泼讨人喜欢,如果扭捏作态、言行不一,那他一定会招人反感。如果他的一举一动都是心中所想,哪怕他不善言辞,都会让人乐意接受。

想要使姿势自然,有一种方法就是把自己当作一个讲师,想象着自己正在对一班学员作讲解,别人都以尊重的目光注视着你。

动作和感觉是同时产生的,所以我们直接用意念去纠正感觉,也就是间接纠正了动作。当我们感觉到自己受人尊敬时,会变得勇敢,我们的动作就会利落洒脱。

总的来说,自然的姿势主要遵循5点原则: (1)保持自然的姿势(相信习惯成自然)。 (2)姿势不要重复(否则极易令人乏味)。 (3)手势要做得大方一些(否则别人会觉得你不自然)。 (4)姿势要缓慢优雅(否则让人眼花)。 (5)动作幅度不可过大(否则只会分散听众注意力)。

态势语言主要分为手势语和身姿语:

手势语的使用。论辩,尤其是赛场论辩与法庭论辩时,恰当的手势运用能构成论辩者丰富多彩的主体形象,辅助语言能使表达富有感染力。自然而沉稳的手势可以帮助表达者冷静地说明问题;急剧而有力的手势可以帮助表达者升华感情;利落而含蓄的手势可以帮助表达者表明心迹。

一、手势语使用原则

使用手势要遵循两点原则,一是做一些开放式的手势,而不要做一些封闭式的手势;二是可以从模仿中学习,以求习惯成自然。

二、手势语使用方法

手的动作是态势语的重要组成部分。有人说,手是第二张脸。手势表达的含义相当丰富,使用手势语的方法,大致可以分为下述4种。

1.指示手势

指示手势用来说明指示的人、事物、方向等,但并不是同一意思只能用一种手势来表达。以最简单的手势示意"我"来说，有人会以手轻按胸口，有人会以食指指鼻子，还有人会以拇指自指，等等。

2.象征性手势

象征性手势是用来表达抽象概念，可以配合口语来运用，这样做既能启发听众的思考，又可以引发对方联想。例如表达"我们是走向21世纪的青年，当香港回归祖国的时候，我们将和港澳同胞一起创造未来的辉煌和繁荣"时，辩手可以高举双手或单手有力地朝上伸向天空，以象征对未来的美好憧憬。

3.情意手势

情意手势主要是用来表达说话者的内心情感。如方纪在《挥手之间》一文中描写道："主席也举起手来，举起他那顶深灰色的盔式帽，举得很慢很慢，像是举一件十分沉重的东西，一点一点地，一点一点地，等到举过头顶，忽然用力一挥，便停在空中，一动不动了。"他突出地描绘了毛主席与延安军民告别时的手势。举手之间，饱含了主席惜别痛离而又忧国忧民的深厚感情。

4.象形手势

象形手势是用来描摹、比划具体事物或人的形貌。我们常在聋哑人交谈中看到这样的手势。象形手势是将语言内容形象化，使对方通过视觉接收信息，在头脑中将具象的信息转化成语言，达到交流的目的。

在辩论过程中，根据手的动作范围，一般将手势分为三大区：肩部以上统称上区，大多表示积极、振奋、肯定、强调等意义；肩部至腰部为中区，多用来展现坦诚、冷静、平和、淡定的叙述，说明中性意义；腰部以下为下区，多表示憎恶、鄙视、压抑、否定之类的贬义。此外，手势的方向如向上或向下、向前或向后、向内或向外以及手势的定型、不定型等，也可以表示不同的含义。

手势语十分丰富，没有一个固定的模式，作为一个出色的辩手，平时要认真观察生活，刻苦训练，积极地将理论付诸于辩论实践。在掌握这些手势所表达的含义的基础上, 应该注意根据民族共同理解的意义来选用, 并适当体现个性特点。

三、手的摆放位置

在论辩中, 一般而言, 应该让双手自然垂放在身体的两边。如果你觉得不自在, 也可以根据平时的习惯把它们插在衣袋里, 或者放在背后。不要刻意把双手交叉在胸前, 更不可勉强扶在讲桌上, 这样就会使你的身体僵硬, 无法自由行动。紧张的时候也不能用两手故意去摆弄自己的衣角, 那只会显得愚拙。最好是可以忘记双手的存在, 不要想着它是否会影响你下一个动作, 也不必顾及听众是否会留意到你手的位置。在情感表达需要的时候, 自然地运用双手, 或举起或放下, 凭心而动。

身姿语的使用。这里的身姿语言特指一个人的坐姿、站姿和走动的姿势。这些姿势是人们言语的重要组成部分, 可以表达语言所不能表达的东西, 这在辩论过程中显得尤为重要。

一、身姿语使用基本原则

1.站姿

站姿是演讲的基本身姿之一, 一般分为两种形式, 一种是自然式, 两脚分开, 与肩同宽, 基本平行; 另一种是前进式, 两脚一前一后, 相距适中。两种站姿都要保持肩平、腰直、身正、立稳, 身体的重心均衡分布在两脚之间。当然, 有时候也会根据表达需要将重心落在前脚, 上身可略微前倾, 这样可以给人以亲切、进取、伟岸的形象。站立的时候, 不要上身后仰、将重心落在后脚, 更不要左右摇晃、两腿打颤或抖动, 以免给人轻浮、傲慢或慌张的感觉。

标准的站姿规范如下: (1) 挺胸、收腹、抬头, 精神饱满, 气下沉; (2) 两肩自然放松, 重心主要支撑于脚掌脚跟上; (3) 脊椎、后背挺直, 胸略向前上方挺起; (4) 双腿绷直, 稳定重心位置。

在一些正规场合的辩论中，为了充分展示辩手风采、传达情感，最好运用站姿进行。运用站姿有很多好处，首先，挺立的姿势能表现出辩手的朝气蓬勃、精神焕发，以及对辩论的极大热情；其次，站立可以保证共鸣腔的畅通，有利于发声；再次，优美的站姿有利于动作姿态的表达、服饰打扮的展示。

2.坐姿

坐姿是辩论双方最基本的身姿。每一种坐姿都表露无遗地反映了人的心理状态，因而要特别注意。如抬头、仰身、往后靠在座位上，反映了傲慢不恭的心理；上身稍稍前倾、头部偏向说话者，表示正在洗耳恭听；上身后仰并把脚放在面前的茶几或桌子上，是十分放纵失礼的表现，万不可取；欠身或侧身坐在椅子的一角则表现出听话人的谦恭或拘谨；跷起二郎腿不时晃动的坐姿，表现了听话人心不在焉；听话人不断地变换坐姿流露了疲倦、不耐烦或想发表意见的心态。所以，辩手在论辩过程中要时刻注意自己的坐姿，通过得体的姿势向众人展现出认真有礼的一面。

3.行姿

行姿是辩论的前奏，稳重自然的行姿能给听众留下很好的第一印象。在行走时要注意：起步时，左脚先迈，在正前方约75厘米处着地，同时身体前移，右脚照此法交替行进；上体要保持正直，微向前倾；手指轻轻握拢自然垂放，拇指贴于食指第二节；左右两臂前后自然摆动，向前摆时，肘部略微弯曲，小臂自然向里合，手心向下侧向内，拇指根部对齐衣扣线，并与最下方衣扣同高，距离身体约25厘米；手臂向后摆时，应伸直，手腕前侧距裤缝线约30厘米，行走速度以每分钟116步到120步为宜。

行走过程中，头要正，颈要直，挺胸收腹，目视前方，不要东张西望、摇头晃脑、含胸弓背；脚尖要正对正前方，不要迈"八"字步；举止要端庄大方，不要勾肩搭背，也不要背手、插手、袖手；走路要带有鲜明的节奏感，不要拖泥带水。男性走路以大步为佳，女性走路以碎步为美。

二、身姿语在不同表达环境下的使用

1.谈话时的体姿语言

我们在谈话过程中多半选择坐姿。有的人喜欢坐在人群中间，有的人喜欢坐在会场的角落，有的人喜欢坐在听众的外围。在众多方式中，最好选择正对着听众，身体要自然端正，切不可斜靠着椅子，或者盘腿，或者把手臂搁在椅背上。轻率的动作会让听众觉得受到了你的轻视，继而对你产生负面评价。

2.演说/论辩时的体姿语言

演说（包括论辩）多半选择站姿。脚是人体的底盘，应当站直站稳，切忌抓耳挠腮，故作怪样，也不要维持单一的姿势。合适的站姿一般分为两种：一是"平分式"，就是两脚分开与肩同宽，重心平分在两只脚上，脚尖朝前；二是"稍息式"，即一脚稍前，一脚稍后，重心主要压在后脚上，这样在长时间的演讲中，两脚可以轮流休息，减轻疲劳。

在论辩过程中，如果你盲目走动只会泄露你的紧张情绪，场面呈现混乱，给对手可乘之机。因此，在说话或者论辩开始之前，你要观察座位摆放。然后在辩论表达过程中有目的地在不同的地方走动，使每个人和你的距离保持相同，体现你对每一位听众的热情，增加与听众的亲近感。

走动可以起到3种效果：一是接近听众，调动他们的积极性，参与到辩论中；二是使每个听众和你保持相等的距离，增加你的亲切感；三是吸引听众的注意力，强调重点，改变节奏或情绪。

第二章 | 浩然之气，辩论者的心理很重要

　　孟子曰：我善养吾浩然之气。从某种程度上可以说，孟子的浩然之气是他游说各国国君的底气。一个人只有拥有了强大的底气，才可能营造出我们今天所理解的"强大气场"，这样他说的话才更有说服力，才更能争取到别人的支持。对于一个辩论者来说，浩然之气更加重要，只有拥有了它，你才能侃侃而谈。

【经典今解】

　　公孙丑曰："敢问夫子恶乎长？"

　　孟子曰："我知言，我善养吾浩然之气。"

　　公孙丑曰："敢问何谓浩然之气？"

　　孟子曰："难言也。其为气也，至大至刚，以直养而无害，则塞于天地之间。其为气也，配义与道；无是，馁也。是集义所生者，非义袭而取之也。行有不慊于心，则馁矣。我故曰，告子未尝知义，以其外之也。必有事焉，而勿正，心勿忘，勿助长也。无若宋人然：宋人有闵其苗之不长而揠之者，芒芒然归，谓其人曰：'今日病矣！予助苗长矣！'其子趋而往视之，苗则槁矣。天下之不助苗长者寡矣。以为无益而舍之者，不耘苗者也；助之长者，揠苗者也。非徒无益，而又害之。"

公孙丑曰："何谓知言?"

孟子曰:"诐辞知其所蔽，淫辞知其所陷，邪辞知其所离，遁辞知其所穷。生于其心，害于其政；发于其政，害于其事。圣人复起，必从吾言矣。"(《孟子·公孙丑上》)

公孙丑说:"请问老师您长于哪一方面呢?"

孟子说:"我善于分析别人的言语，我善于培养自己的浩然之气。"

公孙丑说:"请问什么叫浩然之气呢?"

孟子说:"这很难用一两句话说清楚。这种气，极端浩大，极端有力量，用正直去培养它而不加以伤害，就会充满天地之间。不过，这种气必须与仁义道德相配，否则就会缺乏力量。而且，必须要有经常性的仁义道德蓄养才能生成，而不是靠偶尔的正义行为就能获取的。一旦你的行为问心有愧，这种气就会缺乏力量了。所以我说，告子不懂得义，因为他把义看成心外的东西。我们一定要不断地培养义，心中不要忘记，但也不要一厢情愿地去帮助它生长。不要像宋人一样，宋国有个人嫌他种的禾苗老是长不高，于是到地里去用手把它们一株一株地拔高，累得气喘吁吁地回家，对他家里人说:'今天可真把我累坏啦!不过，我总算让禾苗一下子就长高了!'他的儿子跑到地里去一看，禾苗已全部枯死了。天下人不犯这种拔苗助长错误的是很少的。认为养护庄稼没有用处而不去管它们的，是只种庄稼不除草的懒汉；一厢情愿地去帮助庄稼生长的，就是这种拔苗助长的人——不仅没有益处，反而害死了庄稼。"

公孙丑问:"怎样才算善于分析别人的言语呢?"

孟子回答说:"偏颇的言语知道它片面在哪里；夸张的言语知道它过分在哪里；怪僻的言语知道它离奇在哪里；躲闪的言语知道它理穷在哪里。——从心里产生，必然会对政治造成危害，用于政治，必然会对国家大事造成危害。如果圣人再世，也一定会同意我的话。"

孟子所提的浩然之气，我们可以理解为一种合于自然、通于宇宙的具有某种实体意味的感性力量。这种感性力量的形成来自于人的心志和道德心灵。由此可知，"浩然之气"既是感性的又是超感性的。这种"超"是内在的超越而非向外驰骛的超越。"浩然之气"在于"修炼"，一种道德和人格的精诚的修炼。这一修炼过程看似没有目的，实际上却是为了达到"天人合一"（人与自然同一，理性与感性同一）的境界。换而言之，"浩然之气"其实就是"善"达到极致时所绽放出来的、不可忽视的"美"的光辉。它是善的巨大力量与美的强烈感染力的内在统一，它比普通意义上的美更为崇高、更为深刻。在论辩过程中，这种"美"的光辉具体体现为辩论者优秀的心理素质。一个拥有"浩然正气"的辩手说话间会表现得自信十足、理直气壮、气场强大，让对手无可争辩。

【古为今用】

方法 *1*　保持良好的心理状态

古往今来，任何人参加竞技活动，想要取得胜利，都必须保持良好的心理状态，这是取得竞争胜利的重要条件。辩论作为一种竞技活动，同样如此。当你站在辩论场上，你的竞技心理状态是否稳定，直接影响到辩论的语言表达、论辩谋略、技巧的选择和实施，影响到辩者才华的展现与发挥，最终决定这场辩论的胜败。一名优秀的辩者所具备的良好竞技心理包含以下几个方面：

一、充沛的自信

辩手充沛的自信来自于赛前翔实、充分的准备。正所谓，知己知彼，百战百胜。只有当你对整个局势有了详细、周全的了解，才能做到胸有成竹，从容应战。

二、顽强的战斗意识

拿破仑曾经说过："不想当将军的士兵不是好士兵。"同理而言，不想取得论辩胜利的辩手也不是一名优秀的辩手。想要在论辩中取胜，辩手必须具备顽强的战斗意识。不论是进行书面的还是口头的辩论，辩者都应该充分调动起积极性和好胜心，在辩论中把握每一次机会，竭尽全力地压倒对手，努力争取受众。当然，辩论不是打架，不能依靠蛮力取胜。我们要讲究技巧和方法。这就要求辩手既要有战略意识，树立明确的辩论指导思想和原则，并在实践中以顽强执着的精神灵活地加以贯彻，又要有战术意识，在辩论中针对具体情况具体分析，随机应变，调整辩论策略，适应当时状况下最紧迫的需要，发挥自己的辩论技巧，最终获取胜利。

三、强大的控制欲

辩论就是一场攻心战，要想在这场战役中占据主导地位，攻破对手心防，要依靠辩手强大的控制欲。只有当你有强烈想要控制整个局面、控制对手的欲望时，才会促使你积极了解并且适度满足对手和听众的心理潜在需求，因势利导，从而说服他人。与此同时，作为控制者，也要及时调整情绪波动和不良心理，保持一个稳定的心理状态，这样才能从容应对，掌控全局，驾驭整个辩论局势，稳操胜券。

四、高度的责任感

作为一名辩手，应该要明确了解自己进行辩论，肩负的是探寻真理的光荣使命。要很好地完成这一使命就必须具备高度的责任感。这就要求辩手在辩论中要戒骄戒躁，不逞强好胜，不计较一时一事的得失，不走旁门左道，不进行人身攻讦，而应该以正直无畏的态度堂堂正正、实事求是地去争辩是非、判明真伪、较量优劣，从而拓展我们的视野，加深我们的认知，使我们能从本质上了解客观事物的发展规律，掌握真理，坚持真理，为推动人类的精神文明社会进步作出贡献。

总而言之，一名辩手如果具备了以上4项良好的竞技心理：目标清晰，斗志昂扬，既敢于战斗，又善于战斗；有强烈的进取心和高度的责任感，自然而然就能在辩论中进退自如地应付和驾驭所有辩题，立于不败之地。

方法 ② 避免人身攻击

在论辩中如果想通过气急败坏地大声喊叫以增强说服的力量，不但不能为自己增加气势，反而暴露了自身实力的虚弱。在论辩中如果出言不逊，嘲弄对方，不但不会使对方退缩，反而会激起对方更大的反感和抗议。尤其是在论辩中使用威胁、恐吓的语言，只会让人觉得你心虚理亏、虚张声势，进而给人留下浅薄无知、蛮横无礼的负面印象，造成论辩的失败。

一场辩论，如果以伤害他人自尊心为代价，造成双方失去理智的混乱场面，那就毫无意义了，更严重的会出现双方交恶的结果。即使对方确实错了，我们也不要在论辩中急于直白地指出，这样很难让对方接受，只会让人产生逆反心理，而应该讲究一定的技巧，学会先肯定对方，在此基础上逐渐将错误的观点导正。例如，我们可以这样说：

(1) "你讲的这番话很对，不过……"

(2) "你刚刚说的这点让我想到另一种可能，你不妨听听看……"

(3) "我完全同意你说的这句话，我想我们的分歧只是在……"

像这样的说话方式，首先表明共同立场，让对方放下戒心，缓和紧张的论辩气氛，更有助于说服对方接受你之后提出的一些不同意见，使论辩获得成功。相比之下，粗暴的人身攻击只会激发论辩双方失去理智，进而引起情感的冲动，辩手在激烈的感情怂恿下不免神情狰狞，流露出鄙夷对方的神色，激发敌对气氛，辩手更会为逞一时口舌之利而恶言相向，攻击对手弱点，偏离原本的论辩主题，使得一场论辩沦为不堪的吵架。

方法 3　辩论要克服紧张

在论辩过程中，紧张是一大弊端。人一旦心理紧张，不仅怯于表达自己的观点，而且无法坦然接受别人的批评、忠告和建议。只有克服紧张的心理，放松心情，辩手才能正确地认识自身的不足和遇到的挫折，在不断实践中汲取教训，认识真理，不断提高自己的见识和论辩技巧。

其实，要克服紧张心理很简单，首先就要把紧张当作一种享受。

有一位穷人到郊外去赏花，看到附近富人区里的人们一个个衣着光鲜，自信骄傲，他不禁感慨地说："我全身上下穿的衣服，加起来都买不起他们的一只袖子呢！"他的房东听到这句话，不以为然地反驳说："把每个人身上的衣服都脱下来，大家都是同样的一副身躯，他们有的你都有，你完全不需要自卑！"

在我们的种种论辩场合中，其实有不少人和这个故事中的穷人一样，都缺乏自信。你没有自信就不敢说话、不敢辩论，而敢辩恰恰是论辩成功的先决条件。因此想要获得成功，首先必须自信。自信是理想的进取中折射出的生命的灵光，是追求成功路途中最强的动力，是成功碑塔下第一块灵活辩证的基石。

心理学家的研究表明，和别人争辩是人们一生中最怕的事情之一。要在众人面前表达自己与众不同的观点，我们往往容易紧张和胆怯。不管你天性是内向文静还是活泼开朗，不管你平时是口拙木讷还是能言善辩，都有可能在说话前后或说话过程中出现紧张、恐惧心理。

据说，某日本知名演员在临近拍片的时候会反复上厕所，甚至一去就是很长时间，不然就会紧张得很难进入角色。而某个美国播音员，经验丰富，播报过各种重大新闻，可他当初刚开始播音时，经常感到惊慌失措，必须在开播前先到浴池去洗一次澡，缓解自己紧张的情绪，才能保证在播音时能镇定自若。

经过长时间的研究，学者发现，人们之所以会形成紧张的心理，大部分原因在于事前没有做好充分的准备，加之经验不够丰富，不知道该如何临场发挥，组织说话的内容。其实，我们根本不需要害怕和担心。试想，一个不善言辞的人和一个能言善辩的人一起发表意见，谁的压力比较大呢？肯定是后者，因为他背着必须要赢的包袱，因此面临的压力比前者要大得多。

情绪紧张，大多因辩论对辩者的心理压力而引起。紧张会导致辩者生理和心理变得紊乱，比如像呼吸、血液循环、内分泌、内脏运动、肌肉运动等都会失去平和，变得失常，从而导致思维、语言、动作的稳定性和协调性下降，严重者甚至可能失去控制。如果你参加的是书面辩论，可能会丧失辩论的勇气，思维出现短暂的空白，语言组织混乱，心生畏惧，无力再继续参辩。出现了这种情况，要么被对手压倒，要么就会自动弃权，逃避论战。如果你参加的是口头辩论，很有可能出现临场胆怯、心情恐慌、表情僵硬、声音几不可闻、语言毫无章法、动作失调、手足失措的情况，严重者可导致完全丧失辩论能力。

其实，我们应该认识到，紧张，几乎是每一个论辩者上场前的一种正常反应。这是因为辩论本身就是一种紧张刺激的惊险活动，人们一旦面对人群，想到要开口说话、表达观点、说服他人，神经就会不自觉地绷紧，脑袋像一台高速运转的计算机，根据临场情况把各种不同的语言符号不断地排列组合成各式各样的作战方案和防御系统，自己与自己在灵魂深处激烈对话，在脑海中进行猛烈的交战，直到东风压倒西风，或是自己的矛戳穿自己的盾，这种头脑内的神经拉锯战很容易使人变得紧张兮兮、寝食难安。但从另一个角度来说，适当的紧张情绪也会让人莫名兴奋、提高斗志，使人将全部的心智投入论辩，享受论辩带来的难以名状的乐趣。只要能理智地认识紧张并学会享受紧张，就能克服对紧张的恐慌心理，心态变得平和，也会理解为什么优秀的辩手能够在辩论中表现得十分幽默，时而讽刺，时而借用俏皮的歌词来几句调侃，发挥奇特的想象，举出一些古怪有趣又异常贴切的例子——原来，这些都是为了让枯燥的理念具象化，变得生动有趣，让微笑汇入思想，让活泼切割严肃，让轻松化解紧张。由此可见，克服紧张情绪对辩手而言有多么重要，而克服的途径主要分为3种：

一、做好充分准备

辩者在辩论开始之前，要充分熟悉辩论所需要的各种材料，并全面地估计到可能发生的种种突发状况，制定好详尽的辩论谋略，准备好应急措施，选择好辩论技巧，这样才能胸有成竹，心中踏实。这样上场后，自然可以从容不迫，应付自如。

二、培养自信意识

紧张归根结底还是源于不够自信，想要培养自信，辩手必须清楚地理解辩论的目的，对自己所要表达的观点和主张要有坚定的信念，对自己的能力、辩论技巧及获取辩论的胜利要充满信心，只有这样，你才能从内到外散发出自信的光芒，呈现出积极的精神面貌，激发自身旺盛的斗志，使自己的辩才得到充分发挥。

三、学会调节心境

调节心境就是自己要想方设法防止、冲淡、转移紧张的情绪。调节心境的方法很多，比如通过放松呼吸、松弛僵硬的肌肉让身体舒展开来；又或者自我暗示，对自己说一些鼓励的话来增加信心；还可以借用其他有趣的事物转移注意力、分散紧张心理；在赛场也可以有技巧地回避对手和受众的目光，排除不良的外界刺激来减少自己的心理压力，不管你如何调节，目的都是为了保持良好的心境，轻装上阵，去争取胜利。

　　穆罕默德·阿里曾经是世界重量级拳王,他在每次比赛前都要为自己写一首赞美诗,宣誓一定要击倒对方,然后再上场。这个举动虽然让他被人嘲笑为"吹牛大王",但这其实正是阿里特有的心理战略——通过高调地宣布自己的比赛目标,彰显自己志在必得的决心,不仅是坚定自己的信念,更能在比赛前就从心理上先给对手重重的一击,可谓是绝妙的心理战。

　　我们在辩论之前,同样可以借用阿里的方法。如果阿里的方法对于我们也是管用的,那我们还应该注意以下几个方面:

　　一、熟悉环境

　　这个环境包括辩论所处的空间和周围的听众。如果你是要去一个完全陌生的场所与人进行一场论辩,那你首先必须提前到达会场,熟悉整个场地和所有的设备,并且逐一进行操作,减少操作上的陌生和障碍。其次还要和听众握手,提前和听众做一个简单的沟通,增强自己的"主人"气势,让你的"对手"一走进来就像一位客人,这样你就从气势上压制了对方。

　　二、调整声音

　　声音是你在论辩中传达给对方最直接有效的形象,所以在论辩之前,一定要将你的声音调整得十分自信。在这方面有3个要求:一是说第一句话的时候音量要大;二是普通话要标准;三是注意调整恰当语速和节奏。男性和女性辩手在论辩中对语言的把握也有所不同:女性宜柔而不软,柔而有刚;男性宜刚而不凶,既刚且韧。

　　三、精彩开场

　　开场白成功与否对辩手的情绪变化至关重要,甚至会影响到辩手正常辩论的表现。如果开场白没做好会给接下来的辩论埋下很多隐藏的问题。要如何做一个精彩的开场白呢?首先要对所有的听众表示欢迎,赢得他们的第一好感之后全面地介绍自己,避免听众提出不必要的问题;再引入你的观点、建议,扼要介绍论辩的所有内容，调动听众的兴趣。

四、围绕主题

在论辩进行中，常常会出现这样一种情况：辩手说到情趣高涨之时不能自已，在谈到某个论点的时候发挥过度，引申出太多的旁支，偏离主题。一旦辩手察觉跑题就会产生强烈的恐慌和紧张感，因此辩手要特别注意辩论中紧跟对手的谈话思路，以免旁生枝节；调动自己的知识储备，使交谈朝纵向深度发展；记住别人和自己说过的话，以免话题重复、雷同；长话短说，避免言多语失。

五、一针见血

辩手在论辩中如果只针对自己感兴趣的部分单一发挥，可能会造成永远说不到点子上的尴尬局面，隔靴搔痒，拖沓冗长，会让人越说越紧张。要避免这种紧张发生的可能就要求辩手在说话前学会分析话题，找出诸多线索中的主要矛盾或矛盾的主要方面，一针见血，用简洁的语言直接揭示出问题的关键所在。分析话题的功夫不是一朝一夕能掌握的，辩手需要培养耐心和观察力，在日常交谈中多听多想，观察别人是怎么展开话题的，然后再做尝试。

方法 4 理直气壮，以势取胜

在辩论场合中，辩手如果具备理直气壮的心理基础，自然能气势逼人。不管自己的观点是否完全正确合理，只要自己信念坚定、心中有底，拥有足够的自信，理直气壮地向对方表达出自己的观点，那种笃定的气度和强烈的自信会不知不觉中压倒对方，让对方无意识地对你产生信服感。

关于这点，这里有一个很好的例子。

小王刚刚大学毕业，四处求职。每到一个单位，小王都小心翼翼地字斟句酌，惟恐一不小心，得罪了面试官。可是半年过去了，小王还没有找到工作，每次求职都被卡在了面试这一关。

小王觉得十分纳闷，他在大学里表现得十分优秀，各方面条件都不错，可为什么一直找不到合适的工作呢？眼看着大学里还不如自己的同学们一个个都找到了满意的工作，做得风生水起，小王急得欲哭无泪。

在同学聚会上，同学们知道小王的处境后，详细询问了小王的求职过程，终于找到了问题所在。

原来，小王把自己的位置放得太低了，每次面试的时候都表现得过于小心，这样做固然没错，但显得底气不足，自信不够，让面试官感觉本人和求职简历上写的大相径庭，进而对小王的能力和诚信表示怀疑。现在是一个平等开放的时代，求职是双向选择，只要你有本事，不愁没公司要，求职者渴望得到一个就业机会施展才华的同时，公司也对人才求贤若渴。如果求职者表现得太过拘谨谦恭，可能会被公司轻视其工作能力，失去招揽的兴趣。

很快，小王又得到了一个面试的机会。这一次面试中，小王不卑不亢地讲述了自己的特点和优势，表达了对这份工作志在必得的信心。招聘者看着信心满满的小王侃侃而谈，心里的顾虑少了大半，当即拍板决定3个月试用，试用合格就转正。

小王在工作中果然表现得如鱼得水，现在，他已经是这家公司的业务部经理了，有时也会负责招聘。每次招聘时，小王会对每一个应聘者说，公司和应聘者在进行的是一个双向选择，只要应聘者对自己有信心，能对自己和公司负责，他就会给应聘者一个证明自己的机会。

生活中像小王刚开始那样因为不够理直气壮失去机会的例子还有很多，而论辩赛场上如果不理直气壮更会直接导致论辩的失败。那么，我们到底该怎么做才能真正地理直气壮、不恐慌呢？

首先，要做好自我心理的控制。辩手要实现对整场比赛全面心理控制，而自我心理控制是首要前提。如果自制力不强、勇气不振，即使你辩才如何了得，都很难战胜对手、征服观众。

国学中把"气"视为生命之本，"气"消命亡。辩论赛中也是同样的道理。俗话说："狭路相逢勇者胜。"一个优秀的辩手，应该是充满活力和朝气的，只有这样，才会在面对他人表达观点时展现出排山倒海的气势和说服力。自我心理控制首先控制的就是紧张。不必讳言，紧张是辩论的最大敌人，又是辩论中在所难免的。紧张会影响到辩手陈述与反驳的逻辑与力度，也会分散注意力，无法及时捕捉对方的漏洞和矛盾，更严重的还会影响辩论者的仪表与风度，因为过度的紧张会使辩手神色慌张、两手发抖、嘴唇发紫、脸色发青，给受众造成不良的视觉印象。辩手应该控制紧张情绪，进行充分的自我放松，抛开心中的杂念，树立坚定的信心。这信心，包括对自己能力的信心、对自己立论和论据的信心。这种信心，有时不能靠理性来确立，还需要靠强烈的取胜欲望来确立。辩论时，辩手要争取尽快进入角色，将整个身心融进辩论场。一旦全情投入到论辩中，辩手自然而然会忘记紧张，消除不良影响。

其次，要控制急躁情绪。正所谓："欲速则不达"过于急切地想要赢对方，恨不得将对手一"拳"击倒，往往会起到反效果。辩论是一项文明的艺术，是智商的较量，是理性的表演，在辩论场，双方之间的心理较量十分微妙，一旦有一方出现急躁情绪，就会给对方造成可乘之机，对辩论有百害而无一益。

最后，要鼓足最大的勇气，要敢于同对手斗智斗勇。两军对垒，勇者胜。辩论中的勇气，不仅仅是来自激情，更主要的是来自于充沛的自信和高度的理性。辩论辩的就是一个"理"字，理直才能气壮，只要占住了理，辩论者就能抬头挺胸地回击来自任何方面的进攻，就能将自己的立论视为无坚不摧的矛，勇敢无惧地攻击对方。

方法5　攻心术的运用

辩论实际上就是一场攻心战，所以辩者特别要注意掌握攻心术。

攻心术最基本的原则就是顺应而为，情理结合，以己之长，攻人之短。具体的战术只有4字:诱、激、拖、化。

一、诱的运用

诱就是要通过语言或者动作将对手（或受众）引入我方所设下的迷阵，让他们在不知不觉中按照我方设定好的路线前进，直至为我所控。

二、激的运用

激，就是激将。在充分了解对手（或受众）的实际需要和性格特征的情况下，顺水推舟，增加刺激，攻其弱处，来达到自己的目的。《三国演义》中，诸葛亮智激周瑜，促其下定抗曹之决心，完成孙刘抗曹联合阵线的情节就很好地诠释了"激"的妙处。

诸葛亮事先得知周瑜年轻气盛，又明知小乔为周瑜之妻，便在周瑜面前故意背诵曹操所写的"揽二乔于东南兮，乐朝夕之与共"的文句，试图激怒周瑜。性格冲动的周瑜果然中计，大骂曹操："老贼欺我太甚!"并对诸葛亮说："我与老贼势不两立，望孔明助我一臂之力，同破曹贼!"诸葛亮不费吹灰之力便达到了说服周瑜的目的。

激将，就是要激发对手（或受众）的情感波动，使其超出理智的控制，从而引导对方跟着自己走，达到己方目的。

三、拖的运用

靖郭君准备在自己的属地薛地修筑城池，属下纷纷劝阻，靖郭君十分不满，命令负责传事的官员，不准再替来劝阻的人通报。这时，靖郭君的一位齐国门客求见。他说："我只讲3个字，如果多讲，甘愿受烹刑。"靖郭君好奇他有什么本事，便命他讲。齐人说完"海大鱼"3字，转身便跑，靖郭君莫名其妙，不明白这3个字的意思，便派人追上他，让他解释清楚。齐人说："我不敢拿性命当儿戏。"靖郭君急于要明白真相，就说："没关系，我命令你说清楚。"齐人才慢慢道来："在水很深的地方，如果您想捕大鱼，网儿兜不住它，钩儿也钓不上它，让人无可奈何。可是一旦到了没水的地方，就连小小的蚂蚁也能任意欺侮它。现在齐国就是您的'水'，您已经有了齐国的保护，在薛地修筑城池又有什么意义呢？如果您失去齐国的保护，就算城池修得再高也没有用啊。"靖郭君听后觉得很有道理，于是放弃了筑城的打算。

为何这么多下属劝阻都不见成效，齐人短短几句话就能成功改变靖郭君的想法呢？齐人的方法妙就妙在一个"拖"字。他故意用3个字给靖郭君制造了悬念，激起他的好奇心，这就在无形中减弱和排除了靖郭君对劝谏的抵触情绪和排斥心理，让他能更好地听取齐人的进谏。此外，安东尼的事例也同样如此，他提及恺撒遗书的时候，故意拖延，迟迟不念它的内容，引起民众的焦躁和渴望，等民众对布鲁图产生愤怒，已经完全站到恺撒一方的时候，他再趁机公布恺撒遗书的内容，最大程度地煽动起民众的复仇情绪，达到自己想要的目的。

拖，就是拖延。故意地拖延要辩论的内容，这样就可以制造悬念，勾起对手（或受众）迫切的期待感，提高辩论内容的被关注度，说白了就是卖关子。待吊足了对手的胃口，悬念积累到一定程度，辩者再摆出拖延的辩论内容，就能按照事先的盘算收到攻心的效用。

四、化的运用

化，就是化解对手（或受众）的对立情绪和逆反心理，削弱对手的攻击力。可以动之以情，也可以晓之以理，还可以诱之以利，比如《战国策》中触龙说赵太后的事例。触龙以国家大局为重，为了换取齐国出兵助赵御秦，冒着被赵太后"唾其面"的危险，说服她将最喜欢的儿子长安君送到齐国去做人质。触龙在说服的过程中采用了化解之法，触龙一开始避开正题，首先寒暄，问候健康，安抚了太后的敌对情绪，接着转入有目的的闲谈，维持融洽的谈话氛围，突破了赵太后的心理防线，然后才晓以大义，摆事实、讲道理，使之接受劝谏。

另外，《左传》中的"烛之武退秦师"也同样说明了化解的攻心作用：

晋侯、秦伯围郑。以其无礼于晋，且贰于楚也。晋军函陵，秦军汜南。佚之狐言于郑伯曰："国危矣。若使烛之武见秦君，师必退。"公从之，辞曰："臣之壮也，犹不如人；今老矣，无能为也已。"公曰："吾不能早用子，今急而求子，是寡人之过也。然郑亡，子亦有不利焉。"许之，夜缒而出。见秦伯，曰："秦、晋围郑，郑既知亡矣。若亡郑而有益于君，敢以烦执事。越国以鄙远，君知其难也。焉用亡郑以陪邻？邻之厚，君之薄也。若舍郑以为东道主，行李之往来，共其乏困，君亦无所害，且君尝为晋君赐矣，许君焦、瑕，朝济而夕设版焉，君之所知也。夫晋，何厌之有。既东封郑，又欲肆其西封。若不阙秦，将焉取之？阙秦以利晋，唯君图之。"秦伯说，与郑人盟。使杞子、逢孙、杨孙戍之，乃还。子犯请击之，公曰："不可。微夫人之力不及此。因人之力而敝之，不仁；失其所与，不知；以乱易整，不武。吾其还也。"亦去之。

烛之武说秦君，就是晓以利害。先用"焉用亡郑以陪邻，邻之厚，君之薄也"，来说明亡郑有害；又用"若舍郑以为东道主，行李之往来，共其乏困，君亦无所害"，来说明舍郑有益无害，两相比较，让秦王心生犹疑。烛之武趁势再用"君尝为晋君赐矣，许君焦、瑕，朝济而夕设版焉"的往事，提醒秦王晋国曾经背叛秦王的事情，和晋国合作一定不会有好处，彻底打消了秦王出师的念头。这便是晓以利害来化解敌方的典型事例。

第三章 | 见牛见羊，借题发挥是你的突破口

孟子在劝说齐宣王施行仁政的时候，并没有一开口就批评其对军事手段的喜好，而是先赞美其不忍杀牛祭祀的做法，认为这是"君子"作风，然后将其升华为能够"保民"行"仁政"的品质。在论辩中，我们也必须首先避开对方的锋芒，寻找听众与自己的共同立场，在对方放松戒备后，再逐步深入地陈述自己的观点。

【经典今解】

齐宣王问曰："齐桓、晋文之事可得闻乎？"

孟子对曰："仲尼之徒无道桓、文之事者，是以后世无传焉。臣未之闻也。无以，则王乎？"

曰："德何如，则可以王矣？"

曰："保民而王，莫之能御也。"

曰："若寡人者，可以保民乎哉？"

曰："可。"

曰："何由知吾可也？"

曰："臣闻之胡龁曰，王坐于堂上，有牵牛而过堂下者，王见之，曰：'牛何之？'对曰：'将以衅钟。'王曰：'舍之！吾不忍其觳觫，若无罪而就死地。'对曰：'然则废衅钟与？'曰：'何可废也？以羊易之！'不识有诸？"

曰："有之。"

曰："是心足以王矣。百姓皆以王为爱也，臣固知王之不忍也。"

王曰："然。诚有百姓者。齐国虽褊小，吾何爱一牛？即不忍其觳觫，若无罪而就死地，故以羊易之也。"

曰："王无异于百姓之以王为爱也。以小易大，彼恶知之？王若隐其无罪而就死地，则牛羊何择焉？"王笑曰："是诚何心哉？我非爱其财，而易之以羊也，宜乎百姓之谓我爱也。"

曰："无伤也，是乃仁术也，见牛未见羊也。君子之于禽兽也，见其生，不忍见其死；闻其声，不忍食其肉。是以君子远庖厨也。"（《孟子·梁惠王上》）

齐宣王问道："齐桓公、晋文公在春秋时代称霸的事情，您可以讲给我听听吗？"

孟子回答说："孔子的学生没有谈论齐桓公、晋文公称霸之事的，所以没有传到后代来，我也没有听说过。大王如果一定要我说，那我就说说用道德来统一天下的王道吧？"

宣王问："道德怎么样就可以统一天下了呢？"

孟子说："一切为了让老百姓安居乐业。这样去统一天下，就没有谁能够阻挡了。"

宣王说："像我这样的人能够让老百姓安居乐业吗？"

孟子说："能够。"

宣王说："凭什么知道我能够呢？"

孟子说："我曾经听胡龁告诉过我一件事，说是大王您有一天坐在大殿上，有人牵着牛从殿下走过，您看到了，便问：'把牛牵到哪里去？'牵牛的人回答：'准备杀了取血祭钟。'您便说：'放了它吧！我不忍心看到它那害怕得发抖的样子，就像毫无罪过却被判处死刑一样。'牵牛的人问：'那就不祭钟了吗？'您说：'怎么可以不祭钟呢？用羊来代替牛吧！'不知道有没有这件事？"

宣王说："是有这件事。"

孟子说："凭大王您有这样的仁心就可以统一天下了。老百姓听说这件事后都认为您是吝啬，我却知道您不是吝啬，而是因为不忍心。"

宣王说："是，确实有的老百姓这样认为。不过，我们齐国虽然不大，但我怎么会吝啬到舍不得一头牛的程度呢？我实在是不忍心看到它害怕得发抖的样子，就像毫无罪过却被判处死刑一样，所以用羊来代替它。"

孟子说："大王也不要责怪老百姓认为您吝啬。他们只看到您用小的羊去代替大的牛，哪里知道其中的深意呢？何况，大王如果可怜它毫无罪过却被宰杀，那牛和羊又有什么区别呢？"

宣王笑着说："是啊，这一点连我自己也不知道到底是一种什么心理了。我的确不是吝啬钱财才用羊去代替牛的，不过，老百姓这样认为，的确也有他们的道理啊。"

孟子说："没有关系。大王这种不忍心正是仁慈的表现，只因为您当时亲眼见到了牛而没有见到羊。君子对于飞禽走兽，见到它们活着，便不忍心见到它们死去；听到它们哀叫，便不忍心吃它们的肉。所以，君子总是远离厨房。"

孟子是先在魏国见到"望之不似人君"的梁襄王再到齐国，抑或是经齐国去魏国拜见梁惠王，这是历史公案，学者各有说法。且不去管它，我们暂以《孟子》的编排顺序，认为孟子先见梁襄王，后见齐宣王。

齐宣王虽然不像梁惠王那样一开口就问"何以利吾国？"也不像梁惠王不成

器儿子的口气"天下恶乎定？"看起来是在谈历史，但所谓"以史为镜，可以知兴替"，实际上，他所关心的仍然是同一个问题：如何称霸天下？因为齐桓公和晋文公在春秋时代正是靠"霸道"而称雄天下的。然而，孟子所奉行的是反对霸权主义的儒学，不讲"霸道"，而讲"王道"。也就是不讲武力，不靠刀剑刀枪在马上取天下，而是讲道德、宣教化，靠仁政统一天下，使天下人心归服、远人归顺。所以，孟子才直言不讳地说："您要问霸道，那我可不太懂。您要对王道感兴趣的话，我倒可以说一说。"齐宣王才不管什么霸道、王道。只要是能帮助他称雄天下的道理，他都有兴趣听一听。于是，他就与孟子一问一答地探讨起来。

孟子用的是他一贯的手法，也就是开心理医生诊所，从心理分析入手去抓住对方的心理，掌握主动，剥茧抽丝，层层推进，迫使对方"入吾彀中"，落入自己的理论陷阱。本章引述的这一段"君子远庖厨"，是孟子典型的心理分析战术，精采绝伦，循循善诱地引导，于无声中攻陷对方的心理高地，不知不觉中切中要害。这个譬喻就犹如是古代战争中的城门之役，只要能进城，那就什么都好说。"君子远庖厨"就是要唤醒齐宣王内心"不忍"的仁慈之心。只要开头顺利，接下来就好办。什么王道、仁政，就统统有了接受的心理基础，孟子再进一步申述就不过是顺理成章的事情了。

所谓"君子远庖厨"，不过说的是一种不忍杀生的心理状态罢了。这几乎是所有心理健康的人共有的状态。在孟子论辩的氛围下，这种心理被具体化为齐宣王"以羊易牛"的行为，因为他亲眼看到了牛即将被杀的样子而没有亲眼看到羊即将被杀的样子。孟子大大地褒扬宣王一通，将"眼不见为净"的心理夸饰为齐宣王能够"保民"的王者之气，赞美他具有成王的潜质。事实上，"君子远庖厨"和"保民"还是有所区别的。

具体到"君子远庖厨"这句话，著作权可不是孟子的。《礼记·玉藻》有云："君子远庖厨，凡有血气之类弗身践也。"这句话的意思是说，凡有血气的东西都不要亲手去杀它们，这和孟子的仁政思想是不同的，尚且停留在为人处世、独善其身的层次。汉代贾宜在《新书·礼篇》中转引孟子的话："故远庖厨，仁之至也。"在孟子那里，"君子远庖厨"成为仁慈的品德，并在齐宣王面前将之拔高到可以称王天下的品质加以提倡。贾谊之所以引述这句话，因为《新书》本身是政论文的合集，他这样转引孟子解释后的经典，目的是要当政者行仁政，倒也符合孟子的原意。

问题是，后世有不少人曲解了"君子远庖厨"这句话的真正内核，即"不忍"之心，而片面地错解为君子应该远离厨房，更有甚者以此作为自己偷懒不下厨房的借口。这可真是贻笑大方。针对这种现象，某位当代大儒很幽默地指出："现在的年轻人，当老婆要他到厨房里帮把手的时候，他就抬出这句话来做挡箭牌。孟老夫子说的，'君子远庖厨'，我要做一个远离厨房的君子。于是他就心安理得地坐在客厅沙发上看电视，等太太把热腾腾的菜饭端来。"（《孟子旁通》）

这位当代大儒嘲笑的那种假君子、真懒汉估计还是为数不少。不过，时风流易，风俗转变，今天的"君子"已经不必"远庖厨"，该为娇妻爱子下厨的时候，宰鸡杀鸭自然义不容辞。"见其生，不忍见其死；闻其声，不忍食其肉。"这话都随着时光朽去。

【古为今用】

方法 1 寻找共同点，开场白要亲切

一场成功的辩论，必有一个良好的开场。如果刚刚登上演讲台，就让对手（听众）充满敌意，那你已经失败了一半，你要从第一分钟就开始寻找到彼此的共同点。

美国前总统林肯的演说技巧备受称赞，他在总结自己的说服技巧时说过一句话："寻找共同点，是解除对方警戒心理的最佳途径。所有的演说和论辩，目的都是要说服听众，也就是要让他们放弃自己的成见来接受你的观点，那么首先要做的，就是让他们愿意听你说。"

美国的心理学家、励志大师卡耐基说过，不管什么场合，一旦你决定与别人交谈，不要先讨论你不同意的事，而要先强调你所同意的事。当对手听到，你谈论的话题是他所关心的，你提出的意见是他所赞成的，你呼吁的目标是他所支持的，那么恭喜你，他可能因此就误认为你是"同一个战壕里的同志"了。在这种情况下，你们的目的一致，只是执行方法上会有区别。接下来，你就可以阐述自己的具体观点了，而对方也会比较乐意倾听。特别提示：如果你不小心使用了生硬的词语，这会让对手提高警惕，此时你不妨说一句"如果我是你"，这句话有两种好处：第一，对方会愿意冷静下来听你接着说；第二，他会以为你是设身处地为其着想。

林肯最著名的演说是《解放黑人奴隶宣言》，这篇名垂千秋的宣言最初30分钟只叙述一些持反对态度者所赞同的意见，然后林肯再按自己的目标展开陈

述，把反对者逐渐拉到自己这边来。这是一种循序渐进的论辩结构。如果从潜在心理学来看，他的说服方法有两个要点：第一，人只有在自己的意见受到重视和肯定时，才愿意反躬自省，看到自己不完善的一面，而反过来完全地信赖对方。第二，在听到对方的合理建议后，人往往会觉得"我也是这么想"，但是他不知道，这事实上是说服者积极诱导的结果。

林肯这个技巧的秘诀，不是一招致敌于死命，而是先巧妙地软化敌人。先强调共同点，填补双方间的鸿沟，为自己下一步的观点或者建议陈述铺路搭桥。一旦两方存在共同立场，对方就会想："这个观点，我们是一样的。"就不会对你的陈述产生反感。如果上来就磨刀霍霍，营造出敌对的气氛，就会演变成"如果你有那种想法，那我只好和你拼了"的局面。当对方有了这种心理状态时，你是绝对无法说服他的。

因此，聪明的演说家总愿意选择最简单的问题入手。最简单的，也是共识最多的。在讨论这个议题时，他会说："你看，在这个问题上，我们还是比较一致的，认同比分歧要多。目标完全是一致的。"如果5个问题中能用这种方法使对方赞成两三个的话，那么会议差不多可以结束了，即使到了后面要讨论最大、最困难的问题，只要采取这种方式，对方的立场就很容易软化——没有人会跟自己的既定目标过不去。那么恭喜你，你的论辩目的十有八九都能成功。这里介绍4种求同途径：

一、通过第三方寻找共同立场

一位县物价局的股长和一位本县的教师在一个朋友家见面。主人为这对陌生人作了介绍，二人立即发现，大家都是主人的同学，于是一场新的谈话开展了，而切入口就是"同学"。借助这种人脉关系上的联系，二人很快热络起来。

这只是一个很简单的例子。但小例子里有大方法。俗话说，听话听声，在听别人介绍情况、陈述观点时，要注意其中与自己相同和不同的部分，从中发现可利用的话题,以此为延伸,展开自己的观点。

二、察言观色,找共同话题

一个退伍军人搭乘一辆汽车赶路,不巧的是,车辆半路抛锚,司机下车修理半天也没搞好。这时,同行的一位乘客站出来,建议司机检查一遍油路。按照这个人的建议,司机顺利地找到出毛病的器件并很快修好汽车。退伍军人在这个过程中注意到,该乘客使用的修理思路和部队中常用的很是相像,于是试探地搭讪说:"你在部队上待过吧?""是的,有六七年吧。"两人就此攀谈起来,并建立起一段不错的友谊关系。

在建立一段崭新的对话关系时,察言观色非常重要,这会让你更快地找到谈话对象并更准确地戳中对方的兴奋点。无论一个人处在什么样的场合,其精神状态、个人气质都会在表情、服装、谈吐等方面展现出来,只要你善于观察,就能确定这是一个什么样的人。当你知道对方是一个什么样的人时,你就可以"见什么人说什么话",顺理成章地找到话题并展开对话。至于你是否决定进一步说服对方,那就要见机行事,并进一步察言观色了。

三、在谈话中扩大共同立场

一切成功都以行动为出发点。有时候,你需要主动打破僵局,与一个陌生人展开对话。当你开始与其对话的时候,要注意对方如何说话、如何表述,还要注意对方身上的一切小细节,从此挖掘和你一样的部分,进而找到共同的立场。细心揣摩对方的谈话确实是可以找出双方的共同点的,从而为交谈打开局面,甚至会引导谈话走向出乎你意料之外的好局面。

四、在交谈中挖掘共同立场的深度

发现共同点不太难,但这只是一个开始。随着交谈内容的深入,你会发现越来越多的共同点。但不要忘记,作为论辩者,你寻找共同点的目的是为了说服对方而不是为了"侃大山"。

有个人请了两位朋友在家聚餐，他介绍两位朋友认识后，这两个人开始交谈起来，他们慢慢地发现彼此对社会上的不正之风的看法有共同点，不知不觉地展开了讨论，从令人发指的社会现象到导致其产生的土壤和根源，越谈越深入，越谈越亲切，越谈共同点越多。这里面的技巧是，从表层的共同点逐渐深入，层层展开，最终引导出更多的共同立场。

寻找共同点的方法还有很多，譬如共同的生活环境、共同的工作任务、共同的行路方向、共同的生活习惯等，只要用心发现，话题俯拾皆是，没有一个陌生人是不可以对话的。

方法 ② 恰到好处地赞美

从前，有个爱拍马屁的人，皇帝和文武百官都被他戏弄得团团转。阎王听说后很是不快，就派小鬼把他捉拿到阎罗殿，准备判个下油锅的酷刑。这人到阎罗殿后，先是惊悚不已，随后两眼骨碌碌一转，马上"扑通"一声跪下："青天阎王老爷，您要是觉得我做错了，我没什么可说的，只是小的并非天生喜欢溜须拍马、奉承吹捧，要是他们都像您一样铁面无私、两袖清风，我的话哪里有人听？小的只不过是为了生活，不得已而为之呀！"阎王听了，顿觉春风入耳，又感到此人还真是挺委屈的，死了可惜，就赦免了他。

爱听表扬是人类的天性，所有听众都一样，喜欢接受正面信息，反感负面信息。如果在人际交往中人人都乐于赞赏他人，善于夸奖他人的长处，那么，人际间的愉快度将会大大增加。在论辩中，如果借用这种技巧，用赞美让对方主动接受你的观点，论辩的成功率就会大大提高。

清末，有一个官员叫蔡乃煌，小有才气，擅长玩"诗钟"游戏。诗钟是我国古代的一种文艺活动，要求参与者在规定的时间内作出一副七言对联，同时规定在每一句的规定位置必须使用抽签决定的字。

仕宦生涯浮浮沉沉。有一次，蔡乃煌涉嫌一桩贪污案，被免除了职务，但他希望能官复原职。很快，他就托了朋友，和袁世凯、张之洞建立起联系，希望凭借他们的权势复职。那时，庆亲王和袁世凯、张之洞等人刚刚设计除掉政敌瞿鸿机、岑春萱，一时间大权在握，春风得意。

有一天，蔡乃煌听朋友说庆亲王等人在玩诗钟游戏，急忙赶过去凑热闹。那一次，大家抽出来的是"蛟"和"断"两个字，主持人便要求把这两个字安在每一句的第四字位置上。正当众人还在构思时，只见蔡乃煌神思妙想立即吟诵道："斩虎除蛟三害去，房谋杜断两心同。"大家听闻，齐声叫好。这副对联作得非常巧妙：上联用"周处除三害"的典故，隐喻袁世凯等人除掉瞿岑两大政敌。庆亲王与袁世凯听了，都觉得是在颂扬自己。而下联用唐初贤相房玄龄、杜如晦的典故，表面是说历史，实为称颂袁世凯与张之洞是两位贤臣。

蔡乃煌所作的"诗钟"，字面上一句马屁没拍，事实上，句句说到了当权者的心坎上，这无疑是最高明的称颂。很快，蔡乃煌便如愿以偿，官复原职。

赞扬人是一种说话的艺术，不但要看场合，会动嘴皮子，还要有洞察力，懂得在合适的场合对合适的人说合适的话。

在一场演讲会后，一位妇人对参加演讲的朋友说："演讲太精彩了。我忍不住想，你要是站在法庭上，一定是一位滔滔不绝、舌辩群雄的高级律师！"这位朋友听后，觉得无比快意，认为对方真懂得欣赏自己的才华。

著名导演安德烈·毛雷斯曾经说过："当我谈论一名将军的功劳时，他并没有感谢我。但当一位女士提到他眼睛的光彩时，他却表露出无限的感激。"夸赞人，并不是简单的说好话。嘴中塞满了蜜的人，可能会让人觉得甜美，也会让人觉得腻味。

千万记住一条：赞美人是为了让对方感到舒服，从而为达成你的目的铺路搭桥。但有时候，赞美过头或者方向不对，不仅不会让人感到舒服，反而会增发恶感，这时候，你的论辩基本可以提前告吹了。所以，赞美必须投其所好。

晚清名臣曾国藩对理学研究很深。他自认为经过多年研修，自己基本上已达到了儒学要求的德行与修养水平。

有一次，曾国藩与幕僚们品评当世英才，他说："彭玉麟、李鸿章是大才，我比不上。我聊以自慰者，是生平不好谀耳。"曾国藩的说法是完全照着儒家的做人要求来的，即虽然我才华有限，但是人格高尚，从不听溜须拍马的话。

听了这段类似声明的话，一个幕僚说："诸公各有所长：彭公威猛，人不敢欺；李公精敏，人不能欺。"说到这里，他停住了。曾国藩接着问："那你们以为我如何呢？"

一时间，大家都低头思索起来，但似乎谁都找不到合适的词来形容曾国藩。不过，寂静很快被打破，只听一个掌管抄写的年轻后生说："曾帅仁德，人不忍欺。"这句话又恰恰说到了曾国藩的心坎上，这几乎是一个标准的儒家圣人画像式的评语。众人听了，不禁拍手称好。曾国藩忙说："不敢当，不敢当。"

那人退下后，曾国藩问身旁众人："这是何人？"有人回禀："此人名声不太显赫，只知道从扬州来，中过秀才，家境贫寒，办事还算谨慎。"曾国藩说："此人有大才，不可埋没。"

后来，等到曾国藩当了两江总督，他派此人去做扬州盐运使。用今天的话来说，这个官职就是"扬州食盐专卖局局长"。在当时，食盐是民生必需品，且由国家垄断经营，管这个的官可是肥差。这位抄书秀才可谓一言跃龙门。

直白粗俗的赞美有时候会引起人们的厌恶，反而看轻你。尤其面对一些有涵养而知识丰富的人，你就要格外小心，赞美之词务必含蓄，要夸到对方的心窝里，但又必须免除恶俗之气。这样，对方才能在领受赞誉的同时，对你留下好印象。

南北朝时有个人叫作王僧虔,是晋朝大书法家王献之的后代,学识渊博,智慧过人,以书法名世。

少年时代,王僧虔曾在一把扇面上用隶书写了一首诗,宋文帝看到大为惊奇,于是便把他召去做太子门人。

后来,宋朝被齐朝取代,齐高帝萧道成也非常赏识王僧虔,便拜他为侍中。

萧道成也喜好和擅长书法,当然,他心里明白,自己的水平比不上王僧虔。然而,他的好胜之心却不小。一日,萧道成心血来潮,想要跟王僧虔一试高低。其实不用比试,胜负也是明摆着的。然而,皇帝下旨,必须参战,只不过,这要是赢了皇帝没面子,输了,自己的名誉就要受影响。王僧虔写起书法从来都是严肃认真,一丝不苟,接到"战书",他像往常一样,当着皇帝和百官的面写出一幅浑厚淳朴的正楷和一幅游龙走凤的草书。

在场看热闹的大臣,一边由衷赞叹,一边为王僧虔暗暗捏了一把汗:赢了皇帝,要是龙颜震怒,那还了得!

萧道成不慌不忙地写完字,看看王僧虔,然后问道:"你看我们的字,谁是第一?"

王僧虔仔细看了皇帝的字,随即认真地答道:"臣乃第一,陛下亦是第一。"

萧道成听了哈哈大笑:"世间哪有这个道理,比赛怎会有两人得第一?"

王僧虔从容地回答:"吾皇书法,在皇帝中排第一;微臣书法,在臣子中排第一。"

萧道成听后大笑说:"你可真会说话!若我是你,会这样说:'臣正楷第一,草书第二;陛下草书第三,而正楷第二;陛下没有第一,臣没有第三。'"

王僧虔的这番赞美,不但让皇帝倾心,也让千古的文人倾心,传为一时佳话。

由此看来，面对大人物时，要赞美得恰到好处需要格外谨慎和含蓄，说话技巧也更为巧妙智慧。

心理学研究表明，情感能够引导行动。积极的情感能够令对方理解自己、接纳自己和亲近自己，这种情感包括喜欢、兴奋等；消极的情感则会令对方拒斥自己、忽视自己，如讨厌、气愤等。对于论辩术而言，所需要做的就是让对方接收更多的积极情感，并尽量减少其消极情感，从而让对方对自己的论点产生兴趣，并进入论辩逻辑，随着自己的陈述而接纳自己的观点。简而言之，好的论辩术就是要增多积极的情感，减少消极的情感。

实现这一目的的一种办法是欲扬先抑。如果在论辩中，假装不满地先批评对方一两句，但隐含着肯定成分，往往会让对方自觉屏蔽其消极情感。

晚清官员彭玉麟有次路过一条僻巷，恰逢一位女子用竹竿晾衣服。说来也巧合，竹竿却突然坠落下来，刚好击中了彭的头部。那个女子见来人要发怒，定睛一看知道是彭玉麟，于是假装正色道："休得无礼。彭玉麟长官就在这里，他清廉正直，假如我向他控诉，你的脑袋怕要掉了！"彭玉麟听后转怒为喜，喜滋滋地走了。

一般说来，当对方有充分理由拒绝时，想让他接受你的观点就十分困难。但是，如果你先发制人，根据对方的理由设计借口，对其进行赞美，对方就容易做好接纳新观点的准备。有一位杂志编辑，口才并非一流，但不论约稿作家如何繁忙，他都有办法拿到稿件。究其原因，就在于他善于赞美对方："我知道你很忙，但我正因此才无论如何得请你帮忙，那些空闲太多的作家，反倒没你写得好。"

人人都喜欢听赞美话。越是傲慢的人越喜欢被赞美。有人义正词严，说自己不喜欢被赞美，愿意接受批评。大多数情况下，这是场面话，如果信以为真，毫不客气地直言批评，此人表面上不动声色，内心却会十分不悦。

康熙年间的进士钱陈群就看得十分透彻。

那时,常有一些举子求见钱陈群,钱都来者不拒,瘦的夸其精明,胖的赞其有福,对客人极尽赞美之能事。有一天,当他再次送完客人回来,他的学生问:"那个人是谁?"钱想了好久,却完全想不起来。学生说:"老师夸了他大半天,怎么会忘记他的名字?"钱不假思索地回答:"来的是谁不重要,目的无非是求几句好话,我不过是举手之劳,何乐而不为呢?"

一张会说好话的嘴总能给人带来喜悦,一张不赞一词的嘴则令所有人讨厌。在论辩中,如果能够将对方的某些缺点进行适度美化,会使其得到某种心理上的满足,从而减轻其挫败感心理,容易使其在较为愉快的情绪中接受你的观点。

明朝开国皇帝朱元璋出身草莽,曾为放牛郎。登上皇位之后,寂寞的皇帝不免想起儿时玩伴,想要叙叙旧。一天,果然来了一位老朋友。那人一坐下便指手画脚地说:"我主万岁!从前你和我都替财主放牛。有一天,我偷了一把青豆,在芦苇荡里用瓦罐煮豆子,没等煮熟大家抢着吃,你打烂了罐子,还急匆匆从地上抓青豆吃,不小心让草叶卡住了喉咙。最后,还是我叫你吞下青菜叶,才把卡在喉头的草叶咽进肚子。"

闻听这一番粗俗不堪的说法,朱元璋听得一愣一愣的,感到龙颜受损,于是厉声喝道:"哪来的疯子!给我用乱棍打出去!"

这个倒霉蛋不但无福享受恩宠,还无端挨了棒子,于是对昔日与朱元璋同路的放牛娃说了这件事。那个放牛娃听后,也前往皇宫请求叙旧。一见朱元璋,放牛娃纳头便拜,然后方说:"皇上还记得吗?当年微臣随着你的大驾,骑青牛去扫荡芦州府,过五关,斩六将,打破了罐州城,汤元帅在逃,而你捉住了豆将军,红孩儿挡在了咽喉之地,多亏菜将军击退了他。那次战斗,我们大获全胜。"

朱元璋是明白人,知道旧友吹嘘的那场战争不过是儿童玩闹,但听他把丑事说得美丽动听，又觉得面上有光。一时间，朱元璋想起当年饥寒交迫大家有难同当的情景，立即封这位旧友为御林军总管。

一样的事实，只因表述不同，却有了不一样的结果。问题的关键在于，使用美言赞誉术必须了解对方的嗜好、习性及性格、脾气和情感，唯有"看人说话"才能抓住对方的心理弱点，才能夸对人，夸对事，让对方感到合心意，才能取得好的论辩效果。另外，我们在夸赞对方时必须不卑不亢，态度要自然，而不能故作低姿态、卑躬屈膝、阿谀诌媚、吹牛拍马。赞誉也要恰如其分、恰到好处，不要说过了头。不管是态度太过卑微，还是好话说过了头，都会引起对方警觉。

有个人十分擅长说赞美话。一天，他请几位客人到家吃饭，自己站在门口，挨个问客人是如何赶到这里的。第一位客人说是坐小汽车，他立刻夸道："啊，华贵之至!"第二位客人开玩笑地说是坐飞机，他说："啊，高超之至!"第三位客人促狭一笑，说是坐火箭，他用夸张的语言说："啊，勇敢之至!"第四位客人坦白地说是骑自行车，他看交通工具似乎一下简单了，灵机一动，脱口而出："朴素之至!"第五位客人羞怯地说是徒步，他合掌打揖："太好啦，走路可以锻炼身体，健康之至!"第六位客人故意给他出难题，说是爬着来的。这位主人居然立刻赞美道："稳当之至!"第七位客人故意讥讽他说自己是滚着来的，本想让主人无话可说，结果主人却大笑说："周到之至啊!"客人听了，无不为这一妙语喷饭。

现实生活中，赞美话应该恰如其分，别人听了才会舒服，自己也不至于降低身份。一旦赞美无度，流于诌媚，就会使自己失去自尊，同时引起对方的反感和轻视，让人对你的观点产生轻视态度。

简要而言，恭维（或赞美）最好遵循"坦诚得体"和"背后称颂"两条原则。

1.坦诚得体。一个人受到别人的夸赞，决不会觉得厌恶，除非对方说得太离谱。你不能把天说成地，把黑说成白，那就有吹牛之嫌。夸赞不是简单的奉承，更非谄媚，首先要有一份诚挚的心意及一种认真的态度。必须谨记在心：过分粗浅的溢美之词会毁坏了自己的名声和品位，连"拍马行家"也从不明火执仗地"拍"。

2.背后称颂。背后颂扬别人的优点，比当面赞美更为有效。在所有赞美话中，背后称赞或许是最得人心意的一种。如果有人告诉我们：某某人在我们背后说了许多关于我们的好话，我们肯定特别高兴，觉得自己真正得到了别人的认可。这种赞语，如果当着我们的面说给我们听，或许反而会使我们感到虚假，或者疑心他不是诚心的。

方法 3　正确的批评方法

任何情况下，都不要轻易批评人。如果情非得已，在批评别人之前一定要想好最容易让对方接受的方法。如果面对的是一个你希望说服的对手，就更应该谨慎地选择批评的方法。

一、安慰式批评

莫泊桑是著名的法国作家。年轻时候，他向作家布耶和福楼拜请教诗歌创作方法。两位大师边喝香槟酒边听莫泊桑朗读诗。布耶听完说："你这首诗虽然坑坑洼洼，像块牛蹄筋，不过我还读过更糟糕的诗。相比之下，你的这首诗就像这杯香槟酒，勉强还能吞下。"

这个批评虽严厉，但留有余地，给了莫泊桑一些安慰。这也是莫泊桑能够坚持创作的一个动力。

二、暗示式批评

工人小孙临近结婚，工会主席问他："小孙，打算怎么办婚礼呀？"小孙不好意思地说："按我的意思是简单点办就行了，可我妈说，她就我这一个女儿……"工会主席说："咱们单位小许、小吴可都是独生女啊!"

这段对话，双方都用了隐语。小孙的意思是婚礼无法不大事操办；工会主席希望她能适当节俭，但没有直接反驳，而是暗示她别人也是独生女，但能新事新办。

三、模糊式批评

某单位召开员工大会整顿劳动纪律。会上，领导说："根据这一段时间的检查结果来看，我们单位的纪律总的来说是好的，但也有个别同志表现较差，有的迟到早退，也有的上班时间聊天……"在批评员工时，这位领导用了不少模糊语言："这一段时间"、"总的"、"个别"、"有的"、"也有的"等。这样做，就既顾全了别人面子，又能指出问题。

这种说法表面上看没有指名，但实际上已是指名——领导心中有数，员工心中也有数。因此，在某些场合，模糊批评具有某种弹性，效果通常比直接点名批评更好。

四、请教式批评

有人在一处禁捕的水库内捕鱼，看到有一位警察从远处走来，心想这下糟糕了。警察走近后，劝诫行为却出乎他的意料，警察不仅没有大声训斥，还和气地说："先生，你在这里洗网，下游的河水不就被污染了吗？"这情景令捕鱼者十分感动，连忙诚恳地承认错误。

若是警察上来就训斥他，那捕鱼者的反省效果恐怕就不一样了。

五、表扬式批评

有位棒球教练在纠正队员动作时不说"不对"，却说"大致上不错。但如果再纠正一下……(具体做法)……效果会更好"。虽然重点在后面,但他给人一种印象:并非否定队员,而是鼓励其继续提高,也就是说先满足对方的自尊心,然后再提高目标。

如果教练只是警告,在一定程度上会引起队员的反感,由此催生消极情感,对实际效果会产生负面作用。

在对事不对人的前提下,采用下面几种批评方式可以让对方更容易接受。

1.避免相互比较

俗话说:"人比人,气死人。"区别总是存在的,但不宜用一个人的短处去比别人的长处,否则时间一长,只能使对方觉得处处不如人,信心就会丧失。

2.错也夸对

大多数的批评者,往往是把重点放在挑错上,却不能清楚地指明"对"应该怎么做。

即便对方明显错误,批评者最好也只用一两句话挑明,使对方明白就够了,然后立即将话题转到别的地方,以免对方觉得你揪住他的辫子不放。

3.改否定式为疑问式

"你这样做是不对的"是批评者常用的句式,但这种句式的效果却不太好。不妨改用"你这样做得对吗?"这是经过改动的疑问句式。很显然,疑问句容易促使对方自我反省,反问句则让对方觉得被否定。

4.把批评者由第一人称改为第三人称

"我认为你不对"用的是第一人称,如果换成第三人称:"大家都认为你不对",这样明显缓和了批评者和对方的直接冲突,并将批评者的态度含混化。这种做法可避免被批评者将反感情绪直接指向批评人,但被批评者的压力却反而增大——他不能不考虑大家的看法。

5.改批评为自我批评

有时候，批评别人的错误，不妨以反躬自省的姿态说出来。讲的虽然是一样的事、一样的道理，但自我批评的姿态会令对方产生好感，同时也容易反省自己有没有类似问题。这样的情形下，批评言语即使激烈一些，对方听起来也不会感到刺耳。

以上种种方式，最为有效的就是改批评为自我批评。自我批评可以启发对方将心比心，设身处地想问题。与其他几种直接针对批评对象的做法相比，通过责备自己，启发对方做自我批评，从而认识和改正错误，是一种间接批评方法。事实上，如果一个人有错，常会在感情上出现戒备状态，时刻提防别人揪住自己弱点不放。如果我们不注意这一点，对方就不容易听进我们的批评。责备自己，恰好是打开这一扇心门的钥匙。如果批评者条理明晰地剖析自己的思想，并讲出令人信服的道理，很容易引起对方情感上的变化，进而触及其思想中的问题。假如对方主动提出几种改善的办法，这或许也会是他自己给自己开出的"灵丹妙药"。

方法 4 变换立场和角度

要说服对方，就必须讲清自己的立场，说明自己的理由。在论辩过程中，务必听清对方的立场，将双方的立场分析了解清楚，并在可能的情况下巧妙地改变自己的立场。

改变立场不是一件容易的事情，一般来说要经过下面 4 个环节：

一、把自己的立场讲清楚

小刘和小杨是好朋友，经常把零花钱放在一起花。有一次，小刘买了一袋

A牌榨菜，小杨很不乐意："你怎么不买B牌榨菜？"小刘回答说："B牌榨菜哪儿有A牌榨菜纯正！"小杨心里自然不高兴："你真不会吃。B牌榨菜的味道才叫纯正呢！"小刘辩驳道："我不会吃？我可是吃A牌榨菜长大的，恐怕是你不会吃吧。"

在这个事件中，双方都没有把自己的立场讲清楚。问题在于，什么叫"纯正"？这是一个含义模糊的词。模糊的原因在于，双方各执一词，交流不顺畅。小刘是A地人，喜欢吃麻辣味的榨菜；小杨是B地人，习惯吃甜味的榨菜。由于没有搞清楚对方说的是什么，对话反倒引发了新的对立。纯正口味可能有很多种，这与谁更会吃榨菜是没有关系的。

我们与人进行论辩，首先当然要讲清楚自己的立场。讲清自己的立场，包括讲清自己的论点、论据和论证（尤其是论点）。讲清自己的立场，可以确立自己的观点，也可以避免对方误解自己，消除不必要的对立。立场不清楚，论据再多，论辩也只能是糊涂账。

二、注意理解对方的立场

理解对方的立场，关键在一个"听"字。做一个良好的倾听者，听清对方的立场，才能正确理解对方，避免误会发生。

甲乙二人喜欢买体育彩票，甲说："发行体育彩票好，可以为发展体育事业筹集大量资金。"但是乙却说："我看不好，这是在助长群众的赌博心理。"甲回复："毕竟目的不同嘛。买彩票是为体育事业作贡献，哪能等同于赌博？"乙显然不理解甲的立场："既然发行彩票可以集资，是不是要发行航空母舰彩票、登月彩票？是不是我家买房子缺钱，也来发行彩票呢？"

在这场论辩中，乙扩大了甲的论点——甲赞成发行体育彩票，但不一定赞成凡是缺钱就要发行彩票——在给软化对立找麻烦。如果没有弄明白对方的立场，任意扩大对方的结论，使之变得荒谬可笑，会存在名实不一致的问题。在辩论赛中，这种技巧经常使用，即故意混淆黑白，利用对方的逻辑漏洞给对手"下套儿"。不过，日常论辩要求用道理说服双方，而非一方战胜另一方。这种做法就不适用了。

三、搞清楚双方的立场

1999 年高校开始扩招，一时间舆论褒贬不一。某电台一档直播访谈节目约请一个高中毕业的外企总经理与一个大学青年讲师为此事展开论辩。总经理认为：扩招没有意义，因为自己就是一个很好的例子，大多数人不上大学同样可以生活得好好的；大学讲师则持相反的观点：高等教育应该敞开大门，欢迎更多人进入知识殿堂。在节目的最后，大学讲师总结道："我与总经理的根本分歧其实并不在于是否赞成高校扩招，而在于人们到底应该追求精神生活还是物质生活。"

这场论辩的结果恐怕很难得出，但就论辩技巧而言，讲师的优点在于明白双方论辩的立场是什么。只有软化了这种根本的立场，才能真正解决对立问题，才可能真正赢得论辩的胜利。

四、巧妙改变立场

论辩中要适时抓住对方观点或实例的漏洞，为我所用，或者因势诱导对方改变立场，或者见机而变调整自己的立场。这里提供两种办法仅供参考。

1.引导对方改变观点

一所学校的学生近视眼发病率很高，引起了两个医生的争论。甲医生认为，病因在于用眼不卫生，乙医生则认为关键是教育问题。甲医生说："由于看书时间过长、看书姿势不正确才导致近视眼增多。"乙医生说："学生之所以长时间看书是因为课业繁重。"甲医生说："可是他们还看课外书啊。"乙医生说："既然这样，为什么不加强用眼卫生教育呢？"甲医生说："可能宣传教育还不到位。"乙医生说："这难道还不是一个教育问题？"

在这场论辩里,乙医生把甲医生的观点纳入自己的观点:即便是卫生问题,首先也是一个卫生教育问题,从而还是一个教育问题。这种将对方观点归置到自己的观点中,使其成为自己立场的一个方面的辩论技巧,就会令自己的观点显得更加全面和可靠,而对手的观点则被瓦解于无形。

2.改变双方立场

在开发一款新产品过程中,某公司市场部经理与开发部经理展开论辩。市场部经理认为:开发产品要先看消费者态度,不做市场调查就不能开发新产品,要看单下菜。开发部经理不同意这种观点,反而认为产品要创新,对消费者越神秘越有吸引力。最后,市场部经理认可了开发部经理的观点,但依然主张做一次普通的市场调查。

在这个案例中,市场部经理的观点明显得到了改变,而开发部经理在坚持自己观点的同时也接纳了市场调研的观点,双方对立由此出现软化,二人立场都部分改变。

方法5 将心比心,心理求同

多一个朋友,永远比多一个敌人要好。不要预设你的论辩对手是敌人,要努力争取对手,让对手对自己产生心理认同。

努力争取对手,使对手支持己方的立场,这是辩者创造条件去获取胜利的基本原则,我们称它为认同律。

争取对手支持,首先要让对手产生认同感,这包括理智共识和感情共鸣。

一、理智共识

理智共识是指,在辩论中,一方对另外一方的辩论逻辑和立场、观点等产生理性认知，认为对方在逻辑上或者事实上更加有说服力，从而主动软化对立，表现出赞同感的现象。一般说来，理性共识更多地源自论辩内容，但也不排除情感体验的影响。

二、感情共鸣

感情共鸣是指，在论辩活动中，双方因为辩论内容和情绪而产生的一种情感波动以及认同去向。在许多辩论中，双方可能会主动发现对方立场中的闪光点，在逻辑上、感情上都不由得产生相互靠近的趋向，这就是感情共鸣的表现。感情共鸣的基本特征是辩论的内容以及辩者自身的情感、人格、口才（文笔）、仪表、举止等各种因素所引起的对手情感上的认同。

在辩论中，如果能够让对手在理智和感情上的认同越发强烈、越发明显，获取胜利的概率越久越大。

要想争取对方的认同，关键是要设身处地，站在对方的立场展开论辩，主动调整自己的态度和行为方式，方便对手产生共鸣。在论辩中，这是双方达成共识的有效方法之一，在生活中，这也是软化对立、解决矛盾的最好路径。这种方法就是心理求同，俗话就是"将心比心"。

艾某有一个十几岁的孙子，不爱学习，贪玩还犯懒。艾某常常为这个小孙子担忧，怕他学习不好，将来没前途，又不敢打骂，怕孙子生病受伤。因此，艾某与儿子在如何管教孩子这个问题上也产生了矛盾。一年冬天，孙子贪玩滚雪球，被艾某剥去衣服罚跪在雪地里。艾某的儿子见状，竟然也脱去衣服，陪儿子罚跪。艾某见状非常惊讶，不料儿子说："你罚我的儿子，我也罚罚你的儿子！"

在论辩中，通过假设出某种情况、场景，让对方体验自己的心理感受，可以启发对方提高认识，进而对其言行做出调整。

有个男人独自拉扯大儿子，又攒钱给他娶了老婆，但小夫妻生了孩子后，却将老人当成负担,决定抛弃老人。

一天,儿子找来一个大竹筐,将老人放进去,假情假意地说:"父亲,我们这儿过得很辛苦,照顾不周。所以,我们俩决定把你送到一个美丽的地方,让你吃香的,喝辣的,过得舒舒服服。"老人看出儿子的险恶用心,气呼呼地训斥他。但儿子背起筐子,不管不顾地就要出门。

这时,老人的孙子对他说:"爸爸,记得把筐子背回来。"

他很惊讶:"为什么?"

老人的孙子说:"等我长大了,还要用来背你呢。"

结果,儿子再也迈不动脚步。

在这则故事里,小孩子真正做到了将心比心,唤起父亲的良心与道德意识,使其改正了自己的错误。

论辩中,对方若是见惯了常规的讽刺,甚至对常规的讽刺产生了足够的"免疫力",那我们就要充分利用语言技巧,出其不意。

前苏联外交部长维辛斯基就是一个会说话的人。

在一次联合国会议上,一名英国外交官向他挑衅:"你是贵族出身,我家祖辈是矿工,我俩究竟谁能代表工人阶级?"大家都以为维辛斯基要大张旗鼓地为自己辩护,不料他只说了一句话:"我们俩都当了叛徒!"这个精妙的回答让会场内突然响起热烈的掌声。言下之意:维辛斯基背叛贵族阶级为工人阶级发言,而英国外交官则背叛了工人阶级为贵族阶级出声。

在论辩中,遇到这样的紧急时刻,可能必须迅速做出回答,又迅速让对手感到难堪。那么,你不需要展示论述的过程,只需要抛出一把锋利的匕首直插对方心脏即可。但是,这把匕首必须足够锋利,且巧妙不可驳斥。

德国小说家、作曲家霍夫曼不太富裕,也从不以金钱论人的高低。有一天,他到柏林的一个暴发户家做客。主人带着他参观自己的豪宅,并故作不经意地说："我有 3 个仆人。"本来，主人是想听到一些恭维话。不料，霍夫曼说："我洗个澡，还有 4 个仆人侍候呢，一个放浴巾，一个试水温，一个检查水龙头。"说到这儿，霍夫曼闭上了嘴。好奇的暴发户追问，"第四个仆人干什么？"霍夫曼不紧不慢地说："他呀，他替我洗澡！"暴发户一下子听出霍夫曼的言外之意，言行间就收敛许多，不再以财富为傲。

第四章 仁者无敌，抓住对方论据的谬误

子曰："有能一日用其力于仁矣乎？我未见力不足者。"孔子的意思是说，只要肯用心在实行仁德之上，就不会没有力量。在论辩中，辩手如果绕开直接对抗，反守为攻、以退为进，以"仁"为本，以对手论据的谬误为切入点，便可以逐个瓦解，一举歼灭，从而取得论辩胜利。正所谓仁者无敌！

【经典今解】

子曰："富与贵，是人之所欲也，不以其道得之，不处也；贫与贱，是人之所恶也，不以其道得之，不去也。君子去仁，恶乎成名？君子无终食之间违仁，造次必于是，颠沛必于是。"（《论语·里仁》）

子曰："我未见好仁者，恶不仁者。好仁者，无以尚之；恶不仁者，其为仁矣，不使不仁者加乎其身。有能一日用其力于仁矣乎？我未见力不足者。盖有之矣，我未之见也。"（《论语·里仁》）

孔子说："富裕和显贵是人人都想要得到的，但不用正当的方法得到它，就不会去享受；贫穷与低贱是人人都厌恶的，但不用正当的方法去摆脱它，就

不会摆脱。君子如果离开了仁德，又怎么能叫君子呢？君子没有一顿饭的时间背离仁德的，就是在最紧迫的时刻也必须按照仁德办事，就是在颠沛流离的时候，也一定会按仁德去办事的。"

孔子说："我没有见过爱好仁德的人，也没有见过厌恶不仁德的人。爱好仁德的人，会认为没有什么会比行仁德再好的了；厌恶不仁的德人，在实行仁德的时候，只是不让不仁德的人和事影响自己。有谁能在某一天把自己的力量都用在实行仁德上吗？我还没有见过因力量不足而办不到这件事的人。这种人可能还是有的，但我没见过。"

这两段话反映了孔子对理欲的看法。很多人对孔子存在一个误解，仿佛他主张人们讲仁义，不讲利和欲。事实上并非如此。没有人甘于贫穷困顿、流离失所的生活，所有人都希望过得富贵安逸。孔子认为，这没有什么不对，但追求的方法必须合理，即必须通过正当的手段和途径获取，否则就宁守清贫而不去享受富贵。时至今天而言，孔子的理念仍有不可低估的价值。

在孔子的哲学理念中，个人道德修养，尤其是养成仁德的情操一直备受强调。但在当时动荡的社会环境下，爱好仁德的人已经不多了，所以孔子说他没有见到。不过，孔子认为，一个人能否修得仁德品质，主要还是看个人是否自觉努力：因只要一个人下功夫，完全可以达到仁的境界。

孔子的仁德观念告诉我们，在形势不利于个人发展的时候，个人必须坚持原则，最终也能够实现修身的目的。在论辩过程中，如何逆转形势，实现说服的目的，主观能动性就显得非常重要。

【古为今用】

方法 1 反守为攻,扭转情势

在敌强我弱的形势下,单纯防守不足以保存自己,我们必须主动寻找对方漏洞,抓住论敌的矛盾观点,反守为攻,变劣势为优势,变被动为主动,借此赢得话语权,实现说服的目的。

首先,要学会釜底抽薪法,直接击破对方立论。

某地学生围绕"武将也要文才"开展论辩。

反方认为,做武将不要文才也可以,理由是"武将成功的要素在于指挥打仗,学文属于扬短避长"。

正方瞅准对方漏洞,釜底抽薪地说:"在知识的海洋里,每一种知识和技能都是相互连通的,武才和文才也不例外,武才的形成和发展需要文才总结,文才是应用和时间需要武才落实才能证明。有一位高级将领曾经列举武将学文的好处,包括:一,可以把实践经验总结为理论,便于战术交流,也方便兄弟部队在实战中借鉴;二,迫使自己不断进取,在理念上取得进步,防止陷入经验主义的逻辑陷阱;三,培养严谨、细致的作风,由于文才要求不断思考各种具体环节,就能够避免粗枝大叶的作风;四,提升思想修养,培养勤于思考的习惯;五,丰富业余生活,文武互补,一张一弛,能够让脑子更灵活。"

反方的立论出发点是,文武对立,不是"东风压倒西风"就是"西风压倒东风"。正方则直接摧垮反方的逻辑基础,提出,不管文才还是武才,归根结底都是才华，而且只有两方面互相交流，才能达到最大的效果。

当对方论据与论题关联不紧密或方向相反时，就可以采取釜底抽薪法。简要地说，就是在对方论辩逻辑具有明显的立足点，而你可以彻底颠覆它的时候，就要集中火力攻击这个立足点，打破对方的辩论逻辑，对某些概念进行正名，使其按照我方的论辩逻辑归位，为我方的观点服务。论辩语言能否实现说服力强、震撼力大的效果，最重要的在于可信度高，而这就得看论辩逻辑是否强而有力。

马克思主义在中国传播的先驱李大钊在革命活动中被捕。在接受庭审时，法官杀气腾腾地说：

"李大钊听着：你幼年教育不足，青少年时期不安分守己，现在天天与政府作对，简直是天生一副反骨。自从踏入社会，你可以说是一天也没有消停过……"

听了这套说辞，李大钊极为镇静地反问："法官大人，你说的这些花词儿自己信吗？什么反骨，什么不消停，这算什么犯罪事实？"他笑着说，"法官大人，在这光明正大之地，我也要控诉你。你，主审法官何丰林，曾伙同张作霖，一次性谋杀平民376人，可谓十恶不赦！"

何丰林听了气得脸色铁青，立即阻止李大钊继续发言："不准胡说八道！"

李大钊的论辩方式就是釜底抽薪法。他审时度势，看准法官的判词与事实缺乏关联性，抓住时机，及时反驳，让对方的语言显得荒唐可笑，效果非凡。

使用釜底抽薪法，重要的是要跳出"非此即彼"的观念束缚。这主要是要打破定式思维，在"非此即彼"的框定下，我们很容易落入对方的逻辑陷阱：对方说 A 是对的，我们就说 A 是不对的，这反而给对方留下进一步发挥的空间。正确的论辩方法是看对方的论辩逻辑，找出其中的漏洞，而非汲汲于 A 到底是对还是不对，一语以言之，即以倒树寻根之势推翻对方预设选项的正确性。

在一场"思想道德应该适应（超越）市场经济"的论辩中，双方分别做了充分准备，都摆出了必胜的架势。

第一回合，反方问："雷锋精神到底是无私奉献还是等价交换？"正方回答："你方错误理解了等价交换的含义，根本上就是不合理的。等价交换是说，所有的交换都要等价，但这并不意味着所有东西都要参与交换。雷锋在为他人服务的时候，他根本没有想到交换这回事儿，当然谈不上等价不等价了。"

第二回合，反方说："请问对方辩手，我们思想道德的核心是为人民服务，还是求利呢？"正方答："为人民服务难道不正是市场经济的要求吗？"

哪一方能够赢得热烈的掌声，已经不言而喻。

其次，要懂得借助动作行为，实现反守为攻。

在许多论辩场合中，尤其是日常生活中，有些问题单凭口头议论难以表述清楚，凭借一些具体的动作行为，反而就可以很快将问题解决。这是因为动作行为显白直观，具有不容置疑的雄辩力量。这里所说的动作行为，可以是自己做，也可以要求对手做。

某村李老汉丢了一头100多斤的猪，他怀疑是邻村一个叫矮冬瓜的偷走了。官司打到县衙，知县把二人召在一起讯问。

矮冬瓜说："猪走得慢，偷猪的怕被发现，一般是不敢赶猪走的，所以他们总是背着猪走。大人，小的瘦骨嶙峋，手无缚鸡之力，如何偷得动这肥猪？"

知县打量了他一会儿，说："确实如此。矮冬瓜，我听说你向来清白。今日本县听你说得可怜，念你贫困，现在赏你一万钱，回去做点儿小本生意，切莫辜负本县一片苦心。"

矮冬瓜听说有赏钱，立马磕头谢恩。把钱理好后，矮冬瓜就麻利地把钱扛在肩上，转身就要走。

此时，知县一声喝令："慢！矮冬瓜，这一万钱可不止100斤吧！"

矮冬瓜一愣，犹豫了一下说："嗯，差不多。"

知县冷笑道："你先前说自己手无缚鸡之力，如今扛起这百斤钱财却轻轻松松，难不成 100 斤的猪要比 100 斤的钱重一些？"

矮冬瓜无法抵赖，只好如实招供。

在论辩中，我们有时尚未掌握对方的逻辑漏洞，不能直接击破对方的论据。但是，这并不意味着无招可出。在情况不明朗时，我们可以创造条件，让对方自乱阵脚戳穿自己虚假的论据。其要领是，诱使对方做出动作行为，再与对方作为论据的语言证据进行比对，看是否存在误差。

一种情况是：论辩对手做出行为，我们要观察其行为的漏洞。

晚清年间，一位县令审理一桩案子。原告控诉某人欠债不还，并出示一张写有"宣统二年七月三十日，借银子五百两整"字样的借据为证。经核对笔迹，借条确为被告手迹无疑，而被告虽然声称不是自己写的，但又缺乏有力的辩护。于是，县令决定判处被告如数偿还。

正要结案宣判时，一位精通天文算数的史官恰好到堂，他一看借据便说："这分明有假，怎能结案？大家请看，借据日期写的是宣统二年七月三十日，这年七月根本没有三十日，写债据怎会这样粗心？可见是追填的。即使这张借据真是被告所写，但原告没有发现这个错误，债据也应当无效。县令，你看是否该当重审？"

县令派人把万年历拿来一查，史官所说果然无误。最终，原告供出实情，原来，这张债据是他用 100 两银子雇用一个善于仿冒别人笔迹的人写的。

县令最终宣判：原告监禁一年。

另一种情况是：以事实驳倒论据，对方的论点自然站不住脚。

有个老太婆，东西被人抢走。一人路过，恰好撞见，就帮着老太婆把东西追了回来，并抓住强盗。但此时，强盗反咬一口，诬称对方是强盗。此时，天恰恰是黄昏时分,夜色沉沉,老太婆也分不清到底谁抢了自己的东西。于是,两人来到县衙,请官府审断。

县令见到这桩看似棘手的案子,却不慌不急,笑着对他们说:"你二人赛跑一次,先跑出凤阳门者不是盗贼。"

两个人得令,立即开跑。不久,二人就回来了。此时,县令对那个后出凤阳门的人说:"如果盗贼跑得够快,他就不会被抓住。既然盗贼被人家抓住了,可见是跑得慢的。你跑不过人家,可见是真正的盗贼。"

盗贼无奈,只好如实招供。

在应用这一论辩方法时,关键是注意动作行为与推断之间的逻辑联系。

最后,要在逻辑上直接翻转达到反守为攻。

战国年间,楚平王荒淫无道,在奸臣费无极的怂恿下做出不伦之事,父纳子妻,将原本要做太子妃的秦哀公长妹孟嬴纳为后妃。与此同时,楚平王担心事情泄露出去,引发意外叛乱。结果,费无极再次献策,要楚平王把太子建调离京师,到城父去守城。太子临行前,楚平王假惺惺地指令奋扬负责保卫太子,并嘱咐:"此去城父,不比在京城,怕是风霜雨露都要经受。你侍奉太子要用心,就像侍奉我一样。"

次年,孟嬴为楚平王生下一个儿子,楚平王心中大喜,就对其许诺,要立这个孩子为"太子"以继承王位。但碍于太子健在,楚平王一直没有公开宣布。费无极看出楚平王心思,趁机造谣说:"太子与伍奢合谋,企图勾结齐、晋两国兴兵造反,目的是报复您娶孟嬴为妻之恨。"

昏庸的楚平王听了谗言便密令奋扬:"杀太子受上赏。要是让太子跑了,杀无赦。"不料,奋扬本来就痛恨楚平王不理朝政、荒淫无度,还滥杀无辜。于是,他把密令报告给太子,并让他赶快逃走。太子平安离开之后,奋扬让人把自己绑起来,送去见楚平王说:"太子已经逃走,微臣前来请罪。"

楚平王听后大怒："暗杀太子的命令是我亲自下的手谕，除了你，谁也不知道，他怎么能逃走？"

奋扬坦荡地说："微臣故意放走了太子。"

楚平王一听，顿时暴跳如雷，他呵斥奋扬说："你先是不听王命，放走太子；现在，你又跑来见我，难道不怕我按抗君命之罪斩了你吗？"

奋扬听了这番气急败坏的训斥，心中却万分平静。他从容答道："我前往城父之时，大王命我'侍太子当如侍君'。现在，我保护太子不受伤害，正是奉了您的命令！我既然遵奉王命，就是没有罪，那还有什么可怕的呢？今日面圣，如果大王要因为我不遵从后来的命令而把我杀掉，微臣死而无憾。况且，微臣在城父整日跟随太子左右，知道太子对大王忠心耿耿，没有叛逆之心。今日我放走太子，使楚国留下未来的血脉，即便我今日因此而死，微臣也死而无怨。既然无怨，也就没有什么好怕的了。"

奋扬说完这番话，就准备引颈受戮。结果，楚平王为他的义士风范打动，不但决定赦免他的死刑，还让他回到城父官复原职。

奋扬面对楚平王的这一场辩驳，可谓反守为攻，步步为营。他将自己的行动与楚平王的命令结合起来，据理自辩，主动立足，不是恳求对方原谅，而是稳扎稳打地层层辩驳。这事实上是论辩技巧的体现：不按照对方的论辩方向展开辩驳，而是主动提出自己的论辩逻辑，将对方打败。

运用反守为攻术，一定要注意好"守"与"攻"的逻辑关系和事实联系。在论辩中，要等待时机，看准条件，一旦发现对方逻辑漏洞，立即组织自己的逻辑，直捣黄龙，击破对方论说的出发点。

方法 ❷ 以守为攻，后发制人

美国前总统里根是一位大器晚成的领袖。他出生于 1911 年，1981 年当选美国总统时已经年届七旬。1984 年，他参加连任竞选。在一次电视辩论中，竞选对手蒙代尔自恃年轻力壮，借口里根年龄偏大，声言他太老迈，在精力上不宜担当国家元首的重任。就论辩技巧而言，里根此时陷入一种逻辑困境。如果他以牙还牙，也不谈执政能力，而从身体上攻击对手，就有失沉稳持重的作风和公众形象；但如果他逆来顺受、装聋作哑，那么又会显得老气横秋、难有作为，给人一种果然不能胜任的印象。于是，里根根据自己的长处和对方的短处，作出了一个令观众印象深刻的回答：

"蒙代尔说，我年龄大，精力不够，恐怕难以胜任总统职位。我不想对此加以评论。不过，我是不会在竞选中把对手太年轻、不成熟这类个人问题抛出来加以利用的。"

里根的答辩博得热烈掌声，而他最终也成功连任。

不妨设想一下，要是里根针锋相对地回答蒙代尔："你说我年龄大、精力不充沛，那么，你就是年轻、不成熟。"这会有什么后果？显而易见，蒙代尔不会就此罢休，双方很可能就此陷入一场并不能体现执政能力的互相攻讦。对认真听取政策辩论的选民而言，这自然不会产生什么好印象。

里根的做法显示出一个成熟政治家的风范，也证明了一个恰当的论辩技巧可以具有多么大的说服力。这个技巧就是以守为攻：面对对手的强势攻击，首先要不动声色，注意观察形势，在时机到来之时，再扬己之长，显敌之短。里根的做法既显示了长者的足智多谋、宽宏大度，又抨击和映衬了对手的无聊与浅薄，给选民留下了执政以德的形象。

在日常生活中，或者在专门的辩论中，我们常常会遇到出言不逊、盛气凌人的挑衅，此时不妨采取以守为攻、以退代攻的策略。这么做的目的，一是避免落入对方的话语逻辑，二是给自己留足反击空间。

这样做的好处是：第一，置对手于粗俗无礼的位置，令旁观者自觉形成一种心理定式；第二，我们可以静心组织语言，润物细无声地说服听众，并打击对手。一般情况下，以守为攻的具体做法是：先假装肯定对方的批评，稍作"褒扬"后，立刻扭转对方的话语逻辑，陈说体现自己观念的论据，从而实现辩驳的成功。逻辑逆转是这一论辩招数里最重要、最关键的环节，它一般可以直接摧毁对方论辩逻辑的支点，让对手无法还击，并让听众额首称是。

在实践层面，我们常常会发现，很多辩手喜欢采用"先扬后抑"的方法。这实际上是以守为攻的一种表现。

第三届中国名校大学生辩论赛上，初赛第四场辩题为"人口问题是不是未来社会发展的成败关键"，论辩双方是山西大学代表队和华东师范大学代表队。在自由辩论环节，反方山西大学代表队没有把握好时间，结果让正方华东师范大学代表队抓住机会，取得了辩论赛的胜利。当时，华东师范大学代表队就充分发挥了"先扬后抑"战术的特点：

反方二辩：我们都知道，社会发展的原动力是生产力，请问对方辩友……（铃响）

主席：对不起，反方时间到。

正方一辩：对方所谈无非是一个人口问题，而且对方论证过程中，始终也并没有否认过人口问题不是成败关键，我倒要告诉大家，是什么威胁着未来社会发展的前提呢？是人口问题。

68

正方二辩：是什么压迫着未来社会发展的保障呢？也是人口问题。

正方三辩：是什么阻碍着未来社会发展的目标呢？还是人口问题。（掌声）

正方一辩：人口问题的解决过程本身就是社会全面进步的过程。

正方二辩：所以说，无论如何，不管怎样，人口问题都是未来社会发展的成败关键。

正方三辩：过去我们有"黄河远上白云间"，可为什么现在却是"黄河之水天上来，断流断水到河南"？

正方二辩：人口问题的解决固然很难，但天下事有难易乎，为之则难者亦易矣，不为则易者亦难矣。（掌声）

正方一辩：按对方所说的，经济是万能的，那么当我们告别这个世界的时候，我们就可以说，轻轻地，我们走了，剩下一大群人口，反正你们可以购买另外一颗地球嘛。

正方三辩：对方喜欢谈可持续性发展，但为什么对方所在的山西省，人均耕地从 1985 年的 3.4 亩下降到了如今的 1.8 亩，这叫作可持续性发展吗？

正方二辩：刚才，对方 3 位辩手根本没有回答我方的一个问题：中国绝对资源大国与人均资源小国之间的矛盾是如何产生的？（提示铃响）

正方一辩：现在世界上每秒钟出生 3 人、每分钟出生 180 人，每周出现一个费城，每年出现一个德国，人口问题还不紧迫吗？

正方二辩：对方辩友刚才对人口问题的解决倒是情有独钟，可是又不愿承认人口问题是未来社会成败的关键，为什么对人口问题道是多情却是总无情呢？

正方三辩：中国每年增加人口 1400 万，但耕地为何却减少了 700 万亩呢？

正方一辩：中国的 GDP 已列世界前茅，可人均却只有 90 几位，其原因难道不是人口多造成的吗？

正方二辩：如果现在我们认识到人口问题是成败关键，我们还有回天之力，如果现在还认识不到这一点的话，只怕将来与对方辩友再见面时，只能是"相顾无言，只有泪千行"了呀。

正方三辩：我方也从不排斥系统。但恰恰在系统中，唯一的主动力就是人口啊。

正方一辩：鉴于我方已充分阐明我方观点，建议主席能够停止自由辩论。

本来，双方在此前的论辩中势均力敌，并没有特别的优劣表现。但是，由于正方充分利用时间安排，在反方喋喋不休地论述某种观点占用大量时间之后才击出致命一招。此时，山西大学代表队已无还手之力，华东师范大学代表队可以从容地发起连续进攻，连珠炮式地发问，打破平衡，为后来的胜利一举奠下根基。

在辩论中，当我们不太了解对手论辩思路，或者在战略上尚且不是进攻最佳时机，那就不是我们充分论述观点的最好时机。相反，假如我们看到对方以为优势在手必胜无疑，语言上锋芒毕露，气势上咄咄逼人，那么我们或许就已经迎来反攻的时刻了。此时切记要从容迎战，不妨先点出对方论述的主题，假意在此题目上与对方一致或者赞同对方观点，稳住自己的阵脚，也令对方沾沾自喜来不及准备新一轮攻势。然后，我方可以视战局情况，瞅准时机和突击点，开始组织自己的论据，充分施展攻击技巧，毕其功于一役。

这种先守后攻的战术，通常在势均力敌或者敌强我弱情况下使用。看准机会再出手，一旦开口就要击到对手的痛处，击到对手论辩的空虚处。这往往能令对手措不及防，自乱阵脚。

以守为攻，关键是把握住3个"必须"：必须瞅准论辩机会，必须抓住对方的逻辑矛盾，必须击破对方弱点。这样一来，我们的论辩才会有力度，才会一招致命。此外，我们还必须确认自己是否站在正确的立场上，即事实必须正确，方向必须正确,道理必须正确。如果明知自己错了,仅为一己私利,借用强势然而并不道德的逻辑嫁祸于人,在空对空的辩论赛中或许害处不大,但在日常生活中却可能贻害于人。

方法 ③ 以问代答,控制主动权

以问代答,是一种延续"以守为攻"思维的论辩逻辑,而目的则是反守为攻。该技巧的关键是,在无法从逻辑上针锋相对地批驳对方时,以反问的形式破解对方个别环节上的漏洞,从而令对手无法自圆其说。

以问代答,即不按常规对对方的提问给予解释,而是用反问的方式给予应对。

在论辩中,有时对论敌的提问难以回答,又不得不回答,或是三言两语难以说清楚。在这样的情况下,以问代答是最有效的方法,使对方同样感受到该问题难以回答,从而一举驳倒论敌。

有一次,物理学大师法拉第公开做电磁学的实验表演。实验刚结束,忽然有人站起来高声责问:"这有什么用呢?"

法拉第看了一下提问者,反问说:"请问,新生婴儿有什么用呢?"提问者哑口无言,讷讷退下。

提问者暴露了他对科学的无知,而法拉第的以问代答则隐含着对提问者在科学上缺乏预见的嘲弄。

以问代答这种说话技巧在生活中也无处不在。在一堂语文课上,一位老师在讲《董存瑞舍身炸暗堡》,课讲完后,这位老师让学生提问题。其中一名学生站起来指着书中的插图问道:"老师,董存瑞右手托着炸药包,他的左手为什么放在左下方呀?"这位老师稍加思索了一下,反问到:"那你说应该放在哪儿呢?"学生皱着眉头看了半天插图,终于不好意思地挠挠头坐回座位。是啊,董存瑞的左手不可能放在头上、胸前、背后等位置,只能放在左下方了。

以问代答,表面上看,似乎没有实质性的问答。但是,表面的风平浪静之下却暗藏着涌动的惊涛骇浪。一方提问后,对方总是抛出一个不置可否的问题,将问题重新打回去,而对手如果不回答,就会立即陷入被动。另一方很敏感,立即以牙还牙,因为若从事实层面进行回答,显然是一个说不清楚的无底洞。不过,该论辩中的辩手明显稍嫌稚嫩,在技法运用上略显生硬,所以给人一种印象:大家只是有来有往,没有高低之分。也就是说,谁也没有占到便宜,谁也没能把握主动权。

在辩论中,如果对方提出一些敏感或难回答的议题,我们若不能正面作答,就可采用以问代答法。这种方法的核心技巧是:提一个与对方议题相关,但实质却背道而驰,在逻辑上能够逆转对手思路的新议题。目的很明显:就是让对方无从回答,承认论辩失败。

方法④ 以退为进,巧取胜利

在论辩中,总会遇到这样一种情况:对方来势汹汹,气势猛烈,所有人都被汩汩滔滔的声势吸引,不自觉地对其表示赞许。在这样的情况下,直接击破对方逻辑,有时候不容易。所以,"诱敌深入"就是一个好办法。该办法的基础是"以守为攻",关键是,要在对方的论辩基础上首先承认甚至褒扬对方的观点、理论或做法,待对手失去戒心,以为我方承认失败,并进入我方布置下的

"糖衣陷阱"，打算就此结束战斗时，我方再突然发动进攻，迎头痛击。

"诱敌深入"是一种有计划、有步骤的退让策略，基础是反守为攻，关键是铺设陷阱，目标是赢取胜利。

在一场关于"信息社会仍需还是无须读书破万卷"的论辩中，中国青年政治学院代表队道出一段以退为进的精彩辩词：

听了刚才对方同学的发言，我深深地为对方同学那种执着追求知识的精神而感动。今天，我们和对方同学一样地渴求知识。然而求知的目的何在，在于认识和改造世界。因此，无论怎样求知，都必须适应这个目的。我方同学认为在信息时代无须通过读书破万卷的形式来达到这个目的。首先，随着科技的发展，行业的分工越来越细，人类社会创造的知识总量早已成为一个巨大的知识金库了。面对信息量的骤增、知识量的爆炸，对方同学如何去选择？还用读书破万卷的方式能行吗？人脑因为生理的原因，其记忆、存储、提取、容纳的程度总是有限，面对信息量的大规模流动与更新，对方同学如果说过去还能够通过读万卷书而成为一个"通才"的话，那么，今天如果想通过读万卷书而成为一个通才能行吗？时代要求我们打破这种读书破万卷的农业社会、田园文明的知识方式了。无知是痛苦的，然而以为无知识不知现实就可以瞒天过海，那岂不更是自欺欺人吗？其次，信息时代的到来，使以读书破万卷这种方式来获取知识和发展社会显得更不经济、更无效率。信息时代，时间就是财富，时间就是发展，如何实现对时间的最优配置，是信息时代社会发展的首要任务。

我们来看这段辩词。开头几句，是对对方的褒扬，称赞对方看到了当前的形势。后面紧跟着说，我们也认可你们的观点，大家的目的也都是一样的——这就是在铺设陷阱。此时此刻，或许有人认为，既然基础一样、目的一致，是否已经承认败局了？

问题在于，双方辩论的恰恰是一个方式，或者是手段问题。因此，上面的承认和褒扬完全是"糖衣炮弹"。接下来，该辩手就开始提出自己的观点，在确凿的事实和严密的逻辑组织下，对方"仍需读书破万卷"的观点几乎毫无立足之地。

最后，要告诫大家一点：以退为进，灵魂在于拆除对方的台基，是在对手观点的基础上做文章。所以，"退"的时候一定要把握好分寸，"进"的时候一定要把握好火候，逻辑逆转时一定要合情合理，万万不能说过头话，也不能用存疑的事实做论据，否则授人以柄，就真的一败三千里了。

第五章 | 义利之争，巧用比喻让道理易懂

子曰："为政以德，譬如北辰，居其所而众星拱之。"孔子借用天上的北斗星被众星环绕，来说明执政者只要以道德教化民众，自然会获得民众的支持。这种用常识现象作比喻，解释比较复杂、深奥道理的办法，往往有通俗易懂的效果，可以迅速传递信息。在日常论辩中，我们可以巧用比喻以便用更加简单的方式说明比较复杂的道理。

【经典今解】

子曰："为政以德，譬如北辰，居其所而众星共之。"（《论语·为政》）

孔子说："（国君）以道德教化来治理政事，就会像北极星那样，自己居于一定的方位，而群星都会环绕在它的周围。"

这段话阐述了孔子"为政以德"的观念，意思是说，执政者只要推行德政，就会如北极星一样取得合法合理的执政地位，百姓们也就会自然地追随你。在这里，孔子强调了德行的作用，主张在治国中将道德教化放在一切政策、刑罚的前面。"为政以德"是孔子学说中比较核心的内容，后世形成的儒家由此推演出推崇德治的治国学说。

孟子见梁惠王。王曰:"叟!不远千里而来,亦将有以利吾国乎?"

孟子对曰:"王!何必曰利?亦有仁义而已矣。王曰,'何以利吾国?'大夫曰,'何以利吾家?'士庶人曰,'何以利吾身?'上下交征利而国危矣。万乘大国,弑其君者,必千乘之家;千乘之国,弑其君者,必百乘之家。万取千焉,千取百焉,不为不多矣。苟为后义而先利,不夺不餍。未有仁而遗其亲者也,未有义而后其君者也。王亦曰仁义而已矣,何必曰利?"(《孟子·梁惠王章句上》)

孟子拜见梁惠王,梁惠王说:"老先生,你不远千里而来,一定是有什么对我的国家有利的高见吧?"

孟子回答说:"大王!何必说利呢?只要说仁义就行了。大王说:'怎样使我的国家有利?'大夫说,'怎样使我的家庭有利?'一般士人和老百姓说,'怎样使我自己有利?'结果是上上下下互相争夺利益,国家就危险了啊!在一个拥有一万辆兵车的国家里,杀害它国君的人,一定是拥有1000辆兵车的大夫;在一个拥有1000辆兵车的国家里,杀害它国君的人,一定是拥有100辆兵车的大夫。这些大夫在一万辆兵车的国家中就拥有1000辆,在1000辆兵车的国家中就拥有100辆,他们的拥有不算不多。可是,如果把义放在后而把利摆在前,他们不夺得国君的地位是永远不会满足的。反过来说,从来没有讲仁的人却抛弃父母的,从来也没有讲义的人却不顾君王的。所以,大王只说仁义就行了,何必说利呢?"

司马迁在《史记》中曾指出:"天下熙熙,皆为利来;天下攘攘,皆为利往。"君子其实不必羞于言利,或者说,君子也要言利。但是不是也有必要多言"仁义"而"救其弊"呢?当然,的确也不可能只说仁义而不说利,应该是既说利也说仁义。二者犹如车之两轮,不可偏废任何一个。

在我们现在这个时代,义利之争稀松平常,大家皆能坦然地讨论仁义和利益。辩手如果能将孔孟说话之道融会贯通,在辩论中巧用比喻,由浅入深,自然能起到事半功倍的效果。

【古为今用】

方法 *1* 善用比喻，化抽象为具体

在论辩中，比喻技巧的运用非常广泛。生动形象的比喻可以化抽象为具体，化生僻为通俗，化深奥为浅显，不但通俗易懂地传授知识，更能形象生动地传达感情，激发人们联想，强化人们认知。一个巧妙的比喻，可以使自己的论证如虎添翼，事半功倍。

有一次，爱因斯坦到柏林哈顿街工人学校讲学。他当时已经创立了相对论学说，连不少科学家们都表示不太容易看懂。讲学时，一位工人好奇地问："爱因斯坦先生，听说您创立了相对论，那是什么玩意儿啊？"

爱因斯坦回答说："我这么跟你说吧，让你在一个漂亮姑娘身边坐上一个小时，你会舍不得离开，只嫌时间短如一刻钟；可要是让你在一个热火炉旁坐上一刻钟，你就会觉得比一个小时还要久，这就是相对论。"

与科学家相比，工人本来知识水平就相对较低，爱因斯坦要是实打实地讲解相对论，恐怕对方不但难以理解，还会觉得枯燥无味。他用了一个普通人都能感知到的常识作比喻，既生动形象，又深入浅出，诙谐有趣地使一个非常复杂的科学问题变成了简单明了的常识。

相对论几乎是世界上最艰深难懂的科学理论体系了，但爱因斯坦只用一个比喻就让最难懂的东西变成了最容易理解的东西。比喻的妙用，由此可见一斑。比喻，是一种人们常用的修辞方式，目的是为了让语言形象、生动、通俗、易

懂。由于这种语言技巧以此喻彼,将逻辑比较复杂的论点与生动的具体现象结合,既给人以哲理上的启示,又给人以艺术上的美感,因此,比喻总能在不经意间给人带来一种幽默感,让对话变得轻松愉快。

与孟子大约同时代的惠子善用比喻说理。

一次,他要去面见梁王。有人预先对梁王说:"大王若不许他打比方,他就不会说话了。"梁王说:"可以试试。"

第二天,惠子来了,梁王对他说:"我希望你有话直说,不要打比方。"

惠子说:"如果有人问,'弹'是什么东西?对方回答,'弹'的形状就像弹。您说这能让人明白吗?"

梁王答:"不能。"

惠子说:"如果有人说,'弹'的形状像一张弓,且以竹做弦。这样您明白吗?"

梁王说:"明白。"

惠子说:"我之所以打比方,就是为了让人们知道自己所不知道的东西。要是您不让我打比方,我说的东西是人们所不知道的,怎么行得通呢?"

梁王听了,认为他说得有道理,就放弃了戏弄他的想法。

上述故事,生动地说明了"打比方"在论辩中的作用。"喻比术",也就是用打比方来陈述道理、说服对方的一种论辩方法。它使用类似联想的方法,借助具体的、浅显的、平常的事物和道理来说明抽象的、深奥的、少见的事物和道理。

使用"喻比术"的关键是,要使抽象的东西具体化、生僻的东西通俗化、深奥的东西浅显化、特殊的东西一般化。辩论往往讲究层层深入,因此对于辩论设譬,还要做到以小喻大、以浅喻深,引导辩证逻辑,增强说服力。如果能做到这一点,论辩就不但能形象地说明道理,还能把自己的观点说得更透彻。

一篇抽象的鸿篇巨作，或许是一部顶级的学术著作，但在实际生活中却未必能够说服听众；一个浅显的比喻，或许看上去粗浅简单，但却可以说尽深蕴之理，让顽固的对象信服。在生活中，这两种现象都很常见。

　　德国女数学家爱米·诺德获得博士学位后，不能马上开坛授课，原因是没有讲师资格。当时，从事广义相对论研究的希尔伯特教授非常赏识其才华和学问。在一次会议上，大家围绕爱米·诺德能否成为讲师展开一场争论。一位教授激动地说："女人怎么能当讲师呢？难道要让一个女人做讲师、当教授，甚至进入大学评议会这样的最高学术机构吗？"希尔伯特教授听了，站出来反驳道："先生们，一个人能否胜任学术工作，与其性别是没有关系的。我请各位注意：大学评议会可不是澡堂!"一句话，驳得对方哑口无言。

　　使用比喻进行论辩，有很多不同的具体方法，可以正面设喻，指出本体是什么、像什么；也可以反面设喻，说本体不是什么、不像什么。

　　加里宁是俄国一位杰出的布尔什维克宣传鼓动家。一次，他向某地农民代表讲解工农联盟的重要性。尽管他论证详尽严谨，听众总是不得要领。这时，有人问加里宁："对苏维埃政权来说，什么更珍贵，是工人还是农民？"加里宁灵机一动，说出一个巧妙的比喻："请问，对一个人来说，什么更珍贵，是右脚还是左脚？"全场静默片刻后爆发出雷鸣般的掌声，经久不息。

　　把严谨的逻辑思维与生动的形象思维结合起来，并不太难。问题是如何有机结合，将其功能最大化地发挥出来。只要善于把这两种思维方法完美结合起来，整个论辩就会显得逻辑严谨而又形象生动，条理分明而又感情充沛，从而获得更大的说服力。

　　巫马子和墨子两人都是战国时代的知名学者，有一天，两人发生了争执。

　　巫马子说："你提倡'兼爱'，主张世上所有人都应当团结友爱、平等相待，却没能给别人带来直接的好处；我主张各人自扫门前雪，人人自行其是，独来独往，也没听说害了谁。咱们的主张完全不同，目前都还没有显示出其应有的社会效果，可你凭什么认为自己一定是对的，而要全盘否定我呢?"

墨子说："假如这里失了火，一个人想着去提水灭火，另一个人则打算往火里添加柴火。他们都只是想象，没有行动，你觉得怎么样?"

巫马子答："当然准备灭火的是好人，我们应该提防想在火上添柴的人。"

墨子说："对呀! 这就说明，我们谈人论事不能忽视其动机。现在，我主张'兼爱天下'，动机是好的，所以我肯定它；而你主张'不爱天下'，动机令人费解，我当然要否定它。"

墨子用一个比喻，轻巧地解决了巫马子的问题。

在辩论中，如果能运用贴切的比喻，往往能化难为易，将难于口头说明白的道理转换为听众所明白易懂的话语。成功运用比喻，能够促使听众进行神奇的联想，使辩论语言超越普通语言产生所向披靡的摧毁力。

在一场"贸易保护主义可以抑制"的辩论中，有辩手作了一段精彩发言：

……让我们来瞧瞧这则詹金斯法案吧! 里根总统在否决它提议的同时，要把新的多种纤维纺织品的条文修改得更加强硬，甚至连丝、麻等纤维纺织品也要纳入限额范围，这不就证明了贸易保护主义的存在吗? 抑制一种形式的贸易保护主义，却又兴起了另外一种形式的贸易保护主义。这就好像脸上的一个暗疮给清除了，但另一边脸上的暗疮却又生了出来。人们看到你脸上新生的暗疮还是会说："啊呀! 真可惜，长得那么漂亮，但脸上有暗疮呀!"

辩论者用一个暗疮理论作比喻，既形象生动，又恰到好处。暗疮在左脸还是右脸，都不能否认其存在。听众立即理解，贸易保护主义一直存在，不能因为领域变动就否认其存在。这个简单的比喻，就使辩论大为增色。

比喻，一般分为明喻、暗喻和借喻。

一、明喻，就是本体和喻体都出现的打比方

有篇赞美教师的演说词中有这样一段："有人说教师像蜡烛，因为他们燃烧自己、照亮别人；有人说教师像春蚕，因为他们吐尽银丝献给人类；有人形容教师像船夫，因为他们把学生从混沌的荒漠送往知识的彼岸；有人说教师是园丁，因为他们用自己辛劳的汗水和心血浇灌祖国的花朵；有人说教师像蜜蜂，因为他们采花酿蜜来滋育下一代：有人说教师是人类灵魂的工程师，因为他们塑造人的心灵使之成为社会有用之材。而我要说，老师像神通广大，会分身术的孙悟空，因为在3尺高的讲台上，教师把一个人的智慧变成几十、几百、几千个人的智慧；把一个人的美德变成几十、几百、几千个人的美德；把一个人的贡献变成几十、几百、几千个人的贡献……谁能说，教师的本领比不上孙悟空呢？"

这段演说辞采用的就是明喻，本体和喻体一起出现。文章将教师分别比作蜡烛、春蚕、船夫等，生动形象，又富有诗意，用特征明显的喻体展示了本体"教师"的各种特征，语言感染力非常强。

使用明喻时，一般会借助"像""好像""如""一样""一般""犹如""像……似的""像……一样"等比喻词。

美国黑人运动领袖马丁·路德·金的《在华盛顿示威游行集会上的演说》里有这样一段话：

"100年前，一位伟大的美国人在《解放宣言》上签了字，今天，我们站在这个伟大的阴影下，这条巨大的法令就如一座巨大的灯塔，给成千上万的在不公平的毁灭性的火焰中烧焦了的黑奴带来了希望；这条巨大的法令犹如欢乐的黎明，将结束那被监禁的漫长黑夜。"

我们可以看到"就如"、"犹如"这样的连接词，而这就是明喻。

直接运用明喻进行辩说，不但要说出喻体，还要点明比喻的道理。春秋战

国时期"墨子止楚攻宋"，就是一次典型的明喻论辩。

墨子是战国时代的伟大思想家，他批判春秋战国时期诸侯之间连年不断的兼并战争，提出"非攻"思想。墨子认为，这些战争是非正义战争，即"攻"，而与此相对应的是正义战争，即"诛"。他反对非正义战争，反对侵略和掠夺。为了制止"攻"，墨子四处奔走，到处劝阻。

一次，墨子听说楚国准备攻打宋国，就远行千里去劝楚王退兵。

见到楚王后，墨子说："有这么一个人，放着自己华丽的车子不坐，想去窃取邻人的破车；放着自己的锦绣衣服不穿，想去窃取邻人的粗布衣服；放着自己的粮肉不吃，想去窃取邻人的糟糠恶食。请问大王，你觉得这人怎么样？"

楚王回答："这人肯定是盗窃成性。"墨子就很不客气地指出，楚国攻打宋国的行为，就像那个盗窃成性的人一样，放着自己国家的大好江山不好好珍爱，却去窃取邻国的破车、粗衣、恶食，实属不义。楚王听了无言以对。

攻打宋国的这场战争，由此消弭于无形。

在使用明喻时要注意几个要点：

1.表现新颖，富有新意

巴尔扎克曾说过："第一个形容女人像花的是天才；第二个形容女人像花的是庸才；第三个再这样形容的是蠢才。"话说得有些过分，道理却很明白：追求新奇是人的固有心理。

运用明喻，必须翻空出新、翻空出奇。毛泽东主席的语言可以说是这方面的典范，无论是演讲、报告，还是日常交谈，他都能不落俗套。

运用明喻，最重要的就是喻体要形象生动，能够画龙点睛地归纳道理。

2.对"明喻"的运用必须与表达目的和论说内容贴近，要"切人、切事、切情、切景、切意"，不能为比喻而比喻。

夸赞一个姑娘漂亮，说她像一个红苹果，还比较切题；要是说她像一个战士，就会让人觉得不靠谱。文不对题的比喻，哪怕字面再好也等于白说。切记，用比喻是为论辩服务，不是炫耀文字技巧。

二、暗喻，只出现本体和喻体，而不用比喻词

这种比喻方法由于富有隐含性，使用率更高。

庄子是有才华的人，但不愿意做官。楚威王听说他很有才华，就派人去聘请他为相。使者找到庄子时，他正在钓鱼。使者奉上千金重礼，毕恭毕敬地请庄子出山。

只不过，千金重礼丝毫没有引起庄子的兴趣。他手执钓竿，头也不回，漫不经心地说："财礼很重，职位也很尊贵。不过，我听说楚王有只神龟，已经死了3000多年，大王依旧毕恭毕敬地将其尸骨藏于盖有丝巾的竹箱，供奉在庙堂上。你们说，这只乌龟是愿意供于庙堂呢，还是愿意在泥水里自由自在地摇尾游弋？"

使者听了回答："当然愿意无拘无束地生活喽！"

庄子接着说："既然如此，就请二位回宫去吧！"

庄子拒绝做官，但他没有明说，而是巧用暗喻，表明自己要像栖息在泥水中的龟那样逍遥地度过余生。

暗喻，从字面上看不是在打比方，而是实实在在地说一件事。论辩中的"暗喻术"，是在两种具有某种相似之处的事物中，用A描述B，但B始终不出现，留给听众去领悟。

宋高宗赵构一向轻视人才，岳飞虽然想要劝谏却苦于没有机会。一天，岳飞从前线回到都城，高宗问："你最近得到什么好马了吗？"岳飞见高宗问马，于是借题发挥："臣以前倒是有两匹好马，每天能吃豆数斗，饮泉一斛，食量比一般的马要大几倍。而且，它们对食物很挑剔，稍微不洁净就不吃。不过，这马虽然难伺候，但真是好马。我早晨策马出发，起初跑得倒不算快，但后来

越来越快，等跑到百十里，就如风一般。即便到了中午，那匹马仍有后劲。这两匹马，自中午到傍晚，仍能跑二百里。到达宿营地以后，卸下鞍甲，这两匹马非但不喘息，连汗都不出。这样的马是真正的致远之才，可以托付重任!"

岳飞讲的是马，但高宗却听出话里有话。见皇帝微微颔首，岳飞接着说：

"非常不幸，这两匹马都死了。我现在的这匹马，倒是好伺候，给什么都吃，水脏了也能喝。只不过，真跑起来就差点劲了。刚开始，逞能跑得很快，不等我坐稳，便极力冲刺起来，但是还没跑上百里就跑不动了，又喘大气又出汗。这种马，真是驽钝之才啊!"

言者有心，听者留意。高宗领悟出岳飞谏劝他爱惜人才的意图，连连夸赞说："你讲得好极了，此所谓'正取而大受也'。"

三、借喻，本体和喻体都不出现

所谓借喻，就是直接把喻体当本体说。

战国时，庄子讥讽监河侯的一则故事，就充分展示了借喻的神奇。

庄子一生清贫，有一天，连锅也揭不开了。无奈之下，他只好放下手里的书，拎着口袋到朋友监河侯那儿去借粮食。

监河侯正在收拾行装准备外出，听说庄子要借粮，他满口答应："好说，好说。这不，我正要进城收租。等我回来，一定借你 300 两银子。"

庄子心想：你这一去，起码半个月。等你回来，我一家人不早饿死了？他知道监河侯特别爱听新奇事儿，便说："老兄啊，刚才我遇到一件事，特别有意思。"监河侯果然上钩："什么事，快说说。"

庄子说："我到你这儿来的时候，半道上听见有求救声音。我到处找，却没看见人。原来，在路旁的干河沟里有一条小鱼，它嘴巴一张一张地在说话呢。这小鱼说：'我是从东海来的，现在河沟干了，我也快干死了，先生能不能给我一瓢水，救我一命啊？'我说：'一瓢水太少了! 这么着，你再坚持一会儿，等我去找越王和吴王，请他们开沟挖渠，把海水引到这儿，这样你可以顺水游回东海去，好吗？'那条鱼听后十分生气，说：'我马上快干死了。你的计划就算再好，等到水引来，我早就变鱼干了。'"

监河侯听了，知道庄子是在借喻讽刺他，满脸通红。于是，他连声向庄子道歉，并立即给庄子装了满满一口袋粮食。

在运用借喻时要注意：喻体虽不必真实，但务必通俗明白，容易理解和接受。此外，所比两事物虽然不一样，但必须意义自然相通，不能生拉硬扯、牵强附会。

方法② 一语双关，留下话外音

双关是指利用词语的多义性或谐音特点，有意使话语具有双重意义，表面上是一种意思，实际上是另一种意思。使用双关技巧，可以帮助说话人委婉地表情达意，也可以巧妙地摆脱困境。

双关技法展现言外之意、话外之音，往往能使语言生动活泼、委婉含蓄、耐人寻味。

双关法就是运用语言文字上的同音或同义关系，表面上言此，实际上说彼，在论辩以及日常生活中使用频率很高。

西莫多·冯卡门是现代著名的航空专家。政府在他年逾八旬之时授予他美国第一枚"国家科学勋章"。

授勋仪式结束时，冯卡门走下台阶，因患严重的关节炎，他显得步履艰难。美国总统见状，急忙上去搀扶。冯卡门在向总统示意感激之后，轻轻地推开伸过来的手，说："总统先生，下坡者，毋需搀扶，举足攀登者，方求一臂之力。"

冯卡门一语双关，表面上好像是说下坡、上坡，实际是在提醒总统多多关注在困难条件下向科学高峰辛勤攀登的科研工作者。

双关法作为论辩技巧，由"字面意义"和"深层意义"构成。前者从字面就可以看出来，后者则要借助语境才能得以理解。

艾丽斯在候机大厅候机。此时，一个中年男子走过来坐在她旁边，见她美丽漂亮，便想与她搭讪。男子看到艾丽斯穿一双长统肉色丝袜，便嬉笑着说："你好，我叫查理，请问您这双丝袜从哪儿买的？"男子一边这么说，一边顺着丝袜直往艾丽斯的大腿上瞧，"我想给我妻子也买一双。"

艾丽斯冷漠地看了他一眼，说："我劝你最好别买给你妻子，因为穿这种袜子，不三不四的男人会找借口跟她搭腔。"

查理自讨没趣，羞红着脸灰溜溜地走了。

这里，艾丽斯就运用了双关法，明面劝诫查理不要买袜子，暗里却在骂他是不三不四之人。

双关术中的幽默，就好比一根软鞭子，抽上去没有痕迹，但却能刺破对方的心。

方法 **3** 寓理于事，加强感染力

在论辩中，如果借用寓言或故事来阐明道理，通常听众更易于接受。如果引用的故事或语言非常恰当，甚至能增强论辩者的气势，对辩论的成功会起到意想不到的重要作用。

"寓"，是寄托的意思。寓言往往虚构一个浅显的故事，传递较为深刻的道理，借此劝谏或讽喻世道人心。在论辩中恰当地运用寓言，可以给人以深刻的印象，使论辩产生强大的说服力。

一个雄辩家在论辩中适当采用妙趣横生、意味隽永的故事，会使人们在对故事的情节和感人的形象的审美享受中留下某种深刻印象，从而更容易领悟说话人试图陈述的观点，也更容易进入论辩逻辑，由此增强论点的说服力。

陈轸是战国时期的纵横家，擅长演说辩论。他巧妙借用"画蛇添足"的寓言，将一场战争消弭于无形。

当年，楚国将军昭阳率军队攻打魏国，所向披靡，夺得 8 座城池，继而挥军向齐国进发。在大兵压境的紧要关头，陈轸受齐王之命拜见昭阳。在祝贺昭阳取得赫赫战绩之后，陈轸问："敢问将军，依楚国法令，大败敌军可以获得什么官爵呢？"昭阳说："官为上柱国，爵为上执珪。"陈轸又说："比这更高贵的是什么呢？"昭阳答道，"只有令尹了。"陈轸说，"令尹是很高贵，可国王不会设置两个。"昭阳就很好奇，说，"你怎么知道呢？"

于是，陈轸讲了一个寓言给昭阳听：

"楚国有一户贵族，在某次祭神之后，赏赐给门客们一壶酒。门客们拿到奖

赏后，互相商量说：'几个人喝不够，一个人喝又有余。这样吧，大家在地上画蛇，先画成的先喝。'有个人画好了，拿起酒准备喝，见别人还没画好，就说：'我再给蛇画上几只脚。'脚还没画好，有人又画好了，一把夺过酒说：'蛇是没有脚的，先生怎么给它添上脚？'结果，先画好的反而没喝上酒。"

陈轸又对昭阳说："你打魏国大获全胜，就资本来说，做大官足够了。如果你认为自己战无不胜而不适可而止，那么，你是得到新的官爵还是成为那个画蛇添足的人呢？"

昭阳认为陈轸讲得有道理，于是领军而去，齐国也就免去了一场兵燹。

这则故事对于日常论辩至少有两点启发：第一，寓言的力量不可估量。第二，使用寓言要有针对性，场合、对象都要与寓言内容切合。对贪得无厌的人，不能正面劝他适可而止，而要反面说继续掠取可能自取其辱，甚至自取灭亡。

在辩论中，我们也常常可以看到借用故事说理的情况。

战国时期，齐宣王有一次召见名士颜，齐王叫颜过去拜见自己。但是，颜认为，自己去见国君是趋炎附势，国君亲自来拜见他才是礼贤下士，于是就叫齐王来见自己。齐王听了大发雷霆，气势汹汹地质问："到底是国君高贵还是士高贵？"

颜回禀说："从前秦国出兵打齐国，军队路过士人柳下惠的墓地时，领军将领发出一道命令：'但凡有人到柳下惠墓地50步内打柴、煮饭、割草、喂马的，杀无赦！'后来与齐国军队交战，秦军将领又发出一道命令：'割下齐王脑袋的，封万户侯，赏黄金万两！'"

这则"士高贵，国王不高贵"的简短故事，生动地说明：一个活着的国君的脑袋还比不上死去士人坟堆上的一根柴草！齐王听后若有所思，却又无言以对。

像这样用故事说理的例子还有很多。战国时期，齐国相国邹忌为了劝勉齐王虚心纳谏、励精图治，向齐威王说了一个自己的故事。

　　我在家穿戴整齐照镜子，看到自己修长的身材、俊美的容貌感到洋洋自得。我问妻子："你说我与城北的徐公谁美呀？"妻子不假思索地回答："当然是你美了，徐公哪里比得上你呀。"我不太信，于是又去问妾，妾也说我最美。这天恰好有客人来访，我就又问客人，客人也说我最美。巧合的是，就在第二天，徐公来我家了，我仔细看着徐公，又看镜子里的自己反复对比，怎么看也是徐公比我美。可是，妻、妾与客人却都说我比徐公美，这是什么原因呢？我想来想去，终于明白：原来，妻子说我美，是偏爱我；妾说我美，是惧怕我；客人说我美，是有求于我。现在，齐国领土方圆千里，城池 120 座，宫中美女上千，哪个不有求于您呢？因此大王，您所受的蒙蔽恐怕远远比我深啊！"

　　齐王听了邹忌的话，十分同意，立即通令全国："群臣吏民有当面批评我的，受上赏；上书揭发批评我的，受中赏；能在大庭广众之下批评我的，只要我听到了，也给赏赐。"群臣闻听纷纷进谏，一时间，齐国朝廷门庭若市，而齐威王闻过必改。一年以后，群臣和百姓都觉得实在没有意见可提了。与此同时，由于过错都得到纠正，问题都得到解决，齐国很快强大起来。

　　在这段故事中，邹忌现身说法，以小喻大，由家庭琐事类推朝廷大事，寓意深远，但又极其容易明白，有着极强的说服力。它告诉我们：在使用故事进行论辩时，假若是用自己的亲身经历直接论证某一论点，必须善于以小喻大，并由此类推到另一件事情，才能合理地提示出事物的共同规律。

　　用故事说理成功与否，关键不在故事长短，而在于精当与否。必须注意选择或构思与我们所要论述的论点有联系的故事，而不能七大姑八大姨地胡扯一通。这种联系，可以表现为事理相似、人物相似或者人物名称相似，也可以表现为逻辑相通，总之要让人们在对故事的艺术感受中领会论辩的意图，最终达到劝诫、讽刺或谴责的目的。

方法 **4**　含蓄委婉，用隐语表达

在辩论中，有些话不方便明讲，就隐藏在别的话中间接表达。这种使用隐语的方式，能够启迪听众自行得出结论，这样比直接说明更具有说服力。

《列子·说符》中有一则故事，说的是公子锄劝阻晋文公向卫国出兵，就很能说明隐语的力量。

晋文公出会，欲伐卫，公子锄仰天而笑。公问何笑。曰："臣笑邻之人有送其妻适私家者，道见桑妇，悦而与言。然顾视其妻，亦有招之者矣。臣窃笑此也。"公寤其言，乃止。

故事的大意是：晋文公要出兵伐卫，公子锄要去劝阻，但没有直接要求停战，而是讲了一个故事：某邻人送妻回娘家，途中遇到采桑妇，便与之调情，回头一看妻子，亦有人与之调情。公子锄说的这个故事隐藏着一个道理：欲欺人者也会有人欺。听了这个故事，晋文公大受启发，便打消了攻伐卫国的念头。

在某些情况下，隐语具有很强的说服力量，甚至比明确传情达意还能使人体会得更深刻。但使用隐语一定要注意，隐语中隐藏的道理，一定要保证听者能体会、理解，这样才能起到启发的作用。倘若隐语隐到听者无法理解的地步，那么就自然无法启发人，这种手段也就没有意义了。

在日常生活中，我们常见到，很多情况下，说话者并未鲜明地表述自己的观点，而是用含蓄的语言有意识地间接向他人发出信息，而对方迅速地领会到其中的潜在含义。结果是，说话人虽没有公开说明，却达到控制对方的反应行为的目的。这就是委婉含蓄的论辩技巧。

在古代，由于君臣地位差别悬殊，这就使处于臣子地位的士大夫们在和君王论辩时，不得不机智灵活地运用论辩技巧，往往是先有策略地退，然后再进。这种论辩中的"一退一进"就正如拳击比赛中，选手如果伸直胳膊去进攻，则出拳乏力，缺少灵敏度，也不易击中对方要害。如果选手先缩回拳头再打出去，就会更有力。在实际论辩中，曲言婉至之术往往被雄辩者运用得淋漓尽致。

唐德宗年间，有一个性情豪爽的大将刘玄佐，英勇善战，屡立战功。

刘玄佐镇守卞州时，有人向他进谗言，说军将翟行恭非常坏。刘玄佐一听火冒三丈，立即把翟行恭拿下要处决。鉴于刘玄佐的性格，一时间，在场的人谁也不敢为翟行恭辩解。巧合的是，这时一名叫郑涉的士人听说此事，马上求见刘玄佐。他说："听说翟行恭已依法受刑，请让我看一看尸首。"

刘玄佐听了觉得很奇怪，郑涉解释说："过去我曾听人说，冤死的人面容异常，可从来没有见过。今天恰好有机会，所以想借来看一看。"

郑涉并非真正想看尸首，而是提醒刘玄佐，"冤死的人面容异常"。这样一来，聪明的刘玄佐便省悟自己冤枉了翟行恭，立即命人把他放了。

在辩论中，委婉含蓄的说话技巧有时可以产生意想不到的效果。它可以使对方在毫无戒备的情况下，在心理上被控制，从而有助于说话者达到操纵和控制对方言行的目的。但是，使用这项技巧要注意，说话者必须掌握对手的理解能力是什么水平。因为，委婉含蓄靠的是语言暗示，也就是说靠弦外之音、言外之意来达到目的，如果对手没有足够的理解能力或说话者的暗语过于深奥难懂，也就起不到应有的效果。

总而言之，委婉含蓄就是在特定的环境下，将不便于直说或者不必直说的话以隐晦曲折的方式表达出来，达到表达意见、说服对方的目的这样一种辩论方法。使用这种方法，可以避免因直言表述、锋芒太露给对方造成的伤害并进而形成激烈对抗的不利局面。与此同时，由于隐语往往内蕴丰富，能够启发人想象和思考,促使其体会个中道理,会让对方在细细品味我们语言的思考过程中不知不觉地接受我们的观点,从而达到一种"言有尽而意无穷,余意尽在不言中"的辩论境界。

清代恭忠亲王有一次叫戏班上演武打戏。看戏的时候,他突发奇想,对戏班子说:"你们到台下来打!"戏台上铺的有地毯,能起到保护作用,而台下全是石阶,铺满锦石,演武打戏的一翻筋斗,腰骨就容易受伤。演员们瞻前顾后,不寒而栗,都不愿意。但是,亲王不但一个劲儿地催,还命令手下取出银两作为赏钱。尽管如此,演员们仍是你看我、我看你,谁也不敢下去。此时,资格最老的演员孙菊仙正站在亲王身边,他审时度势,使出一招"妙计"。只见孙菊仙笑嘻嘻地说:"你们好好打吧,打完了,王爷不但赏你们一人一个银镙子,还要赏你们一帖膏药呢!"

下戏台演武打戏很可能受伤,受伤后就得贴膏药。孙菊仙巧用事态的结果来暗示王爷,曲线进谏,起到了应有的效果,一众演员也就免去一场无妄之灾。

使用"委婉含蓄"这一方法时,我们通常可以得到下面几种结果:

一、劝谏成功,引导对方

寇准是北宋著名的政治家,为人正直,思维敏捷,但不注重学习。景德年间,寇准入朝出任宰相。

寇准的老师张泳知道这件事后,特地赶往京城,想提醒寇准加强学习。几日后,张泳向寇准告辞。临别时,寇准问:"先生,您对我还有什么嘱咐吗?"

张泳沉思一会儿,意味深长地说:"《霍光传》不可不读啊!"寇准不明白老师的意思,就回房翻阅《霍光传》。看着看着,寇准瞧见"不学无术"几个字,不觉笑了,也明白了老师的良苦用心。从此,寇准便更加注重学习了。

二、讽刺落后,揭露恶相

一次演讲会上,比彻尔振振有词、滔滔不绝地讲着自己的主张。大煞风景的是，一个喝得醉醺醺的人在下面学公鸡叫，故意捣乱。不过，这没让他乱了阵脚。比彻尔镇定自若，看一下表说："怎么回事？难道天要亮了吗？我简直不敢相信时间会过得这么快。然而，低等动物的本能是不会错的。"

在这里，比彻尔巧用隐语，不但故意忽视台下的醉汉，还含蓄地批评了他的捣乱行为，使其无地自容。

三、捍卫正义，自我保护

一位青年工人将申请住房的报告交给领导，但没想到领导看后说："这报告是你自己写的吗？"

青年工人顺口反驳："你所有的发言稿都是自己写的吗？"

听了这话，这位领导的脸刹那间红了。

在这番简单的语言交锋中，两人都很含蓄地运用了隐语表达。领导的话里隐含着"你的报告是别人写的"这种意思。这无疑是对工人的蔑视。工人的反驳则毫不客气地回敬："你的发言稿也是别人写的。"

劝说中建议使用模糊表达。如果你的论辩目的是劝说对方，就要有意避开对方的忌讳点，绕道而行。不妨选择从对方感兴趣的话题谈起，不要过早地暴露自己的意图，而是按照预定的迂回路线，层层突破，步步靠近。只有当对方跟着你走完一段路程的时候，再投其所好地说出其弱点并给出建议，这时对方一般就会不自觉甚至自觉地向你投降了。这就是曲言婉至的妙处。

模糊性是语言的基本特征之一，就是运用不确定的、不精确的模糊语言进行语言交际。在论辩中，这种技巧经常出现。

鸿门宴后，楚霸王项羽计划封刘邦为汉王，他的谋士范增极力反对，力劝项羽除掉刘邦以绝后患。他向项羽献计说："大王不妨先把南都之地封给刘邦，如果他接受，那就以此宣布他图谋占据一方，以待兵强马壮后夺我们的天下，将他处死；如果他不接受，就以违命不遵之罪，同样将他处死。"项羽听从范增的计谋，召见刘邦。刘邦听到项羽分封领地的话，不由心中生疑：这是块退可守、进可攻的要地，怎么会封给自己呢？与此同时，他也不敢违命拒绝。于是，刘邦对项羽说："臣食君禄，命悬于君。臣如陛下坐骑，鞭之则行，收辔则止。臣唯命是听。"刘邦的答话模糊不清，既没有说愿去，也没说不愿去，使项羽一下子无所适从，不知如何决断。凭借着隐语，刘邦机智地破了范增的陷阱，渡过这一难关。

在论辩中，特别是在回答提问时，有时候会遇到难以直面应对的问题。这些问题常常不便直言自己的态度，也不便直接予以肯定或否定。如果采用刘邦巧避项羽命令这一方法，就能使自己渡过难关，为下一步的反攻争取时间。

1945 年，美国在日本投下了两颗原子弹。当时，美国新闻界都在谈论一个热门话题，即前苏联有没有原子弹，如果有的话，数量有多少？恰好此时，前苏联外长莫洛托夫率一代表团访问美国。在苏联代表团下榻的旅馆门前，莫洛托夫被一群记者团团包围，有记者直截了当地问："请问外长，苏联有多少颗原子弹？"莫洛托夫绷紧着脸，仅用了一个词回答这名记者："足够!"

"足够"是一个模糊概念，既回避了苏联有多少颗原子弹这个当时不便公开的军事秘密，又暗示了苏联的力量。莫洛托夫的回答言简意赅、恰到好处。

在论辩中，当我们不得不对一个问题做出论断，或者被迫要从几个答案中选择一个，但又没有把握做出断然的抉择，或者任何一种抉择都有片面性时，我们便可以用同时带有几种意思的模糊语言处理。利用这样的方法，我们既可以保留一部分自己的意见，又可以让对方无从判断我们的真实思路，由此使之不能顺利做出决定。在日常生活中，这种办法亦可以用于处理棘手问题。

某军校的团支部准备在除夕之夜举行个舞会，不过这在军校里是没有先例的。于是，组织者就亲自去请示校长。面对这个问题，校长说："开舞会啊，我不提倡，也不禁止。"

"不提倡，也不禁止，这不是跟排中律矛盾了吗？舞会到底办不办呢？"组织者心里很纳闷，不知如何是好，就向团支部书记汇报了校长的批示。团支部书记说："校长的说法没有违反排中律。排中律是说，两个互相矛盾的判断不能同时为假，其中必有一真。不提倡开舞会和不禁止开舞会，并非两个互相矛盾的说法。因此，校长实际上允许咱们对它们同时加以否定。也就是说：校长不禁止开舞会，可以理解为我们可以开舞会；校长不提倡开舞会，可以理解为校长并没有叫我们开舞会。"

组织者听了这种解释，高兴地走了，舞会也就成功地办了起来。校长的回答在肯定与否定之间，故意给舞会主办者留下一个可能的区域。这种"模糊"与"含糊其辞"的回答，并不是校长糊里糊涂、心无主见，顶多只能说是不置可否。单纯从语言技巧来看，这正是论辩术中"模糊表达"的成功运用。

模糊表达这种论辩技巧的核心，是在肯定与否定、必然与偶然等判断之间寻找一个可能的区域、一个可行性的空间。这种模棱两可的表达给下一步的行动留下多条脉络，让对手无所适从，让伙伴相机而动。

一般来讲，使用模糊表达技巧，有以下几种情况：

一、回避式模糊

回避式模糊是指，根据语境需要，说话人巧妙避开确指性内容，不给出准确无歧义的表达。

1972年，中美两国建交，周恩来总理在欢迎美国总统尼克松的宴会上致祝酒词，其中有这样一段话："由于大家都知道的原因，两国人民的往来中断了20多年。现在，经过双方共同努力，友好往来的大门终于打开了。"周总理提到中美一直没有建交的原因，用了"大家知道"这样的模糊语言。实际上，"大家知道"到底什么内容，非常明确，即过去20多年间美国政府拒绝承认中华人民共和国的态度。不过，这是一场庆祝建立外交关系的友好宴会，直接说出那样的话未免不近人情，有失礼节。于是，周总理采用了模糊表达的语言技巧，也收到了藏而不没、显而不露的效果：既坚持了我国的严正立场，又不失外交礼节。

二、选择式模糊

选择式模糊是指，根据不同的论辩目的，用具有选择性的语言表达观点。

古时候，有一个国王想与波斯国作战，但根据自身实力又没有必胜的把握。于是，这位愚昧又好战的国王去求神问卜。在一个据说最灵验的神庙，这位蠢笨的国王乞求到了神灵的指示。他得到的神谕是："假如与波斯国作战，你将摧毁一个强大的王国。"

看到神谕，这位国王喜不自胜，认为必胜无疑，于是迅速与波斯开战。结果，国王的军队被打得落花流水，最后国破家亡，只剩下他一个人落荒而逃。落到这种境地，这位国王十分懊恼，心有不甘。不过，他最恨的还是神谕不灵。所以，国王便偷偷写信给神庙发出质问。

不久，神庙主持回信说："神谕非但没有出错误，还做出了十分准确的谕示。在这场战争中，你确实摧毁了一个强大的王国。只不过，这个王国不是波斯国，而是您领导的王国。"

求神问卜本来就不靠谱，而神谕往往是人类制作的。在上述故事中，神庙给出的"神谕"便是运用选择式模糊技巧精心制作的，它把两种相反的可能放进一个含糊其辞的语句，这样也对，那样也对。被这种技巧忽悠的国王，则必然这样也错，那样也错。

三、宽泛式模糊

宽泛式模糊是指，用含义宽泛、富有弹性的语言传递主要信息。使用这种论辩技巧，说话者的语言结构往往是较明确的词语+模糊词语。

在一次记者招待会上，有记者问国务院前总理："苏联领导人戈尔巴乔夫来贵国进行正式访问，贵国领导人打算什么时候回访？"总理回答："我们将在适当的时期访问莫斯科。"在这里，"适当时期"就是一种含义宽泛、富有弹性的模糊表达。其语言结构由"我国领导人""访问莫斯科"这些具有明确概念的语词和"适当时期"这个概念模糊的语词构成。外交语境中，很多时候都不便把话说得太实，也不适合说得太明确，否则可能给外交行动造成被动局面。因此，外交人员往往借助模糊术，给出比较宽泛的表达，不道出核心意见，但又给出充分的事实陈述。总理在这次采访中就用宽泛式模糊的技巧来传递信息，给出了无懈可击的回答。

模棱两可，模糊作答。这种方法是指，在不便或不能把意思照直说出的情况下，让听者自己去揣度、分析它的含义，故意不把话说清楚，模模糊糊，处在两可之间。采用这种语言技巧，往往可收到一箭双雕的巧妙效果：既可解窘，又可反驳。

三国时，刘备派伊籍出使吴国。吴主孙权早知伊籍很有辩才，便有心试一试，企图当面羞辱他。伊籍觐见时，孙权就故意问道："事奉无道君主，辛苦吧？"伊籍回答说："一拜一起，不足为辛苦。"

孙权的意思是，你事奉无道君主，故意讽刺刘备，想要顺便为难伊籍。假若伊籍说"辛苦"或者"不辛苦"都会落入孙权的圈套，令自己受辱。但是他却模棱两可地给予回答，没有确定"一拜一起"的对象。而在实际语境下，他拜见的是孙权，"无道君主"的指责反而更加倾向于指称孙权。伊籍反应灵敏，应变自如，不但维护了蜀国的尊严，更使孙权有苦难言。

在论辩中，如果提出很棘手的问题，任何明确答案都会给本方造成不利，此时便可模糊应答。至于模糊的指向，则应根据时机临时判断，可以答非所问，也可以转换话题，总之要让对方不得要领、无话可说，却又如骨鲠在喉、尴尬难堪。

在首届中国名校大学生辩论赛中，有一场比赛的辩题是："流动人口的增加有利于城市的发展。"反方是北京师范大学代表队，正方是复旦大学代表队。在论辩中，双方有这么一番过招：

反方：请对方辩友正面回答，你们为城市的发展选择何种模式？

正方：健康的发展模式，而这个健康的模式就离不开流动人口的增加。我请问对方辩友，你们既不让流动人口增加，又不让流动人口减少，你到底让流动人口怎么办呢？

复旦大学代表队如果刻板地按照议题设置，非此即彼地做出模式选择，那就落入对方的语言圈套了。因为，不管是纯粹的人口增加还是简单的人口减少，都不是城市健康发展的道路。辩手用"健康的发展模式"这一模糊语言应对，不但巧妙地拨开对手的挑衅，还说出一个令对方无法否定的观点。站在这样的立场上，复旦大学代表队接下来就立即展开了犀利的反击。

在外交场合，这种语言技巧更是常见。

一次记者招待会上，有外国记者有意向我国新闻发言人发难："请问，在台湾问题上，贵国计划采取的最后手段是什么？"

该发言人冷静回答："首先我相信，我们最终会解决这个问题。与此同时，我倒真有点儿担心，如果贵国的反政府运动一直持续下去，你们是否有维护现状的能力？"

对于这名记者的挑衅，在当时条件下，外交人员很难给出准确的答案。于是，聪明的发言人使用一个似答非答的模糊说法处理问题，并立即转变话题指向，利用同样的问题逻辑提出一个使对方国家大伤脑筋的问题，令这名记者无法回答。

方法⑤   旁敲侧击，听音辨声

在日常交际和论辩场合中，当说话人需要批评或提醒他人但碍于各种原因不便直接提出时，可考虑使用旁敲侧击的技巧。这种技巧的核心方法是，声东击西，醉翁之意不在酒，看似说 A，实际上说的却是 B，曲线传递信息，以便有效探察对方意见。

春秋战国时期，楚王有次一时高兴，把一张好弓送给了鲁昭公。可这张弓实在太好，没过多久，楚王又后悔了。于是，楚王就想要回来。恰好有一位楚国大臣自告奋勇，愿意完成这个使命。鲁昭公见楚臣来访，主动跟他谈及这张弓，认为是两国修好的表示。楚臣听到鲁昭公谈起这张弓，赶忙下拜祝贺。

鲁昭公感到很奇怪，就问这位大臣："为何拜我？"

楚臣回答："齐、晋、越三国早就想要这张弓，但是楚王都没有给。现在，不料楚王却将它给了您。有了这件宝物，鲁国就可以防备 3 个邻国，岂敢不贺？"

楚臣此话一出，鲁昭公却害怕了。他知道，鲁国是一个小国，可区区小国竟然拿到三大强国想要而没得到的宝贝，这势必会招来无妄之灾。于是，为国家计，鲁昭公赶紧将弓送还楚王。

送给朋友一件礼物，想再要回来，肯定是不礼貌的事情。楚臣旁敲侧击，迂回地提出自己的意见，没有明确说要弓，只说鲁国有这张弓会带来什么后果。表面上，楚臣是在道贺；实际上，楚臣却在发警示。鲁昭公准确领会楚臣的意思，做出了顺应楚王心意的行动。

作为一种论辩技巧，旁敲侧击往往出现在正面劝说无效的时候，也就是一种侧面说服的办法。现实生活中，很多人心直口快、直来直去，批评别人无所顾忌，竹筒倒豆子一样陈述自己的意见。这种情况下，说话人或许心怀好意，但言词直白，就显得火药味很浓，往往既得罪了人，又达不到目的。原因无他，人人好面子，即便听劝告，也愿意和风细雨，不愿意疾风骤雨。

有人到别人家做客，但主人太吝啬，上的菜既少又简单，而且青菜多，肉类少。灵机一动之下，客人谎称眼睛出了点儿毛病，想借主人近视镜一用。主人不知个中究竟，拿出眼镜就给了客人。客人戴上眼镜之后，立即对主人满口赞词："你太客气了，给我弄这么多菜。太破费啦！"主人虽然吝啬，仍忍不住说："哪里哪里！才这么点儿。"客人笑着说："这么一大桌，还说没有！"主人迷茫地问："哪里有菜？"客人用手指着桌子上屈指可数的几个菜盘说："这不是菜，难道是肉？"这个笑话里，客人对主人的招待不满，但又不便公开嘲讽。于是，客人小耍手段，借用"旁敲侧击"的语言技巧和主人开了个玩笑，手段高明，令人叫绝。

在生活中，旁敲侧击一般有"含笑骂人、点化迷津"之功效。作为论辩谋略，旁敲侧击往往点到即止、不予说透，启发性很强，一般能让对方思考、领会出一些道理。在针锋相对的论辩中，则可以巧妙地还击对手。

法国哲学家伏尔泰有一个很忠实的随身小厮叫儒塞夫，他各方面都不错，可就是有些懒。

一天，伏尔泰对小厮说："儒塞夫，去把我的鞋拿来。"儒塞夫赶忙把鞋拿过来。可伏尔泰一看就愣住了：昨天出门沾染的泥迹，还原封不动地在鞋上。

伏尔泰问儒塞夫："你怎么不把我的鞋擦一擦？"

"用不着，先生，"儒塞夫平静地回答，"路上到处都是泥污，您等着看吧，要不了两个小时，这鞋就得比现在还脏些！"

伏尔泰听了，一言不发，只是微笑着穿上鞋走出门去。

儒塞夫见状，从后面快步赶上："先生，慢走！您还没给我留钥匙呢。"

"钥匙？什么钥匙？"

"餐柜的钥匙呀！钥匙都在您手里。您中午不回来，我又不跟着出门，在家还要吃午饭呢。"

"我的朋友，吃午饭干什么呀？吃完饭，要不了两个小时，您就会比现在还饿的。"听完伏尔泰这番道理，儒塞夫不觉面红耳赤，立即向伏尔泰道歉。

有些人很难用正话去说服。要想让他们改变立场，只有以其人之道还治其人之身，旁敲侧击地以他们自己的逻辑帮其认识错误。

南宋年间，有位御厨粗心大意，没把馄饨煮熟就给端上了餐桌。不用多说，皇帝龙颜大怒，把厨师下了大狱。这件事情过去不久，皇帝观看了一个表演节目：两个演员扮作读书人，互相询问对方的生辰。一个说："甲子生。"另一个说："丙子生。"突然，有一个演员跑到皇帝面前控告说："这两人都该下大狱。"皇帝大为疑惑，就问是什么原因。这个演员说："甲子、饼子都是生的，难道不应该与那个没煮熟馄饨的人同罪吗？"皇帝一听大笑起来，明其用意，也觉得自己先前处罚太过严厉，就赦免了"馄饨生"的厨师。

演员想要为下狱的御厨帮忙，必须期待皇帝认识到自己处罚得太过轻率。可皇帝是九五之尊，"君无戏言"。演员在古代又是贱职，更不可能向皇帝直接进谏求情，只好旁敲侧击，利用皇帝"馄饨生下大狱"的逻辑，得出一个"甲子生、丙子生"也该下大狱的荒诞结论。演员的推理语言婉转，表达含蓄，又蕴涵了丰富的机趣。轻松戏谑间，演员们实现了自己的目的。

再举一个例子。有位烟民在商场买烟后，现场点燃猛吸起来。但是，商场是禁烟场所，不允许公开抽烟。售货员上去阻拦，可这位顾客非但不听，还反问道："既然你们不让抽，为什么要卖呢？"二人争执不下的时候，商店经理闻讯前来。听完两人各自的辩词，经理便笑着对这位"大烟枪"说："我们还卖手纸呢,你也现在用?"一句旁敲侧击的俏皮话,把烟民说得理屈词穷。

旁敲侧击一般分为 3 种方式

一、警醒式暗示

警醒式暗示是指,利用逻辑关系,用与 A 事件看似无关的事情激发对方的反应。在日常生活中,人们有时会非恶意地没有意识到自己行为、言语的错误。在这样的情况下,你需要对他们进行说服,但又不适合不顾情面地指责,此时就应当从侧面说一些看似与其无关的话题,以此达到启示、提醒、劝阻、教育的目的。

有位顾客到一家西餐厅用餐,由于对用餐礼仪不甚了解,他坐下后就把餐巾系在脖子上,这让经理很反感,就叫来一个服务员说:"你去告诉这位顾客,那样做不太好。"服务员接到指令,没有生硬地要顾客摘下餐巾,而是笑眯眯地说:"先生,你是刮胡子,还是理发呀?"话音一落,顾客立即意识到自己搞错了,赶快取下餐巾。

表面上看,服务员似乎说错了话,但正是这种看似风马牛不相及的提醒,让顾客意识到自己的错误,又没有太伤害他的面子。

要用好这个方法,就要言此而意彼时必须有幽默感,否则过于生硬就近于嘲讽了。

二、引发式暗示

引发式暗示是指,不直说 A 事件,而说与 A 事件紧密相关的另一件事,或者在与 A 事件密切相关的两个特征中说一个以引发对另一个的联想。

某大学数学系进修生、旁听生太多,结果普通在校生反而常常没有位子。这让大家很不舒服。为了解决这个问题,甲班班长一天上课前宣布:"为确保本班学生有座位,进修生、旁听生不得坐前 6 排!"意见公布后,班里的进修生、旁听生非常不满,与普通生的关系弄得很僵。

和甲班班长不同，虽然问题一样，但乙班班长则在课前说："为了尽可能让来我班听课的进修生、旁听生有座位，请本班同学坐前6排。"结果，普通生的座位悉数得到保证，而进修生和旁听生毫无怨言地坐到后面。

都是让本班普通生坐在前6排，两个班级班长的说法不一样，结果也迥然不同。乙班班长巧妙地使用了旁敲侧击的方法，他表面上强制本班同学坐在前面，但实际上也暗示其他学生坐在后面。这样一来，矛盾妥善解决，大家心悦诚服。

三、点化式暗示

点化式暗示是指，故意点出与对方意向紧密相关的另一件事，来引起对方对当前事件的反应。

某公路路段有一个拐弯比较陡急，常常有不小心的司机在这里超速出车祸。为了减少伤亡，交警队在这个拐弯处竖起一个牌子，没有写"请不要超速行驶"，也没有写"请减速行驶"，而是写上"6人在此丧命!"自从有了这个牌子，车祸数量果然锐减。

上述例子中，交警队使用的就是点化式旁敲侧击的论辩方法。交警队的意图是，劝说司机不要超速行驶，但超速司机往往会置警示牌于不顾。于是，交警队改变了方法，用丧命人数来警告，就比善意的劝说有效，因为司机看到这些数字更能直接意识到超速的后果。

某些场合，有人在情急之下会做出与自己身份不合的错误举动。这时候，点化式暗示就是最好的旁敲侧击方法，只要告诉其这么做的坏处就行了。一句话：说一百句好话，不如说一个坏结局。

第六章 | 牵牛鼻子，设问让对方跟着你走

《诗经》有云："他人有心，予忖度之。"这句话的本意是说，别人有什么心思，我能够揣测出来。在论辩中，如果我们能够预先判知对手的观点，就能够先人一步，在逻辑设置和辩词陈述上取得主动权，就此牵着对手的鼻子走。正如《孙子兵法》所说："知己知彼，百战不殆。"本章就让我们从孔孟那里学习，如何做到让对手顺着你的心意说话。

【经典今解】

王说曰："《诗》云：'他人有心，予忖度之。'夫子之谓也。夫我乃行之，反而求之，不得吾心。夫子言之，于我心有戚戚焉。此心之所以合于王者，何也？"

曰："有复于王者曰：'吾力足以举百钧'，而不足以举一羽；'明足以察秋毫之末'，而不见舆薪，则王许之乎？"

曰："否。"

"今恩足以及禽兽，而功不至于百姓者，独何与？然则一羽之不举，为不用力焉；舆薪之不见，为不用明焉，百姓之不见保，为不用恩焉。故王之不王，不为也，非不能也。"

曰："不为者与不能者之形何以异？"曰："挟太山以超北海，语人曰'我不

能'，是诚不能也。为长者折枝，语人曰'我不能'，是不为也，非不能也。故王之不王，非挟太山以超北海之类也；王之不王，是折枝之类也。"

"老吾老，以及人之老；幼吾幼，以及人之幼。天下可运于掌。《诗》云：'刑于寡妻，至于兄弟，以御于家邦。'言举斯心加诸彼而已。故推恩足以保四海，不推恩无以保妻子。古之人所以大过人者无他焉，善推其所为而已矣。今恩足以及禽兽，而功不至于百姓者，独何与？"

"权，然后知轻重；度，然后知长短。物皆然，心为甚。王请度之！抑王兴甲兵，危士臣，构怨于诸侯，然后快于心与？"

王曰："否。吾何快于是？将以求吾所大欲也。"（《孟子》）

齐宣王很高兴地说："《诗经》说：'别人有什么心思，我能揣测出。'这说的就是先生您吧。我自己这样做了，反过来想想为什么要这样做，却说不出所以然来。倒是您老人家这么一说，我的心便豁然开朗了。但您说我的这种心态与用道德统一天下的王道相合又怎么理解呢？"

孟子说："假如有人来向大王报告说：'我的力量能够举得起3000斤，却拿不起一根羽毛；视力能够看得清秋天毫毛的末梢，却看不见摆在眼前的一车柴草。'大王您会相信他的话吗？"

宣王说："当然不会相信。"

孟子便接着说："如今大王您的恩惠能够施及动物，却偏偏不能够施及老百姓，是为什么呢？一根羽毛拿不起，是不愿意用力气拿的缘故；一车柴草看不见，是不愿意用眼睛看的缘故；老百姓不能安居乐业，是君王不愿意施恩惠的缘故。所以大王您没有能够用道德来统一天下，是不愿意做，而不是做不到。"

宣王说："不愿意做和做不到有什么区别呢？"

孟子说："要一个人把泰山夹在胳膊下跳过北海，这人告诉人说：'我做不到。'这是真的做不到。要一个人为老年人折一根树枝，这人告诉人说：'我做不到。'这是不愿意做，而不是做不到。大王，您没有做到用道德来统一天下，不是属于把泰山夹在胳膊下跳过北海的一类，而是属于为老年人折树枝的一类。

"尊敬自己的老人，并由此推广到尊敬别人的老人；爱护自己的孩子，并由此推广到爱护别人的孩子。做到了这一点，整个天下便会像在自己的手掌心里运转一样容易治理了。《诗经》说：'先给妻子做榜样，再推广到兄弟，再推广到家族和国家。'说的就是要把自己的心推广到别人身上去。所以，推广恩德足以安定天下，不推广恩德，连自己的妻子儿女都保不了。古代的圣贤之所以能远远超过一般人，没有别的什么原因，不过是善于推广他们的好行为罢了。如今大王您的恩惠能够施及动物，却不能够施及老百姓，为何偏偏是这样呢？

"称一称才知道轻重，量一量才知道长短，什么东西都是如此，人心更是这样。大王，您请考虑考虑吧！难道真要发动全国军队？使将士冒着生命危险，去和别的国家结下仇怨，这样您的心里才痛快吗？"

宣王说："不，我为什么这样做心里才痛快呢？我只不过想实现我心里的最大愿望啊。"

在这次对话中，孟子采用了逻辑上的归谬法，即先提出两种荒唐的观点："力足以举千钧，而不足以举一羽；明足以察秋毫之末，而不见舆薪。"齐宣王自然一口否定，孟子再接着把宣王自己的做法套进来："恩足以及禽兽，而功不至于百姓。"这样，孟子就轻而易举地使齐宣王认识到了他身上存在的问题："不为也，非不能也。"也就是说，仁政之于齐宣王，不是做不到，而是不愿做。

孟子说到这里，已经将齐宣王绕进了自己的话语逻辑，但是宣王对"不能"和"不为"这两个概念还分不大清楚。于是，孟子又作了生动的说明：不能之于不为，就好比是"挟太山以超北海"与"为长者折枝"。"挟太山以超北海"

是不能，就是根本做不到，而"为长者折枝"则是愿不愿意的问题。因此，二者的区别，关键是看主观上能不能这样、愿不愿意这样、有没有这样做的精神动力。

孟子的这番分析，使人立刻想到毛泽东在《纪念白求恩》一文中的话："一个人的能力有大小，但只要有这点精神，就是一个高尚的人、一个纯粹的人、一个有道德的人、一个脱离了低级趣味的人、一个有益于人民的人。"在我们的现实生活中，其实有许多这种事情，即明明可以做的好事，但是不愿意做，却跟别人说做不到。比如，为老年人让座、不随地吐痰、遵守交通规则，等等，其实都是"为长者折枝"的举手之劳，而不是"挟太山以超北海"，做《封神演义》里的神仙所做的那种难事。可惜，很多人生性懒惰，又缺乏"这点精神"，所以老是想不清楚"不为"与"不能"的道理。各位读者，看了孟子这段话，我们是不是应该对自己的日常行为做一点儿反省，平日里多一点"为长者折枝"的精神呢？

回到孟子的话题，在讲清楚"不为"与"不能"的区别后，他又一次施展出自己最拿手的论辩术，对齐宣王展开一番政治行为心理学指导。这就是几乎人可成诵的"老吾老，以及人之老；幼吾幼，以及人之幼"理论。孟子说，为王者要"推己及人"，首先自己做好，然后做示范，引导自己的妻子、兄弟，以及整个家族和国家效法。这一套理论，其实是孟子仁政思想的重要脉络。一方面，这与孔子"己欲立而立人，己达立而达人"和"己所不欲，勿施于人"的忠恕之道一脉相承，另一方面，这也合于《大学》里要求君子修身、齐家、治国、平天下的人生进修路数。一旦做到了这一点，"天下可运于掌"，齐宣王的"大欲"自然不难得到满足。不过，这种"大欲"可能已经成为孟子期待的仁政，而不是齐宣王简单的称王称霸之理想。

把道理讲清楚之后，孟子开始进行"最后一分钟陈述"。他说："权，然后知轻重；度，然后知长短；物皆然，心为甚。"这是说，希望齐宣王好好斟酌，好好反省自己的所行所为，掂量轻重，知所先后。最后，孟子以其一贯的辩论气势反问宣王，难道你要行所谓的"霸道"，让臣民不安稳、国家"结怨于诸侯"不成？这就直接刺激齐宣王做出唯一正确的选择——施行仁政、以德治国。

孟子所展现出来的论辩方法，是由理性逻辑推及人的道德逻辑，由简单的日常伦理推及到国家政治，关键在于引导，核心在于因势利导。我们都知道，《论语》非常强调人的自我反省能力，所以曾子说："吾日三省吾身。"在儒家学者看来，只有经常斟酌、掂量、反省自己的所言所思、所行所为，才能真正认识自己，并进而改进自己。这一套"反省"逻辑，正是孟子面对齐宣王使用的杀手锏。宣王掉入这个逻辑，于是不断反省自己，终于诚服于孟子，承认其理论的合理性。

【古为今用】

方法 1 巧妙设问

论辩中，有时候说得好，不如问得好。一个恰当的问句，可以抓住论辩逻辑的关节点，让对手顺着你的思路走。这就好比一下子牵住对方的牛鼻子，使其陷于被动状态。巧妙设问，往往能扭转局势，一举控制局面，取得辩论主动权。

发问是辩论中常见的环节，也是一种不容忽视的制胜技巧。在辩论过程中，你要随时认真分析对手的观点，找出对手的逻辑错乱或论据错误，找准对手的致命点，伺机提问，这有望将其一举置于死地。不过需要谨记，发问是为了牵住对手的牛鼻子，如果目标不清楚，一定要谨慎。这可谓：牛鼻子不好抓，提问须谨慎。

发问这一论辩方式，本身就可以是对论敌观点的直接反驳，也可以是论辩成功的最后一击。就一般情况而言，发问的方式主要有以下两种：

一、疑问代词式

这种发问方式是指，在发问时使用疑问代词。代词指示的部分是需要对方回答的内容。只不过，这种内容往往难以直接陈述，或者一旦陈述就容易给人留下抨击的余地。

首届国际华语大专辩论会上，有一场的辩题是"艾滋病是医学问题，不是社会问题"。反方要论证："艾滋病是社会问题，不是医学问题。"这个论辩是一场"理论假设"基础上的对话。因而，双方辩手要论证自己的观点或把对方驳倒都有相当难度。胜负手就出在一次关键的发问上。当时，双方争论进入白热化，反方二辩突然发问：

"我倒想请对方辩友回答我一个很简单的问题，今年世界艾滋病日的口号是什么呢？"

对于这个知识性问题，正方辩手一时间不知所措，几个人面面相觑。为了不至于在这个环节失分太多，正方一辩站起来勉强答道："今年的口号是'更要加强预防'，怎么预防呢？要用医学的方法去预防啊。"

反方二辩立即反驳："错了！今年的口号是'时不我待，行动起来'，对方辩友连这个基本问题都不知道，怪不得谈起艾滋病问题来还是不紧不慢的。"

在这里，反方就是用了疑问代词发问的论辩技巧。反方说"今年世界艾滋病日的口号是什么"？这里使用了一个疑问代词："什么。"这是一个问题，也是要对方回答的内容。这种发问，结果是不可预判的：对方可能知道，也可能不知道。但这种巧妙的问题，在这一场论辩中却行之有效，在对方的防守阵地上打开了一个缺口，瓦解了其防线。

疑问代词发问能否生效，关键在于对方的答复情况。如果对方说不出来，自然就是留下了可供攻击的靶子。

二、是非问句式

"是非问句"的目的与疑问代词式的目的可谓殊途同归。

是非问句的答案只有"是"或"否"。这看上去很简单，但往往可以令对方陷入两难境地。原因在于，答案是不完整的，无论怎样选择，都会出现不妥当的结局，都会给对方留下质疑的空间。与此同时，问题的主干却往往是陈述一些看似简单的内容，如果答不上来或出现失误，必定会令己方气势受挫。

这两种发问方式都属于以巧制胜，而往往可以出奇制胜。因此，在辩论中，每一个选手都应事先准备一些问题，作为奇袭对手的"独门利器"。当然，也要事先做好准备，提防对手使用同样的技巧。

方法 *2*　左右为难

　　左右为难式提问，是指发问之后，对方无论作肯定回答，抑或是作否定回答，都会感到为难，都与其个人的愿望、要求相背离。这种提问，与是非提问和钓鱼提问其实都属于选择式提问。而这种提问的高明之处在于，利用对方观点或行为的矛盾，通过设问使其陷入要么否认自己一种意见，要么否认自己另一种意见的困境，而这种否认总会陷入否定自己的观点或行为的尴尬境地。

　　在中世纪，欧洲的经院神学家们主张，上帝无所不能，世界是由上帝创造出来的。对此，法国马尔穆节隐修院修士高尼罗问道：

　　"上帝能否造出一块他自己举不起来的石头？"

　　这个问题问得非常巧妙，让经院神学家们目瞪口呆，无法回答。在这里，高尼罗巧妙地使用了"左右为难式问句"。若回答上帝能造出一块自己举不起来的石头，这就意味着同时承认上帝举不起来这块石头，如果这样，上帝就不是无所不能的；若反过来回答，承认上帝不能造出一块自己举不起来的石头，那么就意味着上帝造不出来这样的石头，因此上帝也不是万能的。所以，无论怎样回答，上帝都不是万能的。生活在11世纪前后的高尼罗，聪明地提出这个问题，然而千年以后，这个问题依然如此尖锐，令人始终无法作出回答。

　　在我们的论辩中，这是"牵牛鼻子"的一个妙招。如果对方提供了一个绝对肯定的陈述，你就要考虑如何能够从绝对肯定里找出绝对否定的东西，然后将其构成一对选择。这样一来，对方就会左右为难，这也不是，那也不是，其论辩基础自然就坍塌于无形。

"万事俱备，只欠东风。"这是说，时机非常重要。在论辩中，问得好自然可以争取主动，但什么时候提问，就很重要。能否牵住对方的"牛鼻子"，能否把对方引入圈套，就看时机掌握得怎么样。在适合的时间、适合的地点、适度地发问，往往能成功地诱导对方，取得论辩主动。

埃里森是美国一家电器公司的推销员。有一次，他去拜访老客户，想推销一批新型发动机。不料，刚刚见面，对方总工程师劈头盖脸就说："埃里森，别指望我们再买你的发动机啦！"

一了解才知道，这家公司认为埃里森早先卖给他们的那一批发动机的发热情况超过了正常标准。埃里森知道，徒然的辩解没有任何好处，于是他决意"问"出个好结果来。

"斯宾斯先生，我的意见和你相同。假如发动机不符合标准，别说你们买，我简直应该接受退货。你说是不是？"埃里森说。

"是的。"总工程师当然没有理由反对。

埃里森接着说："按照标准，发动机在工作时可以比室内温度高出 70°F，对不对？"

"对的！"总工程师说，"但你的产品比这高很多，也是事实。"

埃里森并不就此争辩，他继续发问："你们车间温度是多少？"

"大约 75°F。"

埃里森一听大喜，他拍拍对方肩膀说："伙计，车间温度是 75°F，加上应有的 70°F，一共是 145°F。如果咱们把手放到同样温度的热水里，也会把手烫伤吧！"

总工程师听了，点头称是。

埃里森又说："以后你不要用手去摸发动机了。放心，这完全正常。"

结果，埃里森又做成了第二笔买卖。

埃里森的发问，目的是澄清事实，并借此发现问题所在，最终解决问题。在我们的论辩中，如果你一时无法应对提问，不妨静下心来，层层设问，寻找对方的破绽。等到合适时机，再陈述自己的观点。

方法 *3*　等待战机

牵牛鼻子，关键是要找到一个合适的时间，才能抓准。在论辩中，有时候还会用设问法或反问法，步步为营，站稳脚跟等待对方犯错，以期"最佳时机"。

古希腊哲学家苏格拉底是使用这种战术辩论的专家。有一次，尤苏戴莫斯告诉苏格拉底：欺骗、偷窃这样的行为都是非正义的。苏格拉底听了，不以为然。于是，他们就此展开了一场论辩。

苏：如果在作战时欺骗敌人，怎么样呢？

尤：这都是正义的，不过我说的是我们的朋友。

苏：如果一个将领看到他的军队士气消沉，就欺骗士兵们说，援军就要来了。以鼓舞他们斗志，我们应该把这种欺骗放在哪一边呢？

尤：我看应该放在正义一边。

苏：又如一个孩子需要服药，却不肯服，父亲就骗他，把药当作饭给他吃。而由于用了这种欺骗的方法，竟使孩子恢复了健康，这种欺骗的行为又应该放在哪一边呢？"

尤：我看应该放在正义这一边。

苏：又如一个人因为朋友意气沮丧，怕他自杀，把他的剑一类的东西偷去或拿去，这种行为应该放在哪一边呢？

尤：当然，也应该放在同一边。

苏：就是说，就连对于朋友也不应该在无论什么时候都坦诚行事的了？

尤：的确不是。如果你准许的话，我宁愿收回我已经说过的话。

如果一开始就反驳对方，尤苏戴莫斯一定很难直接承认自己的误区。但是，苏格拉底通过巧妙设问，让对方自己拆除理论根基，终于使其认识发生转变，取得了论辩的胜利。

反问法是一种用否定问句表达肯定语气或用肯定问句表达否定语气的提问形式。论辩中，如果能够巧妙地运用反诘疑问的方法来论说观点或驳斥对方言论，可以给己方增添一种凌厉逼人之势，同时令对方感到巨大压力。有的反问，还会在言语中夹杂含蓄的讽刺，在笑谈中令对方"灰飞烟灭"。

正：毛驴没有污染，可是能走上高速公路吗？

反：毛驴就真的没有污染吗？

先不判断辩论的真伪，单从辩论技巧方面来看，能够化被动而主动。当对方第一句话是判断句，第二句话是反问句时，如果选手正面回答，就会落入对方的陈述逻辑，但是，如果进行巧妙的反问，就能收到奇特的效果。

面对刁难，除了反问，还有一种回击技巧就是牵连发问。这近似于中国传统诗歌中的顶针手法，即下一句的内容来自上一句。在论辩中，如果你没有特别的准备，不妨顺着对方的话接下去，但是在逻辑上要逆势而行。

从前有个凶恶的庄园主，特别自负，要求穷人见到他必须低头。有一次，他在路上遇见一位诗人。只见诗人昂首挺胸，完全无视这位自负的人。庄园主见了，顿时气急败坏，一边用手杖敲着地面一边大声说：

"小子！我这么有钱，你见到我为何不低头？"

"你有钱，可并不给我花，我为何要向你低头？"

"好。我把钱拿出 2/10 给你，你给我低头！"

"你拿八成，我拿二成，这不公平，我还是不低头。"

"那么我分一半给你，你给我低头！"

"要是那样的话，我和你平等了，为什么还要向你低头？"

"那么我把钱全部给你。这样，你该向我低头了。"

"到那个时候，我成了富人，而你成了穷人，你倒应该向我低头了！"

结果，庄园主在围观群众的一片嘲笑声中灰溜溜地走了。

在这个故事里，尽管庄园主一直气势汹汹地发问，诗人只是回答或招架，但主动权其实一直在诗人手中。问题的关键就在于，诗人逆势而行，没有被庄园主牵着鼻子走。

牵连提问的更高形式是，将几个有一定联系的问题一起提出，要求对方作出答复。由于问题的牵连性，无论对方怎样作答，都势必违反某一个问题的要求，最终会落入己方精心设计的陷阱中。

美国滑稽大师马丁想约一位年轻漂亮的姑娘吃晚餐，哈佛大学著名数学教授贝克先生给他出了个计策，马丁决定按计而行。他对姑娘说："我有 3 个问题，请你给我肯定或否定的回答，好吗？"

姑娘不知其中有诈，同意了。

"第一个问题是：你愿意如实回答下面的两个问题吗？"

姑娘回答："愿意。"

马丁说："好的，听清楚啦！第二个问题是：如果我的第三个问题是：'你愿意和我一起吃晚饭吗？'请问，你对第二个和第三个问题是否愿意作出一样的回答？"

姑娘："……"

结果，这位姑娘不知怎样回答才好。这就是牵连发问产生的效果。如果她回答"是"，肯定第二个问题，那么第三个问题也必定是肯定的，即同意和他一道吃晚餐。如果她回答"不"，那么第二个问题是否定的，第三个问题就会变成"你不和我一起共进晚餐"，而答案是否定的，那么结果就是她愿意一道进晚餐。于是，从逻辑上来讲，马丁就成功地达到约会目的。

上面这个例子里，牵连发问显得很复杂，因为彼此交错着逻辑关系。在现实中，用得最多的是连环发问，即根据对方的答复连续提出问题，否定对方的陈述。连环发问旨在搅乱对手思辩逻辑和思考的连续性，使对手在接连不断的问题中穷于招架，对自己的观点失去掌控能力，最终不战自溃。

务必记住：连环发问不能给对手喘息的机会，且每一问都要有新内容。

在一次关于性别歧视的讨论中，双方有这样一段交锋：

正方：请问对方辩友，是不是有企业在招聘中要求只要女性不要男性呢？

反方：我来告诉你，据我们一个月来对某晚报招聘广告的调查表明，上面有 1/6 要求"只要女性不要男性啊"!

正方：请问，当你听到性别歧视这个词汇的时候，你方认为受歧视的是男性呢？还是女性呢？（掌声）

在这场交锋中，正方连环发问，令对方陷入自己的逻辑圈套，有效地控制了场面。第一次发问后，反方跟着正方的思维走，直接反驳对手，结果落入"性别歧视仅仅表示男性歧视女性"的陷阱中。这样一来，反方自然会被人牵着鼻子走。紧接着，正方连环抛出第二问，反方就无法辩驳了。

提问可以牵着对手的鼻子走，提问之中可以找到时机，但重中之重的，还是提问的方式。如果在恰当的时机提出了恰当的问题，但是方式不对，对手可能就会识破你的意图，也就可以见招拆招。所以，问得巧妙，可以封住对手回答的其他可能，只给他们留下一种可能。这样一来，答案就有利于提问者，我们才能稳操胜券。

有一则故事，很能说明提问技巧的奥妙：

有个聪明人在皇宫里做官。一天，他对其他大臣说："各位大人，我可以猜出你们心里在想什么。各位倘若不信，我愿意和大家打赌。"大家虽然承认他足智多谋，但却都不相信他能完全看穿大家的内心活动，于是纷纷同意打赌。其实，大家之所以同意赌，一方面是想要赢他一点儿钱，另一方面则是想让他在皇上面前出丑。因此，有人把此事禀奏皇上，而皇上对此也挺感兴趣，想见识一下他的智慧。赌局开始了，聪明人对众大臣说："诸位大人心里怎么想的，你们自己一定很清楚。我说出来，你们看对不对。你们在想，'我这一辈子始终效忠皇上，永远不会背叛朝廷。'各位大人，我说得对不对？如果说错了，请各位立刻站出来。"众大臣听了，面面相觑，张口结舌，没有人敢站出来说他猜得不对。

方法④ 反问攻击

在论辩中，牵牛鼻子的普通境界是让对手跟着自己的逻辑走，但更高境界则是，自己步步紧逼，对手步步后退。反问攻击，步步相逼，是一种使用反问技巧并且连环发问的牵牛鼻子战术，通过连续发问，能帮助辩论者有力地驳倒对方，在气势上和逻辑上都压倒对手。

反问，是指用疑问句式表达已经肯定的思想观点。这种问句一般无须回答，意思就已经显明可见。由于反问句具有加强语气的作用，在论辩中，这种技巧通常能表现出锐不可当的气势。一般而言，反问有以下几种形式。

一、厉声反问

厉声反问，是一种强调语言声势的反问方式。该反问方式强调，在用自己的逻辑牵引逼问对方之时，要语气强硬、抨击有力，使之无法抗辩。事实上，这种反问态度严厉，以至于在有关敌我斗争的影视文学作品中常常出现。

小说《红岩》中就有这样一段精彩对话：

炮声隆隆，宣告着重庆即将解放，反动派正疯狂地进行垂死挣扎。特务头子徐鹏飞来到地牢，对被囚禁的许云峰露出狰狞的面目："共产党的胜利就在眼前，可是看不到自己的胜利，这是多么令人遗憾的事！我不知此时此地，许先生已到了末日，又是何心情？"许云峰大义凛然，厉声说道："……美帝国主义的飞机大炮，改变不了你们的命运；潜伏、破坏、上山当土匪，难道能挽救你们的毁灭？你自己心里也不相信这些！你们看看人民的力量，看看人民的胜利，你敢说不害怕、不发抖、不感到空虚与绝望？"

许云峰的反问气势磅礴，又是连续发问，构成一种强大的排比审问声势。在日常论辩中，这是经常遇到的一种牵牛鼻子战术。

二、顺势反问

在日常论辩中，我们有时候会遇到"遭遇战"，即别人会突然向我们发难，抛出一个难以回答的问题。在这种情况下，不妨顺势而行，利用对手的材料，"以其人之道还治其人之身"。

有位美丽的芭蕾舞蹈女演员主动向著名戏剧家萧伯纳求婚。她在信中写道："咱俩的结合，会对后代非常有利。结婚以后，我们生了小孩，他会像你一样聪明，像我一样漂亮，那将十分完美。"萧伯纳在回信中顺势反问："可是，如果生下的孩子，外貌像我，而智力像你，那又该怎么办呢？"

萧伯纳并不喜欢这位女演员，于是顺着对方说话的内容，反其意而问。这样的辩论技巧可以抓住对方论点中存在的片面性发动反击。也就是说，使用这种技巧必须有针对性，要看到对方论述中的偏颇之处才可以使用。

三、委婉反问

影片《知音》中，有一段内容，是描述记者万士采访蔡锷将军的。

万：孙中山、黄克强在海外宣言讨袁，将军是辛亥元勋，想必引为同调？

蔡：中山信徒给袁总统办筹安会，鼓吹帝制的也有。

万：对，对，此一时也，彼一时也，不过梁启超先生的大作《异哉所谓国体问题》，您总该深表同感了吧？

蔡：梁任公是我的老师，袁项城是当今国家之首，"万事通"先生，你说我该服从谁？

万：敝报为国民喉舌，想就帝制问题请教一下蔡将军的政见。

蔡：有你这个喉舌就行了，我的喉头生病了。

当时，袁世凯正在阴谋恢复帝制，但蔡锷是坚决反对的。袁世凯知道这一点，所以将其置于严密监视之下。这次采访，蔡锷无法直接发表政见，只得以问代答。记者的提问将其置于两种观点之间，但蔡锷不愿服从袁世凯，又不能明说，于是用一句反问，既礼貌，又委婉，但软中带刺，巧妙摆脱了纠缠。

和厉声反问相反，委婉反问语气柔和、语意委婉，听起来和风细雨，容易被人接受。不过，这种牵牛鼻子的论辩方式，效果却非同凡响，柔中透刚，软中有硬，常能在无声中令樯橹灰飞烟灭。

方法 5 　反问诘难

反问，并不需回答，其实答案即在问句中。在论辩中，选手可能企图扭转对手的论辩逻辑。这时候，最好的方法，就是抓住对手论述中出现的漏洞反问对手。使用这种技巧，往往比正面陈述自己的观点更有力量。

王若飞是中国共产党早期优秀领导人之一。有一次，他被捕入狱。法官"审讯"时，以"马克思列宁是外国人，一个中国人讲外国人的主义便是卖国"为由，蓄谋给王若飞安上一个"卖国"的罪名。王若飞对这个荒唐的"罪名"展开反驳：

"法官先生，你简直太可笑了，可笑得令人齿冷。你竟然无知到这种可怜的程度，真是令人惊奇。对你的说法，我得讲一点儿普通常识。马克思是德国犹太人，他在德国不能立足，曾在巴黎进行革命活动，后来又寄居英国伦敦。他在英国参加了工人运动，英国工人阶级很欢迎他。照你的说法，莫非英国工人阶级把自己的国家出卖给马克思了吗？列宁根据马克思主义的真理，在俄国建立布尔什维克党，领导人民推翻了沙皇的反动统治，赶走了德国侵略者。难道列宁赶走了德国人，又把俄国出卖给德国人了吗？先生们，马克思列宁主义是无产阶级革命的真理，哪国需要就在哪国发展，谁也阻止不了，你不懂不要装懂，假装有学问，这样自以为是、自欺欺人，除了给人增加笑料，别无好处。"

在辩护词中，王若飞连用"莫非英国工人阶级把自己的国家出卖给马克思了吗？""难道列宁赶走了德国人，又把俄国出卖给德国人了吗？"两个反问句，声色俱厉地指出法官语言逻辑里的谬误，这比直接维护马克思主义更有力量，而且还可以使人明显感到一种讽刺和嘲笑的味道。这一反问，显著增强了语言表达的力度，并顺利扭转法官的论述意图。

使用反问进行驳诘是辩论中常用的语言技巧之一。选手们之所以青睐这种表达方式是因为，在辩论进入刀兵相见的白热化阶段后，双方都在想方设法维护自己的观点并努力发现对方的弱点。在这样的情况下，反问句式可以强化语气打击对手气焰，还可以将话题引到对方的"自我解释"上。然而，许多事情是越解释越糊涂的。当你在对方的细节上不断逼问时，他们往往就可能自乱阵脚，无法应对。民国年间，京汉铁路总局警务处长魏学清之父为看女伶"夜明珠"的戏，不顾铁路规章制度，强令工人黄得发、江有才开压道车冒险行进，结果造成工人一死一伤的惨剧。虽然所有人都知道，真正的肇事者是魏学清的父亲，但当局却要工人负法律责任。律师施洋站出来为工人们辩护，他在法庭上说：

工人弟兄们，哪个父亲不爱孩子？哪个儿子不爱父亲？父亲被谋杀了，做儿子的能俯首帖耳，不表示抗议吗？不能！但江有才的儿子还未满周岁，他不会说活，他生在穷苦的工人家里，吃不饱，穿不暖，他现在病在母亲的怀抱里，除了干嚎之外，做不出任何表示。工人弟兄们，哪位妻子没有丈夫？哪一个丈夫没有妻子？她没有丈夫，她的丈夫江有才被魏处长的父亲谋杀了，她难道甘心俯首帖耳地不表示反抗吗？不能！但是，她毕竟不敢有所表示，她从小受尽了有钱有势人的压迫，她从小过着牛马不如的生活，她体弱，她胆怯，她现在除了悲痛啼哭之外，做不出任何的表示。这难道是公道的吗？我们难道不应为死者伸冤吗？我们难道不应该要求魏处长父亲的孩子魏处长负责赔偿死难家属的一切损失吗？

施洋如果用陈述句讲出上面这些意思，就没有办法展现反问句特有的语气。相反，他通过一连串反问，针锋相对地批评当局的主张，展现出一泻千里的气势和震撼人心的鼓动力量。这份辩护词一公布出来，自然就受到民众的普遍支持。就论辩技术而言，当局显然被施洋牵了牛鼻子。

反问的时候，目的是要强化自己的立场、批驳对手的观点，所以态度一定要坚决，口气务必要强硬，这样力量和效果才能最大化。

因为学养深厚，孟子在生前就已经被认为是儒家学派的领袖。晚年，他退居鲁国，专门授徒讲学、著书立说。

当时，楚国有一个儒学弟子叫陈相，本来学得很好。可是有一天，他突然抛弃儒家学说，改换门庭，拜在农家大宗师许行门下，成为"农家弟子"。数年后，他自认为掌握了农家理论"君民并耕说"，于是便北上鲁国，同时声言要用这种理论向孟子的儒学挑战。

陈相见到孟子后，先是宣扬了一番许行的农家学说，然后问："鲁国的国君称得上贤能吗？"孟子答道："称得上。他尊王道，行仁政。"陈相又问："真正的贤君，要亲自同农民一起耕种才吃饭。可现在鲁国设立了谷仓，国君从不下地干活，这是虐害农民来奉养自己，怎么称得上贤能呢？"

孟子反问陈相道："许行必定种了粮食才吃饭吗？"

"是的。"陈相答道。

"许行必定织了布才穿衣服吗？"

"不。我老师穿粗麻。"

"许行戴帽子吗？"

"戴！"

"帽子是他自己做的吗？"

"不，是用粮食换来的。"

"许行为什么不自己做帽子？"

"自己做帽子影响他耕种。"

"许行用铁锅煮饭，用铁犁耕地吗？"

"用。"

"铁锅和铁犁是许行自己打造的吗？"

"不是，用粮食换的。"

问到这里，孟子说："用粮食换器械，不是虐害工匠；那么工匠用器械换粮食，难道是虐害农夫吗？况且，许行为什么不自己制陶炼铁呢？干嘛还要与各种工匠麻烦地交换东西呢？"

陈相回答："各种手工制品，本来不是在耕作的同时都可以干得了的。"

孟子步步紧逼，又接着说："既然如此，那么只有治理天下就是在耕作的同时能干得了的吗？世上事情很多，有重有轻。一个人的需求，要各种工匠制作产品才能满足；如果日用品非得出自自己之手，那么，人人就是累死累活也忙不过来。所以说，社会上必然有人从事脑力劳动，有人从事体力劳动。脑力劳动者起指导作用，体力劳动者创造具体的物质财富，二者职责不同。国君主要是从事脑力劳动的人，你怎么能苛求他下地种田呢？"

陈相对孟子的挑战，核心在于君民必须干一样的工作才能享受同样的成果。孟子看出他的偏颇之处，但如果直接表述自己的观点，就会显得没有说服力，更不能维护儒家的理论。于是，他一口气问下来，丝丝入扣，步步紧逼，让陈相自己条分缕析地说出农家理论的逻辑缺陷，最后孟子亮出"杀手锏"，把陈相驳得无言以对。

在论辩中，如果发现对方的论题或论据有问题，但自己的主张一时半会儿很难说得清楚，就可以用反问诘难的方法，即摆出与对方所持立场或所举事例恰恰相反的道理或事例，要求对方解释。正常情况下，我们给出的内容，应当是对方解释不了的，从而使对方陷入窘境，而我方获得主动。

下面介绍使用这种方法的两种形式：

一、同理反诘

运用反诘疑问，关键在于对手提出了一个你难以回答或是不愿回答的问题，这时，你要顺着对方的思路反问一个问题，让对方落入和你一样为难的境地，由此拆解其提问的逻辑。由于这一问题使用的是对手的思路，只不过反过来要求其回答自己的问题，所以诘难性很强，对手往往立陷被动，主动权为我方掌握。

同理反诘针对的是快问快答的情况，即依靠"急智"摆脱难堪处境。但反诘回敬又往往易产生"冲撞效应"，即产生反作用。因此，故在运用"同理反诘"时，应根据不同的对象、语境，合理调控反诘力度，做到有理、有利、有节。

二、直言相逼

直言相逼是一种正面出击的反问方法。具体做法是：用一组包含直言判断的问语连连发问，迫使对方一一解释，然后指出对方回答与对方论点间的矛盾。由于对方解释在先，其理论陈述必然自相矛盾，这样，也就只得束手就范了。

美国前总统林肯在竞选成功之前是一位律师。当年，他为一个叫作小阿姆斯特朗的人做过无罪辩护，就很成功地使用了直言逼问这一方法。

小阿姆斯特朗当时被人指控图财害命，证人福尔逊一口咬定他在 10 月 18 日深夜亲眼看到了被告枪杀死者。作为辩护律师，林肯明察秋毫，在法庭上发出一连串诘难问题。在林肯的直言相逼下，福尔逊最终露出了破绽。下面我们来回顾一下林肯当年的风采：

问：你发誓说认清了小阿姆斯特朗吗？

答：是的。

问：你在草堆后，他在大树下，两处相距二三十米，你能认清吗？

答：看得很清楚，因为月光很亮。

问：你肯定不是从衣着方面认清的吗？

答：不是的。我肯定认清了他的脸蛋，因为月光正照在他的脸上。

问：你肯定时间是在 11 点吗？

答：充分肯定。因为我回屋看过时钟，那时正是 11 点 1 刻。

林肯听到这里，立即向大家断言："我不能不告诉大家，这个证人是一个彻头彻尾的骗子！"接下来，他发表了一篇令人折服的辩护词："证人发誓说他于 10 月 18 日晚 11 点在月光下认清了被告小阿姆斯特朗的脸。但那天晚上是弱月，11 点时月亮已经下山了，哪来的月亮呢？退一步说，就算证人记不准时间，假定稍前稍后，月亮还在西天，那天月亮是从西边照过来。但草堆在东，大树在西，月光是不可能照到被告脸上的，证人怎么能从二三十米外的草堆后面看清被告的脸呢？"

林肯采用直接逼问法，利用快问快答的场景优势，不给对手留下喘息余地。与此同时，由于对方在前面已经提出自己的主张，即保证看清了被告的脸。于是，林肯所要做的就是抓住证人的把柄，证明他的主张其实存在漏洞。所以，他能够一针见血，终于迫使证人不得不承认自己被原告收买，作了伪证诬陷被告。

使用直言逼问时，要善于相机发起"最后一击"，迫使对方露出"马脚"，并且要及时发现和指出对方的破绽，紧紧抓住"把柄"，坚决不给对方以辩解的余地。

在反问诘难这一方法中，我们的辩论步骤是，让对方承认某种事实或遵从某种逻辑，再利用反问找出与其主张不合的论据，从而造成一种以子之矛攻子之盾的效果。不过，在实际辩论中，这样的机会并不是总会出现。因此，我们就要设法诱导对方这么做，以便给我们提供机会。在阐明我方观点前，我们不妨故意先提出一些问句，引导对手说出支持我方观点或否认自己观点的内容。这便是"设问引诱法"。

一位渔人不幸葬身大海，但他的儿子仍然继续在海上捕鱼。一位好心的友人试图劝说渔人的儿子放弃这个营生，换个其他的工作。

友人："你父亲是死在大海里的吧？"

儿子："是的。"

友人："为什么你还冒险去打鱼呢？"

儿子："那么，你父亲是在哪儿死的呢？"

友人："在家里的床上。"

儿子："那么，你为什么还冒险在床上睡觉呢？"

从这个例子中，我们不难看出设问诱导的用意所在。它并不是真的因为疑问而提问，而只是故意地提出一个"条件"以引出"结果"。这样做，可不是为了期待对方的主张，而是用对方的回答做垫脚石来为自己下一步的阐述奠定基础。

在实际论辩以及日常生活中，这种方法常常表现为比较复杂的形式。原因是，越复杂的设问，越能迷惑对手，越有助于鉴别。因此，在需要辨别真伪的场合，该方法最常见到。具体来讲，就是运用隐含着某种虚假事实或命题的话，要求对方回答，而不论对方如何回答都会进入进退不能的圈套。

庞振坤是清代时的一个才子，才富五车，机灵多智。有一天，两个差役来传讯庞振坤："你家出了个小偷，盗窃财主资财，现在县衙候审，让你速速前往县衙。"

庞振坤一听就明白，这是当地财主在陷害他：小偷可能是冒充的。他估计这小偷十有八九不认识他，于是就跟着差役去县衙。在街上，他特地向熟人要了一个纸盒戴在头上，把脸遮住，但留出双眼。到了县衙，庞振坤抢先对县官说："大人，家门不幸，出此贼人。小的没脸见人，为此用纸盒盖住。"县官因此让他戴着纸盒不再追究，转而问那个小偷："这可是你家主人？"小偷说："是小的主人，我在他家已经3年了。"这时，庞振坤问那个小偷：

"我庞振坤这个大名没什么人知道，但庞大麻子的外号可是远近闻名的。你既说在我家已经 3 年，那你说说我是大麻子还是小麻子？是黑麻子还是白麻子？"

那个小偷听了不由得愣住。过了一会儿，他自以为聪明地说道："你这个麻子，不大不小，不黑不白。"

听闻此言，庞振坤立即取下纸盒："大人，您看我脸上哪有麻子？"

再一讯问，原来小偷真是被财主买通的。

第七章 | 巧施妙计，由对方自己呈现破绽

孟子曰："枉己者，未有能直人者也。"意思是说如果一个人扭曲自己的想法和人格，怎么可能去使他人变得正直呢？而在现代，我们的辩手在论辩过程中不仅要坚持自己的观点说服对手，同时也应该学会在说服过程中巧妙设法，让对方自露破绽，从而获得辩论的成功。

【经典今解】

陈代曰："不见诸侯，宜若小然；今一见之，大则以王，小则以霸。且《志》曰：'枉尺而直寻'，宜若可为也。"

孟子曰："昔齐景公田，招虞人以旌，不至，将杀之。志士不忘在沟壑，勇士不忘丧其元。孔子奚取焉？取非其招不往也。如不待其招而往，何哉？且夫枉尺而直寻者，以利言也。如以利，则枉寻直尺而利，亦可为与？昔者赵简子使王良与嬖奚乘，终日而不获一禽。嬖奚反命曰：'天下之贱工也。'或以告王良。良曰：'请复之。'强而后可，一朝而获十禽。嬖奚反命曰：'天下之良工也。'简子曰：'我使掌与女乘。'谓王良。良不可，曰：'吾为之范我驰驱，终日不获一；为之诡遇，一朝而获十。诗云："不失其驰，舍矢如破。"我不贯与小人乘，

请辞。'御者且羞与射者比。比而得禽兽，虽若丘陵，弗为也。如枉道而从彼，何也？且子过矣：枉己者，未有能直人者也。"（《孟子·滕文公下》）

陈代说："不去拜见诸侯，似乎只是拘泥于小节吧。如今一去拜见诸侯，大则可以实施仁政，使天下归服；小则可以称霸诸侯。况且《志》书上说：'弯曲着有一尺长，伸展开来有八尺长。'似乎是可以这样以屈求伸的吧。"

孟子说："从前齐景公打猎，用旌旗召唤猎场的管理员，那个管理员因为他召唤的方式不对而不予理睬。齐景公想杀了他，他却一点儿也不怕。因而受到孔子的称赞。所以，有志之士不怕弃尸山沟，勇敢的人不怕丢掉脑袋。孔子认为那猎场管理员哪一点可取呢？就是取他因召唤不当就不去的精神。如果我不等到诸侯的召唤就自己上门去，是为了什么呢？况且，所谓弯曲着有一尺长，伸展开来有八尺长的说法，是从利益的角度来考虑问题的。如果从利益的角度来考虑问题，就是弯曲着有八尺长，伸展开有一尺，那也是有利益的啊，难道也可以干吗？从前赵简子命令王良为他所宠爱的小臣名叫奚的驾车去打猎，整整一天没有打着一只猎物。奚回去后向赵简子报告说：'王良真是天下最不会驾车的人了！'有人把这话告诉了王良，王良便对奚说：'请让我再为您驾一次车。'奚勉强同意了，结果一个清晨就打了 10 只猎物。奚回去后又向赵简子报告说：'王良真是天下最会驾车的人啊！'赵简子说：'我让他专门为你驾车吧。'当赵简子征求王良的意见时，王良却不肯干，他说：'我按规范为他驾车，他一整天都打不到一只猎物；我不按规范为他驾车，他却一个清晨就打了 10 只猎物。《诗经》说："按照规范驾车去，箭一放出就中的。"我不习惯为他这样的小人驾车，请您让我辞去这个差事。'驾车的人尚且羞于与不好的射手合作，即便合作可以打到堆集如山的猎物也不干。如果我现在扭曲自己去追随那些诸侯，那又是为了什么呢？况且，你的看法是错误的：扭曲自己，是不可能让别人正直的。"

陈代为孟子所出的是一个以退为进、以屈求伸的主意。"枉尺而直寻"，先压抑自己的想法，弯曲自己，哪怕显得只有一尺长，有朝一日抓住机会，实现抱负，伸展开来，就可以有八尺长了。

其实陈代所说的办法，苏秦、张仪等纵横家早已提出，就是先顺着诸侯们的喜好来，避免冲突，然后再审时度势，在恰当的时机，循序渐进地实施自己的思想主张。而孟子却不以为然，他坚持以"志士不忘在沟壑，勇士不忘丧其元"的方正刚直为行为主张。

孟子巧妙设譬，以猎场管理员和王良为范例，生动地说明了作为一个君子在立身处世上不能趋炎附势的道理，最后指出"枉己者，未有能直人者也。"

扭曲自己的想法和人格还怎么可能去使他人变得正直呢？这个观点和他的前辈孔子不谋而合。孔子曰："不能正其身，如正人何？"（《论语·子路》）意思是说，自己都不够正直，怎么可能使别人学会正直呢？

由此可知，虽然孔、孟二人都非常倡导通权达变的思想，但在立身处世这一点上，却不容苟且，这对他们来说，是一个原则问题。

也许就是因为坚持这个原则使得他们的学说不能广为当世所用，但从另一角度来看，可能也正是因为他们坚持了这个原则，孔孟学说才能在后世流传、千年不衰，使他们本身也成为至圣、亚圣。

对于现代人来说，是否还有必要考虑自己的"处世"原则呢？答案是有。不光是我们生活中的择业还是找对象，就连在我们的论辩过程中，都要十分注重这个问题。如果辩手一味地附和、顺从对手的思路和观点，只会落得被对方牵着鼻子走的失败局面。但只会生硬刚直地强调自己的观点同样不可取。一位优秀的辩手应该巧妙设法，让对手自己露出破绽，一击制胜。

【古为今用】

方法 *1* 巧用激将，刺激对手

激将法是一种"心理攻势"，目的在于激发出对手内心的情感需求，进而产生一种无法抑制的行为冲动。在论辩中，辩手可以巧用激将法，借用某些言行有目的地刺激对方，激发对方相应的潜在情感，引起对方的情绪波动、心态变化，再将这波动和变化朝着自己所期望的目标引导。

具体来说，激将法可以通过故意贬低对方，激发对方好胜心，产生冲动行为，从而达到我们的目的。

在三国时期，张飞性格暴躁，军师诸葛亮常常针对这点用激将法来激发他的斗志。每当遇到重要战事，就故意贬低他的能力，说他担当不了此任，又或者说他喜欢贪杯容易酒后误事，激起张飞的好胜心和责任感，立下军令状，增强他的斗志和勇气，杜绝轻敌思想。

有一次，马超率兵攻打葭萌关，只有张飞、赵云二人能够对付马超。当时赵云在外领兵，只剩张飞在营内。张飞即刻请命作战，诸葛亮却故作无视，直接对刘备说："马超有勇有谋，实难对付，除非调来正在荆州的关羽。"

张飞立刻拍胸脯说："我曾单独抗拒曹操百万大军，难道还怕区区一个马超！"

诸葛亮不以为然地说："你在当阳拒水断桥，是因为曹操不知道底细。不然你怎能安然无事？天下人皆知马超英勇无比，他渭桥六战，把曹操杀得割须弃袍，差一点儿丧了命。依我看就是云长也未必能战胜他。"

张飞一听，更不服气了，激动地说："我现在就出发，如战胜不了马超，甘当军法!"

诸葛亮见张飞中了激将法，才顺势说："既然你肯立军令状，便可以为先锋!"

后来张飞与马超在葭萌关下整整打了一天一夜，虽然未分胜负，却狠挫了马超的锐气，最后马超被诸葛亮施计说服而归顺刘备。

苏洵的《谏论》中曾说："说之术，可为谏法者有五：理喻之、势禁之、利诱之、激怒之、隐讽之……"文中所提的"激怒之"，就是指激将法，即通过语言激发对方的感情。通常人们对客观世界的认识和改造活动都是在一定的感情驱使下完成的，而激将法就是控制和调节人的内在情感的重要手段。"水激石则鸣，人激志则宏。"在古今中外战争史上，通过运用这一说辩谋略而取得成功的大有人在。

在曼图亚战役初期，拿破仑的两团法军表现出畏敌的情绪，并在惊慌之中失守阵地。拿破仑亲自前往驻地，命令参谋长："你马上在这两个团的团旗上写上'他们不再属于意大利方面军了'（当时拿破仑统领的法军叫意大利方面军）。"士兵们面对这一耻辱，羞愧难当，纷纷恳求拿破仑再给他们一次机会。果然在后来的战斗中，这两团法军英勇杀敌，一雪前耻，为整个战役胜利作出了突出的贡献。

拿破仑责其弱而激其勇，斥其愚而激其智，充分展现了激将法的积极作用。

激将法在实践运用中有各种的形式，下面介绍 3 种。

一、以赞美激发上进心

在论辩中，辩手通过恰如其分的赞扬或给予充分信任的方式，对对手做出肯定性的评价，以达到催人上进、激人奋发的论辩目的。

第二次世界大战期间，盟军总司令德怀特·艾森豪威尔举行记者招待会，对在场的所有新闻记者说："先生们，我知道你们都想知道我们下一次的攻击目标在哪里。现在，我就把这项军事秘密向你们公开，7月初，我们将进攻意大利，巴顿将军进攻南部海滩，蒙哥马利将军进攻东部海滩。"

记者会现场一片哗然，大家面面相觑，谁也没想到他会这么做。其中一名记者忍不住问道："将军，如果这个绝密消息被我们泄漏出去的话，会不会造成严重后果？"

艾森豪威尔点了点头，不慌不忙地说："当然，德国情报机关是非常敏感的。只要你们在报道中稍微露出一点儿口风，就会直接影响到我们的战略部署。但是，我们不打算审查你们的稿件，这完全靠你们每个人的责任感来报道吧。"

艾森豪威尔表现出对记者的充分信任，不但公布了军事机密，还承诺不审查记者们的稿件，从而激发了记者们高度的责任感和荣誉感，结果这次军事行动没有走漏一点儿风声。

二、以贬低激起斗志

和赞美相反的是贬低。辩手可以采取言语贬低对方，故意刺伤对方的自尊心的方式。这是使对方感觉到被歧视、侮辱，进而激发对方勃然奋起、顽强抗争的奋发力的一种方法。

三国时期，为了联吴抗曹，诸葛亮随同鲁肃来到吴国求见周瑜。

鲁肃张口对周瑜说："今曹操驱众南侵，是战是和，主公不能决断，特来听听将军的意见。"

善弄权术的周瑜得知他们二人的来意后，为了刺激孔明求救于他，故意说："曹操凭借天子的名义，其师不可拒。且其势大，未可轻敌。战则必败，降则易安，吾意已决。来日见主公，便当遣使纳降。"

憨厚老实的鲁肃不疑有他，愕然地说："君言差矣！江东基业，已历三世，岂可一旦易之于他人之手？伯符遗言，外事托付将军。今正欲倚仗将军保卫国家，为泰江之靠，奈何从懦夫之义耶？"

周瑜狡猾地说："江东六郡，生灵无限；若罹兵革之祸，必将归怨于我，故决计请降。"

鲁肃激动地猛摇头说："万万不可。以将军之英雄，东吴之险固，曹操未必便能得志。"

二人互相争辩许久，孔明在旁看出周瑜用意，于是袖手冷笑。

周瑜见状忍不住问："先生何故哂笑？"孔明说："我笑鲁肃不识时务呢。"

老实人鲁肃哪里明白诸葛亮是随着周瑜的激将而反激将呢，急忙说："先生如何反笑我不识时务呢？"孔明说："公瑾意欲降操，甚为合理。"周瑜说："孔明乃识时务之士，必与我有同心。"其实，孔明说"合理"言不由衷，周瑜说"同心"又何尝不是故作姿态呢？两人心中计谋诡谲。鲁肃不明真相，憨直地问诸葛亮："孔明，你为何也如此说？"孔明说："曹操极善用兵，天下莫敢当。只有吕布、袁绍、袁术、刘表敢与对敌。今数人皆为曹操所灭，天下无人了。独有刘豫州不识时务，强与争衡；今孤身江夏，存亡未保。将军决计降曹。可以保妻子，可以全富贵。国祚迁移，付之天命，又有什么可惜？"

诸葛亮这番话明褒暗贬，表面是夸周瑜识时务，实际上是故意贬低周瑜无用兵之能，无法抵挡曹兵，句句刺中周瑜年轻气盛之心理，可谓一激周瑜。但周瑜还没做出反应，鲁肃却大怒曰："你教我主屈膝受辱于国贼吗？"

孔明无视鲁肃，转而对周瑜说："我有一计，并不劳牵羊担酒，纳土献印，亦不须亲自渡江，只遗一介之使，驾一叶扁舟送两个人到江北。曹操若得此二人，百万之众，皆卸甲卷旗而退。"诸葛亮故意不说这二人是谁，诱使周瑜主动来问。周瑜果然忍不住好奇地问道："用何二人，可退曹兵？"孔明说："江东去此两人，如大树飘一叶，太仓减一粟，而曹操得之，必大喜而去。"诸葛亮继续卖关子，只强调这两人对江东无关紧要，引诱周瑜再问，为二激周瑜蓄势。

周瑜果然又问："果用何人？"

孔明见周瑜已步入自己的圈套，便说："我居隆中时，即闻曹操在漳河边新造了一台，叫铜雀台，极其壮丽，广选天下美女以蓄其中。曹操本好色之徒，久闻江东乔公有二女，长女大乔，次女二乔，有沉鱼落雁之容，闭月羞花之貌。曹操发誓说：'我一愿扫平四海，以成帝业；一愿得江东二乔，置之铜雀台，以乐晚年，虽死无恨矣。'今虽领百万之众，虎视江南，其实为此二女。今若差人送与曹操，他得二女，称心如意，必班师回去。此范蠡献西施之计，何不速为之？"

孔明明知大乔已是周瑜的主子之嫂，小乔早为周瑜之妻，却故意在周瑜面前提起曹操两愿。"一愿"以势压周瑜：指出曹操称霸天下的野心。周瑜如果自认无能抵抗曹操，只得忍受此辱，献妻投降，以保全自己。"二愿"以情羞辱周瑜。如果要让曹操称心如意，就只能让周郎备受屈辱？孔明言辞尖刻，二激周瑜。

周瑜闻此言已是怒火中烧，但仍然强行克制，未形于色，问孔明："曹操欲得二乔，有何验证？"孔明胸有成竹地说："曹操幼子曹植，下笔成文。曹操欣赏其文采，命他作一赋，名叫《铜雀台赋》。赋中之意，只说他家合为天子，誓取二乔。"周瑜听后谨慎地再次核实："此赋你能记否？"孔明悠哉地说："我欣赏其文华美，随便记了一下。"周瑜急切地再三核实："试请一诵。"孔明见周瑜中计，即诵《铜雀台赋》。赋中有一句"揽二桥于东西兮，若长空之锁殊。"本意是说连接东西两座飞桥像一道彩虹。古代姓乔的"乔"本写作"桥"，后来才写作"乔"。因而孔明偷换两句，曲解两字，将"二桥"变为"二乔"。将这句借作曹操企图夺取孙策和周瑜之妻的证据。

周瑜听罢，勃然大怒，再也坐不住了，指北而骂："老贼欺我太甚!"孔明三激周瑜，终使周瑜忍无可忍，不得不怒。在周瑜盛怒之时，孔明故作无知地说："过去单于屡侵疆界，汉天子许以公主和亲，你为何怜惜民间二女呢？"

周瑜说："公有所不知，大乔是孙伯符将军主妇，小乔乃周瑜之妻也。"孔明假装惊恐道："我实不知。失口乱言，死罪！死罪！"周瑜兀自气愤地说："我与老贼势不两立！望孔明助我一臂之力，同破曹贼。"

孔明三激周瑜，先明褒暗贬刺伤周瑜的自尊心，再提曹操两愿羞辱周瑜，引起他的愤怒、恐惧，最后一手故意曲解的《铜雀台赋》成功地挑起周瑜的抗曹激情。

三、巧装无知卸心防

当辩手在论辩过程中发现正面攻击或软硬兼施不能奏效时，可以巧用装愚激将法，有技巧地表现自己的无知，以刺激对方的"自尊"，诱导对方的言行按自己预期的方向发展。

有一次，英国陆军反间谍部队的高级军官伯尼·费德曼不幸被德军抓获。德军对他软硬兼施，威逼利诱，都无法获得情报，于是他们把费德曼送到德国的一所初级间谍学校去，故意让一个什么都不会的人当教官教这位高级军官怎么当间谍，在一窍不通的"老师"面前，费德曼开始是嗤之以鼻，而后是忍无可忍，两次三番地纠正"老师"的错误。在这过程中，德军轻松地掌握了美英的谍报情况。

当德军对伯尼·费德曼正面攻击和软硬兼施都毫无成效时，狡诈地使用了心理战术，刺激费德曼的自尊和身为专业人士的骄傲，最终，使得他解除心防，在不知不觉中泄露了谍报机密。

激将法作为一种很有力的论辩技法，在使用时要审时度势，仔细观察对象、环境及条件，不能无目的、无策略地盲目使用。同时，运用时要掌握分寸，过犹不及，欲速则不达。

方法 ② 学会倾听，见微知著

优秀的辩手大多是善于默默聆听的。他们能够从对方言论中冷静地归纳总结出共识和分歧点，并在沉默中暗自分析、思考，针对对方特点制定出最佳的辩论战略，以获得自己制胜的最佳先机。

倾听其实是一种谈话方略，它可以建立起听说两方之间的信任，通过倾听可以了解他人的兴趣、个性、价值观和理想，还可以采集到外界的各方面信息，以利于自己结合各种可能发生的情况，作出客观正确的判断和思考。

1972 年，美国前国务卿基辛格博士到北京与周恩来总理谈判取得圆满成功，会议结束后，周恩来总理亲自为他送行，基辛格难掩内心的喜悦，诚恳地向周恩来担保：一定在回国之后努力争取早日恢复中华人民共和国在联合国的席位。基辛格越说越激动，竟不顾外交忌讳，开出了时间表："大约一年"。

周恩来始终微笑着聆听基辛格的滔滔不绝，仅仅通过眼神和动作传达出内心的赞赏和谢意。

就在飞机起飞后不久，美国发来一封电报给基辛格，电报写明在前一天联大会议上已经通过了中国恢复席位的提案。基辛格立刻想到：原来就在自己说"大约一年"的时候，周恩来早就知道事情已经解决了。可当时周恩来并没有立刻回绝基辛格的好意，反而在面对兴致勃勃、热忱相向的基辛格时温和有礼地表示了感谢。试想，如果周恩来当下骄傲地宣布"我们的事情已经办好，不需要你帮忙了。"基辛格岂能不觉难堪！

谈话的目的，是在于互相交流双方对某一件事情的意见和对社会世事的认识和看法，以此加深双方的了解，增进朋友之间的友谊。即使发现与对方的认识、看法不一致，也能互相取长补短，从中得到启发和学习，这样也能让谈话的对方感到愉悦、满足。因此，如果别人有倾诉的欲望，我们不妨专心聆听。

想要让自己说的话被人们关注和重视，不惹人反感和抵触，唯一的诀窍就是在聆听的过程中静静地思考。

论辩的目的在于获得真知。正所谓"道理不辩不明"。在论辩的时候让别人先说，一方面可以展现你谦逊有礼的态度，获得良好的印象分，另一方面可以借此机会观察、分析对方的语气神色，给你一个思考的时间。后发制人往往有出其不意的效果。

在日常生活中，学会倾听也同样重要。首先要求我们克服浮躁之气和轻慢之举，能够虚心而认真地聆听他人的倾诉或论辩。聆听时要注意神情专注，目光应该集中在对方的面部，适时地给予一些点头、鼓掌之类的肯定性回应，偶尔插上一两句表达意见或者表示疑问的话，表现出你正全身心投入和对方的谈话中，此外还包括上身略微前倾等形体动作的配合，表示你对这场谈话的重视。这样的姿态语言不仅会给人留下良好而深刻的视觉印象，还有利于建立良好的人际关系。

而在辩论中，一般来说，我们要掌握 3 个方面的聆听技巧：听特点、听漏洞、听内容。

一、从说话习惯听特点

在谈话中要听出对方讲话的特点，分析出他们的话中之话、话外之话，在聆听过程中把握准其发言的底蕴、真谛。

《艺术哲学》中，法国著名文艺理论家丹纳曾说过："人的喜怒哀乐，一切骚扰不宁，起伏不定的情绪，连最微妙的波动、最隐蔽的心情，都能由声音直接表达出来，而表达的有力、细微、正确，都无与伦比。"想要通过辩论场上对方的话语中听出讲话者的喜怒哀乐，骚扰不宁、情绪的起伏、波动的心情……这就必须在这一过程中了解说话者的社会地位、生活环境、性格爱好、文化背景等特点，因此，倾听他人说话，不光要带着耳朵，还要带着脑子去分析和思考。

我们可以通过对对方的言词论调的分析思考听出说话者的生活背景。比如某人语气生硬，有时颐指气使，常用命令呵斥的词语、句式，该人很有可能久居高位或者是领导者，习惯了命令别人。

通过对说话者常用词汇的分析，听出说话者的性格。比如某人在谈话中喜欢说"说实话"、"凭良心说""千真万确""不骗你"之类的口头禅，由此便可以推测出此人非常需要得到别人的信任，总怕别人怀疑自己。再如某人说话常出现"可能是吧""也许是吧""大概这样""差不多"等诸如此类的词语，那很有可能这类人属于自我防卫型的性格，怕承担责任，不愿说出肯定性、结论性的话语，或是时刻准备以守为攻。

在倾听中去分析对手的社会背景、性格特点，有助于辩手更有针对性地制定辩论攻守谋略。

二、从语言逻辑听漏洞

在一场谈话或者辩论中，无论是谁，说话都无法做到滴水不漏，如果我们可以在倾听中掌握对方的错误与破绽，就可以选定攻击目标，以此为突破口，打乱对方阵脚，瓦解对方的防御。

1.注意听逻辑上的漏洞

《墨子·公输》载：

公输盘为楚造云梯之械，成，将以攻宋。子墨子闻之，起于齐，行十日十夜而至于郢，见公输盘。

公输盘曰："夫子何命焉为？"子墨子曰："北方有侮臣者，愿藉子杀之。"

公输盘不说。子墨子曰："请献千金。"公输盘曰："吾义固不杀人!"子墨子起，再拜，曰："请说之。吾从北方闻子为梯，将以攻宋。宋何罪之有？荆国有余于地，而不足于民，杀所不足而争所有余，不可谓智；宋无罪而攻之，不可谓仁；知而不争，不可谓忠；争而不得，不可谓强；义不杀少而杀众，不可谓知类。"公输盘服。

公输盘以"吾义固不杀人"拒绝墨子的请求。墨子趁机抓住这一点，论述公输盘"义不杀少而杀众"的不合道理来反驳他，让公输盘无话可说，最终答应了墨子的请求。墨子之所以能成功地说服公输盘就在于听出了公输盘的话中存在着逻辑上的漏洞。

辩手在论辩过程中也应该留心对方的观点和见解，一旦话语中出现逻辑混乱和违反逻辑的漏洞，就要立刻抓住，予以反击，效果尤佳。

2.注意听语言上的漏洞

一般语言上的漏洞大多属于口误，用词不当、语无伦次、句式不妥、或前言不搭等。这种漏洞带有偶发性和不可预料性，随机性强，所以需要辩手观点明确、立场坚定、细心观察、反应机敏、善于捕捉。

3.注意听情理上的漏洞

情理，是指人们在长期社会生活中约定俗成的被普遍认可的价值观和处事原则以及道德规范。辩手可以在倾听中留意对手所说的话，如果听出有悖于情理的漏洞，自然就掌握了出击的目标，便可主动进攻。

三、从谈话内容听要害

内容是谈话的核心，倾听最基本的要求就是听谈话的内容。这需要把对方的发言内容听清、听懂、听全。只有全面详实地掌握住对方的论点、论据和论证方法，才能从中分析出对手的要害和薄弱环节，做好充足的准备，对症下药，确定己方论点，确定应答攻守战略，展开辩护和辩驳。故此，听内容是确定观点与策略的前提。

当然，除了听对方的谈话内容，还要听清、听懂己方的其他成员或其他支持者的发言内容，这样才能更好地相互配合，共同对"敌"。

方法 3   正反对比，形成反差

在文学创作中，运用对比，能凸现事物的特征和本质，产生强烈的反差效果，树立鲜明的形象，给人留下极为深刻的印象。

在论辩赛场中，正反比照法一样能发挥出神奇的作用，将正反两方面的事实加以对照、比较，从而推导出正确的结论来，这就是正反比照的论辩技巧。它好比一枚重型炸弹发挥着巨大的杀伤功用。

在某次"十城市青少年演讲邀请赛"的论辩赛场上，正方西安代表队与反方贵阳代表队就"母亲应不应该拆女儿的信"为题展开了辩论。反方贵阳代表队说：

"我们觉得母亲私拆女儿的信，还涉及尊重一个人的问题。我们中国封建社会有一句名言，叫作'君君臣臣父父子子'，这里强调的除君臣之外，就是子女对父母的尊敬，而没有提出父母对子女的尊重。事实上，作为女儿，她首先是作为一个人存在社会和家庭之中，她应该有自己独立的人格。如果母亲认识不到这一点，只是一味地强调这是'爱'，那么这种'爱'与母亲对家里的金鱼、小猫、小狗的'爱'，又有什么区别呢？"

这位辩手聪明地运用正反比照的技巧，先强调反面事例，母亲私拆女儿信件涉及个人尊重，然后再加强正面说理，女儿应该有自己独立的人格。自然而然地推出一个结论：母亲要尊重女儿的人格，不能私拆女儿的信。

正反比照法在实际运用中，不仅可以比较同类事物，还可以比较不同事物；既可以比较同一事物的不同阶段和不同方面，也可以比较不同事物的同一方面；纵向、横向、现状、历史的各种比较，也可兼而有之。需要注意的是，不管哪种比较，都应该特别突出被比较事物的强烈反差，以凸显其鲜明的形象，这样才能给人留下深刻印象，感染对方。

具体到辩论中，对比的手法包括了观点、理论的对比，事物、事例的对比，辩论方法和态度的对比等。辩手可以通过对比来揭示对方的错误，证明自己的观点正确，达到最佳的说服效果。

2000 年第二届全国大专辩论会决赛关于"城市交通问题主要是设施问题还是管理问题"的辩论中，正方武汉大学队四辩有一段非常精彩的总结陈词：

我们承认，管理可以在一定程度、一定范围和一定阶段之内缓解城市交通问题，要治理好城市交通，加强管理没商量，但真正的问题在于何者为主、何者为辅、何者是本原的、何者又是衍生的。设施产生了管理，管理依附于设施，设施的层次和水平决定着管理的标准和效应。设施可以点石成金，管理却不能无中生有；设施是城市交通的立身之基，管理则是在这个基础之上的规范和约束。何者为主，何者为辅，真是一目了然。其实我们今天谈设施为主，并不是否定管理，而恰恰是在为管理者鸣不平。我们知道一个美国交警可以管 200 公里路、7000 多辆车，仍然可以嚼着口香糖，应付自如。而一个中国交警呢？管6 公里路、75 辆车，却必须要加班加点，任劳任怨，原因何在呢？是交通的管理者不够努力吗？是交警不够敬业吗？都不是，道路网络脆弱不堪，整个交通不成体系，基础设施严重落后，是我国城市交通问题的主要症结所在。巧妇难为无米之炊，说到底主要还是一个设施的问题。

这段陈词中连续使用两个对比，首先是"管理"和"设施"的对比，论证了两者的主从关系，强调了"设施"为主的论点；一个是事例对比，通过美国交警管理的轻松对比中国交警管理的艰难，突出强调了中国设施的落后、体系不健全的原因，因而鲜明有力地论证了己方"城市交通问题主要是设施问题"的观点。

在另一场关于"信息社会仍需还是无须读书破万卷"辩题的辩论中，反方中国青年政治学院代表队二辩有这样一段辩词：

我认为，今天电脑的运用、网络的普及，使人们能在最短的时间内获得自己所需要的最大量的知识，对此，对方同学为何视而不见、听而不闻呢？而照对方同学那样通过读万卷书的方式获取知识，恐怕随对方同学成为年迈老翁的同时，而你所得的知识已成为明日黄花了呀！一边是"读书破万卷"的事倍而功半，一边是现代科学的事半而功倍；一边是"头悬梁、锥刺股"的辛苦与汗水，一边是网络科技的精彩与轻松。何去何从，难道对方同学还不明白吗？还要用陈旧的观念去改造社会、建设新时代吗？请对方同学三思而后行！

这段辩词精彩之处在于两处反差鲜明的对比。将"电脑""网络"获取知识的事半功倍与"读书破万卷"的事倍功半对比，将读书的辛苦和汗水与网络的轻松和精彩对比，凸显了网络信息化快捷便利的优点，让人不由自主地信服其观点。

方法4　正话反说，收获奇效

正话反说是一种用表面意思和真实本意完全相反的语言进行论辩的方法。例如表面是称赞，实际上是在讽刺，明褒暗贬，话中有话，形成迥然不同的语意变化，透示出诙谐之乐趣。

反话在某些场合往往能起到正话所起不到的特殊效果。

有一本杂志，销路一直打不开，为此编辑部十分苦恼。他们为了扭转这种局面，从内容到形式都费尽心思，日夜奋战打造出了新年的第一期杂志，期望借此翻身。为了能打开销路，有位编辑灵机一动，在封面上印了6个醒目的大字："这一期不要买！"没想到这期反而销量大增，短短几日便销售一空。

这就是正话反说创造的奇特效应。

后唐庄宗在中牟狩猎，马匹将附近百姓地里的庄稼踩得七零八落，中牟县令不忍心，冒死拉住庄宗的马劝他停止狩猎。庄宗大怒，喝令将其斩首。这时，敬新磨冲上去一把抓住中牟县令，状似气愤地数落他说："你是怎么当县令的，明明知道天子喜欢狩猎，为什么还要允许老百姓去种庄稼，为皇帝缴纳赋税呢？为什么不命令县内的百姓空出田地，忍饥受饿，迎接天子来游玩射猎呢？你真是罪该万死！"说罢，敬新磨要求皇上立刻行刑。庄宗却被这番话说得十分惭愧，马上下令赦免了中牟县令。

在这个故事里，中牟县令虽忠直可嘉，但这样毫无技巧，莽撞地对君王进行直谏，很可能会招来杀身之祸。敬新磨十分了解庄宗的性格，没有直接替县令求情，反而巧妙地使用反语劝谏的办法，表面上是数落县令，实际上是表扬他忠君爱民，顺势委婉地批评了庄宗为了自己取乐不顾百姓的疾苦，温和有效地劝谏了君主，也救了县令一命。

在对方情绪激动、火冒三丈的时候，我们不妨先顺着对方的意思，正话反说，用附和的语言含蓄地指出对方的错误，使他迷途知返。

正话反说，贵在快速应变、自圆其说、滴水不漏。如果能够灵活运用，可以提高论辩语言的战斗力，是反击对手的有力武器，但要注意场合，不可滥用，如果不慎出现语言失误，必须及时进行不着痕迹的补救。

战国时，魏王想要修建一座天台玩乐，并且下令谁敢劝阻，杀无赦。

有一天，许绾担着畚箕、拿着铁锹进宫，对魏王道："听说大王要建造天台，我特地来帮忙的。"

魏王问："你能帮什么忙呢？"

许绾说："我力气虽然不大，但是能给大王一些好的建议。我听说天和地之间有 15000 里这么远的距离，大王如果要筑一个高达半空中的天台，至少有 7500 里高。要建这么高的天台，台基就得方圆 8000 里，就算把魏国所有的土地都拿出来也不够做台基，所以我建议大王首先得出兵讨伐诸侯国，把他们的全部土地都夺过来；这还不够，还要起兵去攻打四面边远的国家，才能凑够方圆 8000 里的土地，这样才有了做台基的地方。除此之外，建造天台所用的筑台材料，众多的筑台役夫，仓库中储备的粮食，都数以亿计。同时，在方圆 8000 里之外还要腾出一片土地来种植庄稼，以供应造台的人食用。只有具备了这些条件，才能够动工造台。"

魏王听到这番话瞠目结舌，顿觉自己建天台是个馊主意，于是放弃了造台的打算。

许绾这番正话反说成功地让魏王清醒。我们在日常生活的论辩中，说一些貌似正话的反话，既幽默，又能更好地说明事理，令人听后觉得十分深刻。

正话反说这个方法虽好，也要注意掌握分寸，不能弄巧成拙，更不能让对方误解了我们的本意。表面是在说笑，实质上是提出批评，只要拿捏好分寸，不伤对方面子，对方都会乐于接受。

某家海外公司的待遇很低，职工生活艰难。有一天，领导发现公司迟到人数逐渐增多，责问原因。一名高级主管说："现在的初级职员根本没办法来公司上班了！"

领导问原因何在，这位高级主管说："坐计程车吧，车费太贵负担不起；坐公交车吧，又挤不上去，而且一个月坐公交车的费用对他们来说也很高。您说，他们能怎么办?"说完主管叹了口气，一副无可奈何的样子。

领导说："走路上班多好，既不花钱还可以锻炼身体。"

高级主管摇了摇头，说："不行，没走几天，鞋袜都要走破了，他们可没钱买新的。不过，我建议领导发一个通知，号召大家赤脚走路上班，这个问题不就解决了吗? 哎，只能怪他们没有能力，找不到赚钱的好门路，只好当个苦命的职员! 他们坐不起电车、计程车，也不能鞋袜整齐地到公司上班，都是活该!"

高级主管嬉笑着说完这番话，领导却不好意思起来，只好同意提高职工的待遇。

在日常生活中，你可能经常遇到别人有求于你，而你不能接受又不好直说的时候，或者是你不同意对方的看法，既不能直言不讳刺激对方，又不愿意说些违心的话附和对方，那么你就可以借用这种嬉笑怒骂、正言若反的方法巧妙回避。

使用这种方法时要注意下面几点内容:

(1) 对方尊重信任你的品格。

(2) 注意分寸，适可而止。

(3) 能够即景生情。

(4) 双方感情深厚，没有嫌隙。

(5) 地位相当，不失礼数。

(6) 能够妙语如珠，言词得体。

第八章 | 迂回包抄，攻其不备，堵死后退路

孟子曰："非其道，则一箪食不可受于人；如其道，则舜受尧之天下，不以为泰。"这句话告诉我们，只要事情符合道义，就可以做，否则就不能做。在论辩中，只要是符合论辩目的之办法，我们就可以尝试，否则就应当避免。在正面进攻无法取得突破时，我们应该学会迂回包抄，用比较委婉的方法实现我们的目的。正所谓："舜受尧之天下，不以为泰。"

【经典今解】

彭更问曰："后车数十乘，从者数百人，以传食于诸侯，不以泰乎？"

孟子曰："非其道，则一箪食不可受于人；如其道，则舜受尧之天下，不以为泰。子以为泰乎？"

曰："否。士无事而食，不可也。"

曰："子不通功易事，以羡补不足，则农有余粟，女有余布。子如通之，则梓匠轮舆皆得食于子。于此有人焉，入则孝，出则悌，守先王之道，以待后之学者，而不得食于子。子何尊梓匠轮舆，而轻为仁义者哉？"曰："梓匠轮舆，其志

将以求食也；君子之为道也，其志亦将以求食与？"

曰："子何以其志为哉？其有功于子，可食而食之矣。且子食志乎？食功乎？"

曰："食志。"

曰："有人于此，毁瓦画墁，其志将以求食也，则子食之乎？"

曰："否。"

曰："然则子非食志也，食功也。"（《孟子·滕文公下》）

彭更问道："跟在身后的车有几十辆，跟随的人有几百个，从这个诸侯国吃到那个诸侯国，不是太过分了吗？"

孟子说："如果不正当，就是一篮子饭也不能够接受；如果正当，就是像舜那样接受了尧的天下也不过分。你以为这么说过分吗？"

彭更说："不，我不是这个意思。我是觉得，读书人不劳动而白吃饭，是不对的。"

孟子说："你如果不互通有无，交换各行各业的产品，用多余的来补充不足的，就会使农民有多余的粮食没人吃，妇女有多余的布没人穿。你如果互通有无，那么，木匠车工都可以从你那里得到吃的。比如说这里有一个人，在家孝顺父母，出门尊敬长辈，奉行先王的圣贤学说，来培养后代的学者，却不能从你那里得到吃的，你怎么可以尊重木匠车工却轻视奉行仁义道德的人呢？"

彭更说："木匠车工，他们干活的动机就是为了求饭吃。读书人研究学问，其动机也是为了求饭吃吗？"

孟子说："你为什么以他们的动机来看问题呢？只要他们对你有功绩，应该给他们吃的，那就给他们吃的罢了。况且，你是论动机给他们吃的呢？还是论功绩给他们吃的呢？"

彭更说："论动机。"

孟子说："比如这里有一个人，把屋瓦打碎，在新刷好的墙壁上乱画，但他这样做的动机是为了弄到吃的，你给他吃的吗？"

彭更说："不给。"

孟子说："那么，你不是论动机，而是论功绩的了。"

孟子和彭更讨论的话题，其实牵涉到两个方面。

一方面是当受不当受的问题。用我们今天的话来说就是，只要来源是正当的、合法的，再多也可以接受；如果不正当，再少也不应该接受。当今的一些经济案件，往往因此而起，也因此而结。比如，某项新技术或新产品开发之后，一旦进入市场产生收益，往往会出现利润分成纠纷。这样的事情媒体时有披露，其症结点就在于当事人的巨额收入是"如其道"还是"非其道"。如果是"如其道"，那当事人赚得再多也没有问题，如果是"非其道"，那法律自然不能允许。以今天的眼光来看，这二者的界限似乎是很清楚的。

问题在于，谁来认定"如其道"或"非其道"的标准呢？纠纷也往往出在这里，不同的人总会产生不同的认识。放在今天，估计大家会说，这是法制不健全，新法应当制定起来。现在，我们且回到孟子这里，看看老夫子怎么说。我们看到，他在这里的说法与孔子所谓"如利思义"（《论语·宪问》或"见得思义"（《论语·季氏》）的观点以及他自己"当辞则辞，当受则受"的实际做法（见《公孙丑下》4·3）是完全一致的。通俗地说，就还是我们今天常说的"君子爱财，取之有道"这一句话。"有道"就是"如其道"，"无道"就是"非其道"。

孟子与彭更的讨论，还涉及到动机与效果的关系。

彭更从动机论出发谈问题，孟子却是一个"效果论"者。但是争辩开始之后，孟子并没有直截了当地对学生大批特批，而是围绕他的问题，提出了新的问题，最终令彭更自觉意识到问题所在。这就是所谓的"迂回前进，请翁入瓮"。

在二人的辩论中，孟子一贯地采取了推谬手法，把论辩对手的言论引领到一个自己都觉得荒唐的境地，从而令对手不得不承认错误。

当然，一旦上升到理论高度，动机与效果的关系问题就成为一对哲学范畴间的辩难。理想情况下，我们当然希望二者都考虑到，也就是希望主观动机与客观效果统一起来。无论是好心办错事，还是做好事的"动机不纯"，我们都不愿意看到。

在今天看来，这二人所谈论的问题并不复杂。一个注重事因、动机，另一个注重效果、结论。其实彭更和孟子的辩论内容并不重要，作为辩手需要注意的是孟子在其辩论中使用的辩论技巧，即如何迂回包抄，攻其不备，堵死后退路。

【古为今用】

方法 ① 出其不意，拆穿底牌

在已经看出论敌观点漏洞而正面进攻一时又难以取得突破时，可以采用迂回出击法，变换论辩角度，针对论敌的其他方面组织辩词，以便曲线瓦解对方立场，说服对方放弃当前观点。

在一些场合，揭对方底牌是一种不错的方法。

三国时期，诸葛亮与魏国大将军曹真对阵于岐山之下。曹真的军师王朗跃马阵前，试图劝说诸葛亮背叛蜀汉，归顺曹魏。他大谈天数有变，识时务者为俊杰，妄图借此说服对方。事实上，王朗自己原是汉朝老臣，后来才归顺曹操。面对王朗的劝说，诸葛亮开口便指斥他的身份和地位与其说辞之矛盾：

吾素知汝行：世居东海之滨，初举孝廉入仕；理合匡君辅国，安汉兴刘，何期反助逆贼，同谋篡位！罪恶深重，天地不容！天下之人，愿食汝肉！……汝既为谄谀之臣，只得潜身缩首，苟图衣香，安敢在行伍之前，妄称天数耶，皓首匹夫！苍髯老贼！汝即日将归于九泉之下，何面目见二十四帝乎！

诸葛亮的反驳声色俱厉，但并非针对王朗说辞的直接回应，其辩锋直指王朗人品。所谓不忠不孝是人品低下的表征，诸葛亮的意思是说，你素质太低，根本不配辩说天命、时务的道理。

传说中，王朗听罢这一番话，气满胸腔，大叫一声跌死于马下！

虽然传说不可以当作史实看，但这一番辩论却可以揭示出揭老底的巨大威力。

迂回出击，前提是需要熟悉对方，这样才能抓住对方"老底"。第一，从对手以往的做法中找出与其论点矛盾的地方;第二,对这样的矛盾进行渲染和精心修饰,找出要害,再发出致命一击。

中国古代的封建伦理对忠贞有明确要求,概括起来就是:"一臣不事二主,一女不事二夫"。明末清初时的一桩小典故里,"贰臣"钱谦益就因此受到奚落。

清兵南下时,明王朝在南方组建弘光小朝廷勉强抵抗,但礼部尚书钱谦益却率先投降。降清后,他外甥女的丈夫死掉了,就打算改嫁。依照当地习俗,女人再嫁的话,婚礼上是不能有鼓乐之声的。外甥女结婚,母舅钱谦益当然要参加。但是,钱谦益这时候却发起伦理病来,只不过,他只想起了"一女不事二夫",却不记得"一臣不事二主"。钱谦益借机大发感慨:"前次贺喜鼓乐喧天,今日贺喜冷冷清清,都是结婚,怎么差距这么大呢!"

外甥女听后就明白了,舅父是在嘲笑她不能忠于前夫,决定改嫁这件事。钱谦益不但是当朝大臣,还是当时的文坛领袖。这番说辞可以说巧妙又犀利。不过,这外甥女也不是省油的灯,她针锋相对地说:"想舅父前次来贺,身着纱帽圆领(明朝官服样式),如今却是朝珠补褂(清朝官服),都是贺喜,怎么差距这么大呢!"

钱谦益听了,感到羞愧万分,无言以对。据说,婚礼结束之后,他一回家就病倒了,并且大病3个月。

这个例子说明,在论辩中,尤其是在日常生活的争辩中,"揭老底"确实行之有效。原因无非是,爱面子。鸟雀爱惜毛羽,人们则珍惜名声。对于那些冒充好人奚落别人的人,我们完全没有必要和他们废话,而应当直接拆穿底牌,让其无地自容。

迂回出击的另一种途径是利用对手的自尊自爱之心。如果一个人有自尊自爱之心的话,他一般会对自己的身份、名誉格外珍重,一般不会用不入流的手段进行辩论。与这些人发生口舌之争的时候,或许他们一时忘记身份说出不得体的话，但只要指出其身份，他们一般就会退避三舍了。

有次，某大学教师与一位工人发生矛盾。令人意外的是，教师破口大骂，说出一连串不堪入耳的脏话。更叫人惊讶的是，工人不但没有立即骂回去，而且也不是摆事实、讲道理，只轻轻说了一句："你可是大学教师啊!"结果，这位教师气焰顿挫，不再说话，一甩手悻悻而去。

由此可见，如果在论辩中巧妙使用暗示的手段，把对方的身份、性格等条件略加利用，就会产生不可思议的效果。

日常生活中，我们提倡尊老爱老，但有时候会遇到为老不尊的人。怎么办呢？对付倚老卖老的人，我们不妨运用上述方法。

下班高峰期，一辆公交车上乘客爆满。这时候，一位老太太挤上来了，一位年轻先生见状，赶紧起身让座。这老太太一声不吭地坐了下去，但半天都没有表示一点谢意，连旁边的乘客都看不下去而露出鄙夷的神色。这时，只见先前让座的那位先生开口了："您刚才在说什么呀？"老太太一开始还感到很奇怪，自己什么也没说呀。那位先生此时又补了一句说："对不起，我还以为您在说'谢谢'呢!"由此一来，老太太顿时意识到了自己的无礼之举，羞得满脸通红。

上面讲的都是正面交锋比较难以解决，而迂回出击可以取得有效进展的情况。在论辩中，当我们无法直接击溃对方论点时，不妨采用"釜底抽薪"的办法，拆穿对方底牌。

方法 2 　趋利避害，做个导游

在论辩中，关键是要让对方跟着自己的思路走。有时候，对方会陈述一个论点，我们来把它打破。但另一些场合，我们必须陈述自己的道理，引导对方跟着我们的主张走。这个时候，就可以采用趋利避害的"导游"之法，把利害摆出来让对手权衡，从而自觉地向我们的观点靠拢。

战国时期，有个叫张丑的齐国人被送到燕国做人质。不久，两国交恶，燕王便打算把张丑杀了。他得知消息连忙逃跑，但还是在边境上被抓住了。

守关的官吏对张丑说："你是通缉逃犯，必须抓回去面见燕王！"

张丑说："你们知道燕王为什么要杀我吗？那是因为别人告诉燕王我有一颗宝珠。燕王一心想得到宝珠，可宝珠早已经丢了。燕王不相信，以为我在编借口欺骗他。要不是没有法子，我怎么会舍弃安定生活选择逃亡呢？今天要是老兄你拒不放人，还要把我交给燕王，那我没有别的法子，只能在面见燕王时举报说，是你夺走了宝珠，并且赶在燕王知道以前吞到肚子里了。燕王为了得到宝珠，会不会把你杀掉，剖开肚子，把肠子一寸寸地剪断来寻珠，那我可就说不好啦！"

官吏一听，吓得魂不附体，心想：如此一来，非但张丑活不成，自己也会死得很惨。于是，他连忙放张丑离开燕国。

要想让别人放弃自己的观点和立场，无异于让人放弃自己的"利益"。此时此刻，唯有晓以利害，从心理上引导对方，让其明白真正的利害关系，才能取得论辩胜利。作为说服者，自己必须对个中利害有深刻了解，做到成竹在胸，这样才能真正打动对方。

晓以利害是论辩的重要手段，它还有一个辅助作用，即对听者发出善意的威胁。此处的威胁，不是胁迫别人做某件事的意思，它是一种论辩的技巧，主要是向对方传达一种暗示效果：如果不怎么样，就会怎么样，而这会给你带来不好的后果。比方说，某人企图做出违反法律法规的事情，你要劝说他停止这种行为，就不妨稍稍夸大一下铤而走险被绳之以法的严重后果。在这种情况下，你就不用死背法律条文，而应当适当夸张，让其明白后果太严重以至于决定停止违法行为。

一个旅行团风尘仆仆地赶到预定好的旅馆。所有旅客放下行李，正准备好好休息一下，此时他们却被告知：因工作人员失误，订好的房间（有单独浴室）竟不能提供热水。为此事，领队和旅馆经理展开交涉。

领队说："很抱歉，这么晚还把您从家里请回来。但我也是没有办法。我们一路赶过来，现在满身是汗，不洗洗澡怎么行呢？再说，我们当初预定的时候，你们可是说好24小时供应热水的呀！没办法，这事只有请您来解决。"

旅馆经理说："实在对不起，出了这样的事情给你们带来不少麻烦。可是，我现在也没有办法。锅炉工早回家了，他忘了放水，才使你们的房间出了点儿小麻烦。不过你放心，澡是一定要洗的。我已通知他们打开集体浴室，你们可以去那里洗。"

领队说："我们可以到集体浴室去洗澡。不过话要讲清：我们预定的是套房，每人每天50元，设有单独浴室。现在，您让我们转到集体浴室洗澡，那不就等于降低到大通铺水平了嘛！所以，我们只能按照大通铺标准支付房费，每人降到15元一天。"

经理连忙说："那怎么行！"

领队说："只要套房供应热水，我们就原价付费。"

经理说："我没有办法。"

领队坚定地说:"您当然有办法! 第一,可以把失职的锅炉工叫回来,给我们烧水;第二,您可以派人给每个房间送热水。当然了,我会配合您劝大家耐心等待。"

这次交涉的结果是,经理派人把已经回家的锅炉工找了回来,并在 40 分钟之内供应上了热水。

如果不是领队用降房费威胁旅馆经理,可能经理就会无形中降低了服务标准。由此可见,恰当的威胁能够增强说服力。在此提醒大家,在具体运用这一论辩方法时千万要注意态度,道理要说明,态度要温和,如果威胁程度过分,反而会弄巧成拙。

值得注意的是,"威胁"并不是一个用遍天下一招鲜的论辩技巧——有些人可能根本不吃这一套。究其原因,有两个方面。第一,对手可能属于"不吃硬,只吃软"类型。遇到这种情况,我们就应该随机应变,及时调整策略,换用其他方法展开论辩。换句话说,迂回进攻,争取战机。第二,"威胁"时的言语态度不够友善或者个中利害陈述得不清楚,没有让对方领会我们的意图。所以,在运用这一方法迂回劝服别人做某件事的时候,应该记住,威胁不是真威胁,但也不能绵软无力,要让对方知道利害,并因此生发出畏惧感。威胁只是手段,而不是目的。因此,重点要放在对于可怕后果的说明上,要放在诱导对方进入畏惧状态上,而不是营造气势凌人的感觉。只有这样,方能起到说服作用。

最后补充一点,在使用"威胁"这种辩论方法时要注意分寸感:威胁的程度太低,对方就不会太害怕,效果就不显明;威胁得太过夸张,就容易令人反感甚至生发抵触情绪,那就"偷鸡不成蚀把米"了。

方法 ③ 虚虚实实，实实虚虚

兵法有云："知己知彼，百战百胜。"在论辩中，要让对方听从自己的观点，其中一种办法就是搞乱对方的"情报"，让他们不知道自己的底细。自己则要趁着对手视野不清楚、判断不准确的机会，当机立断，发出关键一击。

在一场主题为"提倡购买国货利于经济发展"的辩论中，双方选手有这样一段往来问答：

正方："对方辩友不提倡购买国货，但我们在现实中已经看到，许多发达国家的产品遍布我们的市场。在这样的情况下，你还要我们的国货丢失更多客户吗？"

正方的陈述比较完整，反方难以应对，正面还击无法应对，反方拿出一张事先谁备好的卡片照本宣科念了出来：

"正方似乎说得很对，但我却不明白：我们提倡购买国货已经很多年了，可是有些产业发展了30年还是躺在妈妈的怀里哟。"

看起来，这是反方事先准备好的卡片，但听起来却与实际论辩没有脱节的感觉。事实上，卡片上这一段话接在对方任何一次发问后都可以。由此可见，当己方找不到合适材料应答之前，不妨拿出"万能药"救急，以不变应万变。问题的关键在于，这"万能药"必须是实在的，要能够让对方"服气"。虚虚实实，实实虚虚，关键在于能够克制对手。这里的反方是"以实制虚"。

在辩论中，"以实制虚"的特点是，对手的论点是虚的，也就是无法验证真假。这时候，我们就抛出一个"实"的东西，虽然一时无法验证，但却符合大家的普遍印象，由此赢得主动权。这种"实"可以大，也可以小，可以远，也可以近。总之，根据具体场合的具体情况，我们一旦选用对方无法验证的"实"来回答，那么对方就绝无否定"公理"的道理。

同样的道理，假设我们遇到了实的问题，但我们无法回答。此时，我们就不妨用"虚"来克制实，即所谓"以虚制实"。但必须注意，这里的"虚"固然无法考证，我们针对的"实"也要符合"难以考证"或者一时无法佐证的特征。

有个国王自以为聪明绝顶，最喜欢用难题来考别人，并以考倒别人为乐趣。有一回，国王找来1000个学者，问他们大地的中心在哪儿。在那样的年代，这样的问题自然是谁也答不出，国王得意极了，马上贴出一则告示征求能够回答这个难题的人，并且宣布：答对有赏，答错免罚。

一般人看了告示，只好摇摇头走开。恰巧这个告示也让阿凡提看到了，他一时大喜，赶紧牵着毛驴进宫拜见国王。

国王问："难道你知道大地的中心在哪里吗？"

"我知道，"阿凡提毫不犹豫地说，"大地的中心嘛，就在我牵着的这头驴子左前蹄下方。"

"胡说，我不信!"

"我王如果不信，请派出工匠把整个地球量一量吧。如果他们说我错了，小民甘愿受罚。"

"这……"国王想了半天，毫无对策，只好让阿凡提领赏走人。

在当时的科技水平下，国王是完全不可能测量出大地中心位置的。阿凡提随便指了个眼前的地方，是明摆着的谎言，但是国王无法证明其虚假性，也就只能哑口无言。

必须特别注意：以虚制实只能用来对付那些无理取闹的人，或者故意刁难别人的人，但不能代替严谨的科学研究，更不能与确凿无误的科学数据"对垒"。如果是后者，尤其在日常生活中，还是乖乖臣服为好。

有时候，我们会遇到喜欢问无法验证、无法回答问题的对手。当对手惯于用虚幻论题难为我们时，我们不妨以其人之道还治其人之身，以同样无法验证、无法回答的虚幻问题，或者称之为"伪问题"来回答对方。由于真假莫辨，我们即便无法令对方穷于应付，起码也能保持平局。

在辩论过程中，当对手故意运用虚幻概念来发难时，我们用实在的内容来答复，不但显得愚笨，还往往会给对手留下新的口实。这种情况下，我们不妨如法炮制，"以虚制虚"。

有两个人为一件事情争吵起来。

在法官面前，原告指着被告说："这家伙背的东西很沉，一不小心掉在地上。我刚好路过，就要我帮忙扶上去。我问，能给多少工钱。他说，没有什么。我干完活，就要'没有什么'，结果他死也不给。"

法官想了想说："你说得很有道理。请你靠近一点，把桌上的这本书递给我。"原告走过去，帮法官拿起了那本书。

这个时候，法官突然问他："书的下面有什么？"

"没有什么。"原告说。

"你把'没有什么'拿走吧！这是你应得的报酬。"法官一本正经地宣判。

这位原告本来胡搅蛮缠，希望从中渔利。不料，法官使用"以虚制虚"的论辩术，让他哑口无言。

再看一个小例子。

阿小和阿大都喜欢逞口舌之利，尤其喜欢"抬杠"。有一天，俩活宝碰到了一起，自然免不了一番"舌战"。

阿小问："阿大呀，你们家是不是盖新房啦？花了多少钱？"

"花了一厘钱。"阿大说，"要是你感兴趣的话，我倒是愿意把新房原价卖给你。不过我可有言在先，咱只要一厘钱，多了不要，少了不卖。"

"是吗?"阿小听了一笑，"那我给你一分钱，你找我九厘好啦!"

我们都知道，人民币是没有一厘票面的。所谓"一厘"只是一个虚概念，被用来形容"极少的数量"。阿大本想耍一个"虚招"，结果被阿小用同样的虚招耍了一把。在论辩中，我们就可以这样以虚制虚。

第九章 | 鱼与熊掌，布设两难

孟子曰："鱼，我所欲也，熊掌亦我所欲也，二者不可得兼，舍鱼而取熊掌者也。"有时候，我们必须在非此即彼的情况下作出选择，但如何选择，则需要好好斟酌。孟子的本意是呼吁人们舍生取义，但他也说，这种抉择是非常困难的。在论辩中，我们则可以反其道而行之，故意布局设置这种两难处境，让对手进退维谷。

【经典今解】

滕文公问曰："滕，小国也，间于齐、楚。事齐乎？事楚乎？"

孟子对曰："是谋非吾所能及也。无已，则有一焉：凿斯池也，筑斯城也，与民守之，效死而民弗去。则是可为也。"（《孟子·梁惠王章句下》）

滕文公问道："滕国是一个小国，处在齐国和楚国两个大国之间。是臣服齐国好呢？还是臣服楚国好呢？"

孟子回答说："到底臣服哪个国家好，我也说不清。如果您一定要我谈谈看法，那倒是只有另一个办法：把护城河挖深，把城墙筑坚固，与老百姓一起坚守它，宁可献出生命，老百姓也不退却。做到了这样，那就可以有所作为了。"

夹在中间难做人,何况是国家大事?滕文公身为小国君主,臣服于哪一个,的确是大麻烦。臣服于齐国,楚国会来找麻烦;臣服于楚国,齐国又会跟他过不去。

所以,滕文公感到非常为难。

滕文公的观点有一个预设前提,即我不得不从二者中选一个出来。孟子则直接打破这种思维观念,建议他换一种思路、换一种活法:何必一定要臣服于哪一个呢?滕国虽小,也是一个国家,自己做好自己,哪个也不臣服,哪个也不得罪。小国家要有小国家的志气。说穿了,就是要滕文公自强自立,不做大国的附庸,保持独立自主,保持自己的领土和主权完整。要做到这一点,当然不能凭着空口说白话,而是要靠举国上下同心同德,挖深沟、筑高垒,加强国防建设。在这种情况下,君王要与百姓同仇敌忾,一旦有侵略者来犯,大家与国家共存亡,宁为玉碎,不为瓦全。

在孟子看来,只有自强自立才是"两大之间难为小"的根本出路。在论辩中,我们则应当将这种论辩思路倒退使用,即故意将对方引入"两大之间难为小"的思维逻辑,逼迫其作出非此即彼的选择。

孟子曰:"鱼,我所欲也,熊掌亦我所欲也,二者不可得兼,舍鱼而取熊掌者也。生,亦我所欲也,义,亦我所欲也;二者不可得兼,舍生而取义者也。生亦我所欲,所欲有甚于生者,故不为苟得也;死亦我所恶,所恶有甚于死者,故患有所不辟也。如使人之所欲莫甚于生,则凡可以得生者,何不用也?使人之所恶莫甚于死者,则凡可以辟患者,何不为也?由是则生而有不用也,由是则可以辟患而有不为也。是故所欲有甚于生者,所恶有甚于死者。非独贤者有是心也,人皆有之,贤者能勿丧耳。一箪食,一豆羹,得之则生,弗得则死,嘑尔而与之,行道之人弗受;蹴尔而与之,乞人不屑也。万钟则不辨礼义而受之。万钟于我何加焉？为宫室之美、妻妾之奉、所识穷乏者得我与？乡为身死而不受，今为宫室之美为之；乡为身死而不受，今为妻妾之奉为之；乡为身死而不受，今为所识穷乏者得我而为之，是亦不可以已乎？此之谓失其本心。"（《孟子·告子上》）

孟子说："鱼是我喜欢吃的，熊掌也是我喜欢吃的；如果不能两样都吃，我就舍弃鱼而吃熊掌。生命是我想拥有的，正义也是我想拥有的；如果不能两样都拥有，我就舍弃生命而坚持正义。生命是我想拥有的，但是还有比生命更使我想拥有的，所以我不愿意苟且偷生；死亡是我厌恶的，但是还有比死亡更使我厌恶的，所以我不愿意因为厌恶死亡而逃避某些祸患。如果让人想拥有的没有超过生命的，那么，只要是可以活命，什么事情干不出来呢？如果让人厌恶的没有超过死亡的，那么，只要是可以逃避死亡的祸患，什么事情干不出来呢？但也有些人，照此做就可以拥有生命，即照此做；照此做就可以逃避死亡的祸患，却不照此做。由此可知，的确有比生命更使人想拥有的东西，也的确有比死亡更使人厌恶的东西。这种心原本不只是贤人才有，而是人人都有，只不过贤人能够保持它罢了。一篮子饭、一碗汤，吃了便可以活下去，不吃就要饿死。如果吆喝着给人吃，过路的人虽然饿着肚子也不会接受；如果用脚踩踏后再给人吃，就是乞丐也不屑于接受。可是现在，万钟的俸禄却有人不问合乎礼义与否就接受了。万钟的俸禄对我有什么好处呢？为了住宅的华丽、妻妾的奉养以及我所认识的穷苦人感激我吗？过去宁肯死亡都不接受的，现在却为了住宅的华丽而接受了；过去宁肯死亡都不接受的，现在却为了妻妾的奉养而接受了；过去宁肯死亡都不接受的，现在却为了我所认识的穷苦人感激我而接受了。这些不是可以停止的吗？这种做法叫作丧失了本性。"

"鱼与熊掌不可得兼。"的确描绘出我们生活中经常遇到的选择困境：这也好，那也好，都想要，可却必须选择。大而言之，想要名利双收；想要做官的权势,又想要做布衣的自由。小而言之,想读好书又想打麻将;想多赚钱又想少干活。如此等等,不一而足。

我们总觉得生活中难处太多,之所以难,在于舍不得。一句话,难在那"不可得兼"的东西都是"我所欲也"。很多时候,这些东西也是人人"所欲"。要不是"舍不得",也就没有什么可难的地方了。

方今之时,乾坤朗朗,生活无忧,我们一般无须面对生与义、生命与爱情或自由这样的"不可得兼"的局面,这是幸事。不过,红尘滚滚之下,市场经济愈来愈发达,金钱的威力渗透到社会的每一个层面上。这时候,义与利的二难选择就犹如达摩克利斯之剑一样常常悬在我们的头顶了。

利,我所欲也,义,亦我所欲也;二者不可得兼,如何取舍?

孟子说"嘑尔而与之,行道之人弗受;蹴尔而与之,乞人不屑",谈的是所谓"不吃嗟来之食"的问题。《礼记·檀弓下》里有一个故事,和孟子说的道理差不多:

齐大饥。黔敖为食于路,以待饿者而食之。有饿者,蒙袂辑屦,贸贸然来。黔敖左奉食,右执饮,曰:"嗟!来食!"扬其目而视之,曰:"予唯不食'嗟来之食',以至于斯也!"从而谢焉,终不食而死。

这是"嗟来之食"典故的出处。在饥饿面前,食物更重要,还是大义更重要?这位"饿者"作出了他的选择。

孟子和滕文公的对话几乎是一个典型的论辩逻辑拆解过程,即跳出非此即彼的论辩框架,重新立论。在日常论辩中,我们的目的是为了搞混对手的逻辑,所以不妨反过来施行孟子的手段,即让对手陷入非此即彼的论辩陷阱。

【古为今用】

方法① 前后夹击，两难为王

所谓鱼与熊掌，在论辩中其实就是两种难以选择的对象。我们在论辩中可以使用"两难法"，将两种都具有可能性和真实性的选择抛出来，诱导对手作出选择。在论辩中，这种方法的使用频率很高，常令对手进退不能。

简单地说，"两难法"就是指通过设置逻辑陷阱，让对手无论承认哪一种可能都必然失败的论辩方法。运用两难法，常常令对手左也不是，右也不是。在日常论辩实践中，两难法使用的频率很高，只不过，很多人在运用这种方法时只是不自觉的行为，没有自觉设计，所以常常不严谨、不规范，也就易遭反驳。自觉运用"两难法"，要求我们要尽可能多地把握与论辩有关系的各种信息，并尽量全面地掌握对方的思想观点，同时要灵敏地抓住对方的论辩逻辑，顺势而为地抓住要害，布下埋伏圈。

《战国策·秦策》中，有一则"两难法"故事。

魏丑夫是秦国宣太后的男宠，太后对他很是喜爱。后来，太后患了重病，不愿与魏丑夫分开，就在临死前下令："我百年之后，要让魏丑夫为我殉葬!"

魏丑夫听到这条命令后非常恐慌，就请求大臣庸芮救他。庸芮打听清楚情况，就去面见太后："死者有知乎?"太后曰："无知也!"庸芮一听，就知道事情有了转机。他接着说："若以太后神灵，明知死者之无知，为什么要让自己生前所爱的人为没有知觉的死者陪葬呢? 如果死者有知觉，那先王一定早就长期积怒在心了。假如真是那样,恐怕太后连补救过失的时间都不够,哪里还有闲暇去宠爱魏丑夫呢?"

太后听了,左右为难,只好收回殉葬命令,魏丑夫由此方免一死。

庸芮见到太后时说的这番说辞,就是一个典型的两难论辩例子:

如果死者无知,即使魏丑夫殉葬,也不会在阴间给太后带来任何欢乐;如果死者有知,先王肯定会对太后宠幸魏丑夫的行为不满,太后也就没有机会宠爱魏丑夫了。在这样的两难选择面前,太后寸步难行,最终放弃早先的主张,不让魏丑夫陪葬了。

两难法,也可以认为是一种推理逻辑,善于使用的人可以使对方不得不同意自己的结论,从而使对手陷入两难境地。古今中外的许多辩论大师都善于使用这种逻辑进行推理。如果用心观察,你在日常生活中也会发现,这种例子几乎随处可见。

根据民间传说,唐朝的文成公主既聪明又美丽,熟读经、史、诗、文,通晓古今知识,是一个有才学、有见识的女子。当时,有许多王亲贵族的青年才俊向她求婚。

面对众多的求婚者,文成公主给他们出了一个题目:谁能提出一个难倒自己的问题,她就嫁给谁。求婚的才俊们胸有成竹地抛出许许多多稀奇古怪的问题,但不料文成公主均能对答如流,使他们兴冲冲而来,却个个败兴而归。

恰好来到朝廷求亲的吐蕃领袖松赞干布知道这个消息后,预先思考了好几天,筹谋划策。皇天不负有心人,最终,他想出一个绝妙的点子。

于是,松赞干布立即去求见文成公主。他坦率地对公主说:"尊贵的公主,我万分想要娶您做我的妻子。请问,我应提什么问题才能难倒您?"

聪慧的文成公主听了松赞干布的话,什么也没有说就应下了这桩婚事。

文成公主之所以答应求婚,原因是松赞干布使用了"两难法",而这恰好破解了公主的问题：如果公主能告诉松赞干布一个可以难倒自己的问题，那么，后者就可以用这个问题难倒她，使文成公主成为他的妻子；如果公主不告诉松赞干布一个可以难倒自己的问题，那么，他的这个问题就已经难倒了公主，她自然就得成为松赞干布的妻子。总之，不管公主说还是不说，她都要成为松赞干布的妻子。

松赞干布的妙问给文成公主布下一个左右为难的陷阱，使她无法躲避，也就只得以身相许。

再看另外一个例子。

清代大学者纪晓岚以主编《四库全书》留名学术史。他自幼就勤奋好学，还是个孩子的时候就经常跑到书摊上去看书。有一次，书摊掌柜见他光看不买有点烦，就对他说：

"小家伙，我们是靠卖书吃饭的。你光看不买可不行，要是想看，干脆买回去看多好。"

纪晓岚说："买书就得先看看，你不让我翻一翻，我怎么知道哪本书好？"

"你看了那么多，难道就没一本好的？"

"你这摊上好书倒是不少，不过我翻完就能背了。那你说，我还买它何用？"

掌柜认为这小孩儿一定是在瞎说，就随手拿起一本纪晓岚刚翻过的书说道："要是你当着我的面背下来，我就白送你；要是背不下来，就别再来白看了！"

"好，一言为定！"纪晓岚把两只小手一背，果然把那本书背了下来。

掌柜见状大惊，感慨这孩子他日必成大器，不但送了书，还允许他以后常去看。

在使用"两难法"的过程中，我们可能会遇到对方也在使用的情况。此时，不妨将对方设定的两个条件分别否定，然后整理出自己的逻辑。当然，这种做法要根据对方的具体陈述决定，因为并不是所有条件都可以否定的。

有一位旅客住进某旅馆。外面看上去，旅馆的设施还可以。但当天夜里突然下了一场大雨，旅客就发现卫生间漏水特别厉害，根本无法使用。于是，客人打电话给经理，要求维修。不料，经理在电话中答道：

"对不起，先生。现在天下着雨呢，我们没法修理；等天晴了，不需要修理也可以用啦。但天气不是下雨就是天晴，因此，这卫生间不是无法修理，就是不需要修理。"

那位旅客听了，当然不容经理这样糊弄自己，当即针锋相对地反驳道：

"经理先生，你说得不对。现在天下雨，卫生间不能使用，那就说明有修理的必要；如果天晴了，你们可以更方便地修理，那就是说有修理的可能。不管是下雨还是天晴，你们要么有修理的必要，要么有修理的可能。"

这位聪明的旅客将经理拒绝修理卫生间的两种说法巧妙地进行调整，并分别予以否定，由此得出了与经理截然相反的结论，有力地驳斥了其荒谬的论点。

要想用"两难法"制服对方，关键是诱导对手最终落入两难陷阱。但很多情况下，对手不可能一下子就入网，所以就必须注意沿路设卡，节节布防。这样才能使对方无法逃遁，束手待擒。

从前有个县官，贪污成性，非常可恶，凡是到县衙打官司的百姓如果不给钱，就会被他打得死去活来。有个艺人为此编了出戏，叫《没钱就要命》。演出那天，不知底细的县官也去看戏，一看演的是自己，顿时大为光火。没等戏演完，他就回到县衙，命令衙役传讯这个艺人。艺人听了，就故意穿着龙袍戏服，大摇大摆地跟着衙役去了。县官一见艺人带到，便把惊堂木一拍，大声喝道：

"大胆刁民，见了本官还不跪下！"

艺人指指身上的龙袍说："我是皇帝，怎能给小小县官下跪？"

"你在演戏，分明是假的！"

"既然大人知道小民演戏是假，为什么还要把我传来审问？"

这位艺人在与县官的辩论中使用了"两难法"。但县官先就设定他演戏是真，所以审问他。为此，他故意穿上龙袍戏服，引诱县官说出自己是演戏作假。此时，艺人用"演戏是真的"与"演戏是假的"两种情况来布局两难，就顺理成章了。如果是真，则不能下跪；如果是假，则不能审问。县官左右为难，无言以对。

正确运用两难法要注意：供对手选择的两个条件必须没有漏洞，不然对方就会反戈一击，指出我们的论据有误。如此一来，就搬起石头砸自己的脚了。

两难法实际上应用了逻辑学中的"两难推理"，即假言选言推理。它是由两个假言命题和一个选言命题做前提，推出结论的推理。它常常使人陷入左右为难、进退维谷的境地。

一、简单构成式推理

这种推理方式的常见结构为：如果 p，则 q；如果 r，则 q。不管是 p 还是 r，都会 q。所谓"简单"，是因为该推理的结论是一个简单判断（直言判断）；所谓"构成"，是因为，在推理过程中，论辩者要运用充分条件假言推理的肯定前件式，由肯定两个假言前提的前件而到肯定它们的后件。

古希腊时候，有个国王想把一批囚徒处死。当时流行两种死刑方式：一种是砍头，一种是绞刑。到底怎样处死这批囚徒？国王决定让囚徒自己挑选。

挑选方法是这样的：囚徒可以任意说一句能够立判真假的话。如果说的是真话，就处绞刑；如果说的是假话，就砍头。这样的结果是：说真话死，说假话死，说出不能马上验证其真假的话会被视为说假话砍头，说不出话会被当成说真话处以绞刑。

在这批囚徒中，有一位极其聪明，他决心赌一把。当轮到这位囚犯选择处死形式时，他说出了一句巧妙的话，最终国王既不能将他绞死，又不能将他砍头，只得把他放了。

这句话是："要对我砍头。"

国王听了，一下子就愣住，左右为难，无法作出判断。如果真的把他砍头，那么这位囚徒说的就是真话，而说真话，按规矩是应该被绞死的。如果对他处以绞刑，那么这位囚徒说的"要对我砍头"就是假话，而说假话又应当判处砍头之刑。不管是砍头还是绞刑，都无法执行国王最初的命令。无奈之下，国王只好放人。

从推理形式看，这个囚徒是构造了一个"简单构成式"两难推理：如果砍头，那么就会违背国王原来的决定；如果绞死，那么也会违背国王原来的决定；不管把他砍头，还是把他绞死；总之，都要违背国王原来的决定。

二、简单破坏式推理

这种推理方式的常见结构为：如果 p，那么 q；如果 p，那么 r；如果结论不是 q 或 r，那么非 p。所谓"破坏"，是因为论辩者在推理过程中要运用充分条件假言推理的否定后件式，也就是说要由否定两个假言前提的两个后件而到否定它们的共同前件。

在一次外交场合，前苏联一位官员曾不无傲慢地说："中国反对缓和世界局势。"周恩来总理立即驳斥道："你们那么想缓和世界局势，为什么不做一两件事情，比如说把你们的军队从捷克斯洛伐克或者蒙古撤出，以及归还日本北方四岛，来证明你们的诚意呢？"

周恩来总理的驳斥，就是典型的简单破坏式两难推理逻辑：苏联如果真想缓和世界局势，第一，应该从捷克斯洛伐克或蒙古撤军；第二，应该归还日本北方四岛；如果两者都做不到就说明苏联不是真的想缓和世界局势。

三、复杂构成式推理

所谓"复杂"，是与"简单"相对而言的说法，指的是论辩者在推论时得出的结论是一个复合判断（选言判断）。

西汉年间,赵飞燕初入宫中,仗着得宠就肆无忌惮。一次,赵飞燕在汉成帝面前告班婕妤的状,诬陷后者曾在鬼神面前诅咒皇帝。汉成帝听后大怒,立即传讯班婕妤。在赵飞燕看来,班婕妤就要大祸临头了。

听闻消息,聪明伶俐的班婕妤没有惊惶失措,她从容地回答皇帝说:"妾闻'死生有命,富贵在天',一心修善尚且不能得福,臣妾如果做坏事还能得到什么呢?假使鬼神有知,自然不会接受坏人的诉说;假使鬼神无知,即便人们发出诅咒,他们又岂会理睬?因此,臣妾是绝对不会那样做的。"

汉成帝闻听,觉得班婕妤说得非常有道理,就不再责问。

班婕妤靠着如簧之舌避开一场平空飞来的横祸,化险为夷。在与皇帝的当面对话中,她首先没有正面回答皇帝的质问,即自己有没有当着鬼神发出诅咒,而是把汉成帝的注意力引向一个有利于她自己展开论辩的话题——"鬼神天命"。

1.如果鬼神有知,不会接受坏人的诉说;

2.如果鬼神无知,诅咒也没有什么用处;

3.不管鬼神有知,还是鬼神无知。

总之,诅咒无用。

通过这个两难推理,班婕妤成功地说服汉成帝,让后者相信:诅咒汉成帝对她自己根本没有好处,从而向汉成帝澄清了是非。

四、复杂破坏式推理

复杂破坏式是指这样一种推理:选言前提的两个选言肢分别否定两个假言前提的不同后件,与此同时,论辩结论的两个选言肢则分别否定两个假定前提的不同前件。

隋文帝杨坚不相信墓地风水的说法,并用自己家为例来证明风水不可信。他是这样论说自己的主张的:"我家墓地,若云不吉,我不当贵为天子;若云吉,我弟不当战死。"

意思是说,如果说我家墓地风水不好,那么,我就不会当皇帝;

如果说我家墓地风水够好,那么我弟弟就不应该死在战场上。

这句话的潜台词是,现在我当了皇帝,弟弟却不幸死在战场上,风水是一样的,命运却不相同。由此可见,风水之说,不足为信。

"两难法"是一种极有力量的辩论工具,关键在于背后有科学的逻辑推理在支撑,这等于说是根据人们的思维逻辑来下套。一旦设置成功,敌人焉得不"入吾彀中"?

看到这里,有读者一定会问:如果对手使出"两难法",我该怎么办?难不成就此束手就擒?当然不。我们可以使用"双刃术"来破解。

"双刃术"是指,当对手使用两难推理时,驳论者不直接以正确的推理来回击对方的推论,而是用对手的逻辑去构造一个在主张上相反的两难推理,然后以包括对方推论在内的两个"两难推理"为由来反驳对方。

乔治在一家公司当职员,他为人正直,喜好打抱不平,平时爱说公道话。有朋友劝他:"你何必一定如此呢?批评了老板,老板恨你;批评了雇员,雇员恨你。不管怎么样,总有人恨你。吃力不讨好,对你有什么好处呢?"

乔治莞尔一笑说:"不,我觉得恰恰相反。如果批评老板,雇员喜欢;如果批评雇员,老板喜欢。不管批评老板,还是批评雇员,总是有人喜欢我,何乐而不为呢?"

朋友听了,虽然不能同意他的观点,但却张口结舌、无言以对。

这种方法是论辩中的一种有效武器,适用于反戈一击的场合。在危急情况下,它甚至可以使你由"山穷水尽"的绝境突然闯出一道关隘,出奇制胜。

方法 2　左右逢源，虚张声势

鱼与熊掌，是两种选择。选择之难，在于不知如何抉择。在论辩中，我们可以虚张声势，将选项弄得虚虚实实、难以揣测，也会收到以虚克实、出奇制胜的效果。虚而显实，弱而示强，两者交相辉映，就能左右逢源，达到以少胜多、以弱胜强的境界。

在莎士比亚的《威尼斯商人》这部戏剧中，有一段巧用虚张声势论辩方法而成功制服论敌的有名故事。

安东尼奥从商人夏洛克那里借了 3000 金币，苛刻的夏洛克提出一个极为严苛的条件：如果到期还不上，就从安东尼奥身上割下一磅肉，他还要安东尼奥立下借据为凭。急于用钱的安东尼奥无奈签下借据。借期到后，安东尼奥无力偿还 3000 金币，夏洛克就执意要从安东尼奥身上割下一磅肉来，并告到法院。

此时，安东尼奥的朋友巴萨尼奥的妻子鲍西娅扮成律师为其辩护。她对夏洛克说："你得请一位外科大夫，免得他流血过多，送了命。"心肠狠毒的夏洛克与安东尼奥此前就有过节，一心想要置其于死地而后快，怎肯放过安东尼奥？他说："借据上没有这一条。"鲍西娅于是说："借据上写得很清楚，如果还不上钱要给你一磅肉，可没有说要给你一滴血，这说明割一磅肉时不能出一滴血。再有就是，你割的肉，不能多于一磅，也不能少于一磅，否则都是违反契约的，那就必将受到法律的制裁。"夏洛克听了左右为难，只得作罢。

如果以正常的观念逻辑来论辩，鲍西娅没有多少胜算，毕竟事实俱在，还有借据。但是，鲍西娅运用以虚克实的方法。"一磅肉"是一个实在概念，但要如何不多不少，还不出血地割下一磅肉却是虚的。鲍西娅以虚克实，使夏洛克无法坚持自己的主张，由此陷入了进退不能的境地。

以虚克实是虚实相克法的一种，此外还有以实克虚、以虚克虚等种种变体形式。归结起来，就是要在鱼与熊掌这两个选项上做文章，让对手无法顺利抉择。

在虚张声势时，关键是要营造声势，即故意假装出强大的声势来吓唬人。《百战奇法·虚战》云："凡与敌战，若我势虚，为伪示以实形，使敌莫能测其虚实所在，必不敢轻与我战，则我可以全师保军。"所以，虚张声势主要是在面临危机时的一种应变术。在论辩中，一旦面临对方的凌厉攻势，我们就可以使用这一招来为自己寻找机会。

当年，刘邦与项羽约定，先入关中者为王。为争取战机，刘邦率兵铤而走险，抵达跷关（陕西兰阳东南）。跷关是兰阳与关中之间的交通要隘，易守难攻，是咸阳的东南大门，历来为兵家必争之地。因此，秦军专门派了十分精锐的兵力把守。刘邦手下当时只有 2 万人马，如不顺利地拿下此关，迅速进兵咸阳，就有失去先夺关中的可能性。所以，刘邦心急如焚，计划强行攻取。不过，谋士张良此时坚决反对。

原来，张良经过调查，早已摸清秦兵底细。他认为，秦兵势强，还是以逸待劳，如果汉兵妄动，不仅会消耗自己的实力，而且还会拖延入关时间。所以，张良向刘邦提出智取之策：一方面虚张声势，在四周山上遍插汉军旗帜，以迷惑守关秦军，借此扰乱敌心；另一方面，张良针对守关秦将喜好小利的特点，派人携重金入关，私下里贿赂守关将领。刘邦觉得有理，就听从他的计策。

果不其然，跷关守将见关外山上都是汉军旗帜，深感刘邦军兵声势浩大，甚是惶惧，纷纷惧战；再加上守关将领贪图钱财，终于集体倒戈。刘邦趁势引兵过关，向西挺进，一举兵破咸阳，创立不世功业。

虚张声势的关键在于，虚而显实，弱而示强。在辩论中，这种方法经常使用，目的是迷惑对手的判断，从而留下漏洞以利我们反攻。

方法 ③　鱼不是鱼，熊掌不是熊掌

我们说"鱼不是鱼，熊掌不是熊掌"，指的是论辩中一种常用的技术手段——诡辩术。其实，这句话也可以说成是："鱼还是鱼，熊掌还是熊掌。"或者"鱼就是熊掌，熊掌就是鱼"。总之，就是我们列举出的情况不能让对手摸透，故意给出一种左右不分、明暗难辨的感觉。这样，对手就无从猜测我们的论辩逻辑，而我们则可以尽情发挥，将论证引向有利于自己的方向。

使用诡辩术还必须注意，列举的情况中必须包含至少一种真实情况。原因是，如果所有的情况都不真实，这个命题就是虚假的，这就有可能给自己的对手留下机会。

明朝万历年间，浙江海盐县有个女子尚在闺中待字，有个同乡少年想娶这位姑娘，但她的父亲不同意。情急之下，少年到县衙告官，谎称自己已娶这个女子为妻，而她的父亲逼她再嫁。县令把女子叫到县衙跟她谈话，此间突然问那少年："既然你说是这个女子的丈夫，那么我问你，她手上的疤痕是在左还是在右？"

少年面对这个突然的提问，自然是目瞪口呆，答不上来。

县令列举了两种情况要这位不良少年选择：一是这个女子左手有疤痕，二是这位女子右手有疤痕。如果该女子真是他的妻子，那么他就没有理由不知道妻子手上疤痕的情况。现在县官突然发问，而他并没有真正娶少女过门，也就不熟悉少女的伤疤情况，甚至可能根本不知道少女有没有伤疤。所以，该不良少年不能回答这一问题，只好束手就擒。

在这个例子中,县官给出了一个正面的论辩范例,即鱼就是鱼,熊掌就是熊掌,要求对手说清楚。在具体论辩中,我们常常需要面对这样一种情况,即论敌列举若干可能情况要我们选择,企图难倒我们。这时,我们可以以其人之道还治其身,即采用与上例中县官做法相反的逻辑展开回击。

云南民间一直以来流传着这么一个故事。

有一位年轻美丽的聪明姑娘,人们都管她叫作美貌女。有一次,皇帝见到她,想故意为难一下美貌女。他特地脚踩马镫,挺身悬空,然后问美貌女说:"你说我是要上马还是要下马?"

美貌女没有直接回答皇帝的问题,而是不慌不忙地将一只脚迈进旁边的一个门槛,另外一只脚却踩在门槛上。然后,她反问皇帝说:"你说我是进门还是出门?"

皇帝的诡计被美貌女看穿,自然也心知诡计的无法回答。所以,皇帝只好一笑了之。

在这里,美貌女运用了论辩策略中的诡辩术,即故意混淆论辩的重点,偷偷转换概念。皇帝要美貌女在"上马"与"下马"之间作出选择,这本来是一个限定的选择范围。但是,如果美貌女说"上马",皇帝就会偏偏下马;如果她说"下马",皇帝又会故意上马,以此使美貌女陷入困境。美貌女看透了这一点,也知道自己不能直接回答对方的问题,所以将计就计,故意将问题置换为"出门入门"。这实际上是偷换了论辩的主题。美貌女又反问一句,要皇帝在"进门"与"出门"之间作出选择。就逻辑而言,她的意图与皇帝是一样的。一旦皇帝说"进门",她会出门;一旦皇帝说"出门",她会进门。所以,皇帝也只能哑口无言。

不过,美貌女的方法值得借鉴,但却并非万能良药。在日常论辩中,我们需要警惕对手如此偷换概念。如果对手做出这样的举动,我们必须紧紧抓住,穷追猛打。除非迫不得已，我们最好不要偷换概念。当然，当论辩的主体是逻辑思路，而不是个别名词时，我们可以向美貌女学习。

在日常论辩中，我们还可以接过论敌的话，以子之矛攻子之盾，让论敌就自己提出的问题进行抉择。这种论辩方式可谓是"无招胜有招"，在诡辩术里别具魅力。

毛拉来到集市，打算买一头毛驴。卖驴的地方挤满了乡下来的农民，大家都在讨价还价。这时候，有个衣冠楚楚的人经过那里，不无刻薄地说道："这个地方真是又脏又乱，不是农民，就是毛驴。"

毛拉听了很不满，就走上去问道："先生，您准是农民了？"

"不，我不是农民。"那位先生说。

"那你是什么呢？"毛拉紧接着问道。

"……"

这个衣冠楚楚的路人口出不逊，本意是表示对农民的鄙薄，嫌弃他们把市场搞得乱哄哄。但是毛拉却认为，这位先生太过失礼，决心教训他。于是，他顺着那位先生的话，将这里的对象分为"农民"和"毛驴"两类，故意引导路人否认自己是农民，然后将其引入"毛驴"的自我嘲讽中。几句追问，使得对方窘态百出。

上面介绍的几种诡辩术，事实上与两难法密不可分，即提供两种选择来引导对手犯错。但必须注意，并不是随便使用一个选择复句就可奏效。在论辩中，必须认真分析论敌的矛盾，针对论敌的要害，要步步为营，多处设伏，选择最恰当、最有力的选择关系复句让对方选择。越是复杂的选择，对手思路就越容易产生混乱，这样才能将论敌击垮。

古希腊有一个叫梅内德谟的哲学家，他擅长逻辑思辩，自以为天下无敌了。可是有一天，他却被难住了，因为有人给他提了一个问题："你是否已经停止打你的父亲?"对方还要求梅内德谟只需要回答"是"或"否"

显然,不管梅内德谟回答"是"或"否",都会使自己陷入一种难堪的处境。如果回答"是",则等于承认他打过父亲,只是现在不打了;如果回答"否",则表明他以前打过父亲,而且现在还在打自己的父亲。不论怎样回答,梅内德谟都必须在伦理道德上承受重负。

在这里,提问者实际上使用了一种比较复杂的诡辩术手段。"是"或"否"是一种两难选择,提供的选择答案看起来很全面,但实际上它提供了一个虚假命题,即"打过父亲"并不一定成立。提问者故意漏掉了"从来没打过父亲"的情况,因而给出了一个本身就是虚假的前提,然后再设计后面的选择。这样一来,问题就显得更加扑朔迷离。

那么,如果对手提出这样的问题,该怎样回答呢?要反驳这种诡辩,就必须直捣黄龙,指出这种命题是虚假的。当我们遇到上面的问题,就应该理直气壮地回答说:"我从来没打过父亲!"用事实来击溃对手的虚假预设,从而使其延展开的问题失去根基。

当然,遇到这样的虚假性问题,我们也可根据论辩语境构思出其他的反击办法。

一个法官和一个商人在路上碰见聪明人朱哈,他俩想羞辱朱哈,便说:"你是一头驴子还是一个骗子?"

朱哈听了这个问题,先是一声不吭,慢慢走到法官和商人中间。然后,他开口说:"我既不是驴子,也不是骗子,而是介于两者之间。"

法官和商人听了这个答案,知道又被朱哈戏弄了,只好怏怏而去。

法官和商人本想应用诡辩术羞辱朱哈,要朱哈在"驴子"和"骗子"之间作出选择。如果朱哈作出选择,就掉进了对手的陷阱。但是,朱哈一眼识穿其诡辩伎俩,不但将这一虚假命题全盘否定,还巧妙地用"介于两者之间"这个说法将他俩的脏水泼回到二人自己身上，表现出机智的应变能力与高超的论辩能力。

在论辩中，我们不但要在论题本身上用力，还要时刻注意周围环境，将论辩看作是综合斗争而不是单兵作战。谁掌握的信息越多，谁布的局越广大越精细，谁就最有可能赢得论辩胜利。

方法 4　华山一条路，制敌于绝地

在论辩过程中，我们有时候需要一招致敌于绝地。这个时候，不妨使用"华山一条路"的战术，或者称之为"两难制敌术"。这种方法脱胎于"两难法"，指的是只列出两种可能的情况，迫使对手从中作出选择，而不论对手选择哪一种，得出的结论都对他不利。然而，除此以外，对手又别无选择，这就必然使其陷入进退维谷、左右两难的境地，完全落入我方控制之中。

两难制敌术，在道理上和两难法是一样的。只不过，这种论辩技巧更强调攻击性，强调"制"的效果。两难制敌术的关键是，给出的任何选项都是对手无法接受的，若有某一选项并不能使其为难，战术就会失效。因此，要想达到目的，就只有各路设卡，使对手无法逃遁，犹如进入"华山一条路"，只能硬着头皮走，最后束手待擒。

从前有个皇帝，他特别骄傲自大，认为自己很聪明。有一天，他突发奇想，向全国宣布："如果有人能说出一件十分荒唐的事情，让我听了愿意将其判定为谎话，那我就把一半江山分给他。"人们闻讯，纷纷赶往王宫，撒下各种弥天大谎，企图一夜成为半个江山的主人。结果，这些谎言都没有得到皇帝的认可。

某一天，一个农民挟着一个斗去面见皇帝。皇帝见了他觉得很奇怪，就问道:"你拿斗来干什么?撒谎又不需要这个。"农民说:"陛下欠我一斗金子,我是来讨债的。"皇帝听了很吃惊,"一斗金子?我什么时候欠你的?撒谎!"农民不慌不忙地说:"陛下万岁!既然您承认我说了谎话,那就给我一半江山吧!"皇帝才知上当了,急忙改口说:"不!不!这不是谎话。"于是,农民笑着说:"那就请陛下还给我一斗金子吧!"

其他人的谎话所以被皇帝一一驳回,是因为皇帝否认这些人的话是谎话并没有什么为难之处,代价都是可以接受的。而这个农民则将自己的选项设计为一条单行道,皇帝判定其为谎话或不判定都感到为难,都得赔给农民一些东西,所以最终使皇帝进退维谷,不得不就范。

两难制敌术实际上是运用两个条件命题为前提,并要求对手在此基础上作出决断的论辩方法。该方法的目的是,要对手在决断之后掉入我们的陷阱。因此,我们就不能让前提出现差池,必须使用正确的推演方式,确保使用的条件命题必须是正确的、真实的,提供的分析路径也必须将各方面的情况列举完全。如果做不到以上各点,那么这个方法就有可能出错。

有些诡辩者往往喜欢用两难制敌术发难,这样的情况下,我们该怎么办呢?正如上面所说,如果推演方式不正确,论辩逻辑就无法成为"单行道"。我们要对论敌进行反驳,首先应该分析其条件命题是否真实、逻辑设计是否将某方面的情况列举完全,然后从中找出裂隙和漏洞,就此展开辩驳。

有位医生接到一个出诊请求电话,他不愿意去,就这样回答对方:"如果病人的确病重,那么我现在去也不能解决问题,必须住院;如果病情轻微,那么请病人来看门诊好了,我不必现在就去。"言下之意,不论病人的病是重还是轻,他都不必去了。

这位医生运用"两难制敌术"来搪塞病人,企图让病人相信自己完全没有必要出诊。但他的论辩方式是错误的,问题出在论证前提中。这位医生设计的条件命题是虚假的——在病人病重的情况下，谁也不知道病情的严重程度，他如果能够出诊，说不定可以解决问题，而不是像他说的那样去了也没用。

再看另外一种情况：

有个因喜欢赖账出名的律师，请医生给他的妻子治病。诊断过后，医生发现他的妻子病情十分严重，想要紧急救治，又担心律师赖账，于是他对律师说："我担心看完病后，您不会付钱。"律师回答得倒是爽快："请放心，我保证，无论您救活了她，还是误诊医死了她，我都会如数付给您500英镑。"医生听了这话后，觉得没问题了，就竭尽全力投入抢救。但由于律师的妻子病情实在太重，医生最终也没能救活病人。在表示歉意后，医生要求律师支付急救酬金，可律师却根本无意拿出这笔钱来。

"我的妻子不幸死去了，是由于您误诊的缘故吗？"律师问。

"当然不是，我的诊断和用药都没有错。"医生说。

"那么您把她救活了吗？"

"当然没有，她病得实在太重了。"

"这就对啦，既然您没有把她救活，也没有因为误诊医死她，根据刚才我的保证，我没有理由支付给您500英镑啊。"

这位律师当初作保证时故意漏掉了一种可能："因病重抢救无效而死。"这位医生没有识破这一诡计，因此上了律师的当。

在上面的例子中，律师使用比较复杂的诡辩术，诱导医生上了当。在下面的例子中，我们则可以看到，如何拆解这种前提具有迷惑性的诡辩术。

古希腊著名诡辩学者普洛塔哥拉斯有个学生叫爱瓦梯尔，师生二人常常私下斗智。入学的时候，两人商定，爱瓦梯尔的学费分两期交付，第一期开学支付，第二期学费则在爱瓦梯尔第一次出庭胜诉后交付。不料，爱瓦梯尔毕业后改行了，他没当律师。不当律师，自然也就没有机会出庭，所以普洛塔哥拉斯始终没能收到第二期学费。无奈之下,普洛塔哥拉斯只好向法院起诉,要求爱瓦梯尔付清余款。他对爱瓦梯尔说:"如果你胜诉,就应当按照我们先前商定的条件付款;如果你败诉,就不得不按法院的判决付款。不管你这次胜诉还是败诉,总之都应当付款。"

爱瓦梯尔听了,用相反的两难式推理论辩法回答说:"如果我胜诉了,法庭一定会判决我不应付款;如果我败诉了,那么依我们起初商定的条件,我是不应付款的。所以,不管我胜诉或败诉,都不应当付款。"

爱瓦梯尔将老师的逻辑沿用过来,但是将其预设的前提翻转了一下,也就是铺设了完全不同的推断条件。在这样的诡辩技巧下,结论自然不可能一样。由此一来,"华山一条路"本来是通向死胡同,他却突然掉头走,同是"山中行走",但由于方向不同,结局也就不一样了。

第十章｜赤子之心，话说三分，给人留台阶

　　孟子曰："人皆有不忍人之心。"孟子认为不忍之心是人生来固有的，换而言之，不忍之心就是一种赤子之心。我们在辩论中做到气势逼人固然可喜，但也应秉持一颗赤子之心，话说三分，给对方留个台阶，再见面亦是朋友。

【经典今解】

　　孟子曰："人皆有不忍人之心。先王有不忍人之心，斯有不忍人之政矣。以不忍人之心，行不忍人之政，治天下可运之掌上。所以谓人皆有不忍人之心者，今人乍见孺子将入于井，皆有怵惕恻隐之心——非所以内交于孺子之父母也，非所以要誉于乡党朋友也，非恶其声而然也。由是观之，无恻隐之心，非人也；无羞恶之心，非人也；无辞让之心，非人也；无是非之心，非人也。恻隐之心，仁之端也；羞恶之心，义之端也；辞让之心，礼之端也；是非之心，智之端也。人之有是四端也，犹其有四体也。有是四端而自谓不能者，自贼者也；谓其君不能者，贼其君者也。凡有四端于我者，知皆扩而充之矣，若火之始然，泉之始达。

苟能充之，足以保四海；苟不充之，不足以事父母。"（《孟子·公孙丑上》）

孟子说："每个人都有怜悯体恤别人的心情。先王由于有怜悯体恤别人的心情，所以才有怜悯体恤百姓的政治。用怜悯体恤别人的心情施行怜悯体恤百姓的政治，治理天下就可以像在手掌心里面转动东西一样容易了。之所以说每个人都有怜悯体恤别人的心情，是因为，如果今天有人突然看见一个小孩要掉进井里面去了，必然会产生惊惧同情的心理。这不是因为要想去和这孩子的父母拉关系，不是因为要想在乡邻朋友中博取声誉，也不是因为厌恶这孩子的哭叫声才产生这种惊惧同情心理的。由此看来，没有同情心，简直不是人；没有羞耻心，简直不是人；没有谦让心，简直不是人；没有是非心，简直不是人。同情心是仁的发端；羞耻心是义的发端；谦让心是礼的发端；是非心是智的发端。人有这四种发端，就像有四肢一样。有了这四种发端却自认为不行的，是自暴自弃的人；认为他的君主不行的，是暴弃君主的人。凡是自身具备这四种发端的人，知道都要扩大充实它们，就像火刚刚开始燃烧，泉水刚刚开始流淌。如果能够扩充它们，便足以安定天下，如果不能够扩充它们，就连赡养父母都成问题。"

孟子的思路是以人性为切入点谈政治，从"不忍人之心"的仁心推广到仁政。因为"不忍人之心"人人皆有，所以，施行仁政也是理所当然的。

孟子所提的"人皆有不忍人之心"引申出了"仁义礼智"，更成了中国古代哲学中"性善论"的理论基础和核心内容。

同样是说人性，孔子曰："性相近也，习相远也。"（《论语·阳货》）大意是说，人性本来是相近的，只因为后天教育不一样就产生了差距。但孔子没有明确说人的本性究竟是善是恶，似乎更注重强调后天教育的重要性。

孟子则直接阐明了人的本性就是"不忍人之心"，而且还举出了生动的例证论证这种"不忍人之心"是人所固有的。换句话说，这种不忍之心就是赤子之心。

这种怀有"恻隐、羞恶、辞让、是非"的赤子之心联系到我们的论辩之中，辩手在慷慨陈词、激辩四方之余也应秉持一颗不忍的赤子之心，话说三分，给对方留一个台阶，展现出自信和风度。正所谓：做人留一线，日后好相见。

【古为今用】

方法 *1* 巧断句型，语出新意

解缙是明朝一位才智出众的大学士，上至皇帝下到百姓都十分敬重他。有一次，永乐帝命人拿出一把外国进贡的名贵折扇，请解缙根据扇面的意境在扇面上题字。解缙接过折扇细看，原来扇上的画表现的是唐代诗人王之涣的《凉州词》的意境。

这首诗原文是：

黄河远上白云间，一片孤城万仞山。羌笛何须怨杨柳，春风不度玉门关。

解缙不假思索立刻挥毫而就，呈给了永乐帝，永乐帝一见此诗，心中大喜，当着满朝文武官员夸奖解缙博学多才。岂料解缙写诗时，不慎漏掉了第一句中的"间"字。这个微小的差错被汉王朱高煦发现了，朱高煦素来与解缙不和，便想借题发挥，除掉眼中钉，于是向永乐帝奏道："解缙这个人自恃其才，目无君主，居然胆敢借为折扇题字之机戏君欺主，如此狂妄之徒，今不杀之，后必酿成大患！"永乐帝闻言不禁举扇细看，发现果真漏了字，便勃然大怒，下令将解缙斩首。危急时刻，解缙突然大笑起来，永乐帝不解其意，对解缙说："你笑什么？"解缙从容解释道："其实这完全是一场误会，请圣上息怒，听为臣慢慢讲来。"解缙接过折扇道："今日我题的乃是自己新作的一首《凉州词》，跟唐代诗人王之涣的《凉州词》只有一字之差，而且我写的是词不是诗，王之涣写的是诗不是词。"看着皇帝和其他官员迷惑不解的神情，解缙缓缓念道：

黄河远上，白云一片，孤城万仞山。

羌笛何须怨，杨柳春风，不度玉门关。

话音刚落，就赢得在场所有大臣们的称赞，永乐帝也频频点头以示嘉许。朱高煦哑口无言，只好眼睁睁地看着解缙领赏而去。

词语之间不同的排列组合形成了语句，而词语排列组合的先后顺序不同，会形成完全不同的语义。解缙正是利用这一特点，巧断句型，将一首前人诗作解说出了新的意境，才让自己解除困境，幸免于难。由此我们可以联想到，如果辩手在辩论赛场上懂得巧妙地改变句型、读法，有时既能新意顿增，在论辩中收到出人意料之功效。

方法 2　欲说还休，话留三分

人类通过说话这一特有的手段传递信息、沟通思想。人类心灵和情感的沟通都离不开语言。但有时候话不一定要说满、说全，欲说还休，话留三分，也许更能表达你的意见和想法。

在我们日常生活中，一定都会有这样的体会：无论是在辩论赛场上还是其他沟通场合中，有效的沟通，并不在于你说了很多话，而在于你的话是否切中要害，一针见血。真正善于说话的人往往懂得选择在恰当的时机说出关键性的一句话，这关键性的一句话，有时胜过不着边际的千言万语，能起到画龙点睛的效果，使双方心有灵犀一点通。

人类社会生活纷繁复杂，每个人的心思都莫测难辨，社交和论辩场合林林总总，到底在什么场合下对什么样的人说几分话最适宜、最有效，这并没有一个放之四海而皆准的规律可言，总的要求是在说话时要注意因人制宜、因事制宜。

如果无法确定说话对象的心思，最好还是三缄其口。正所谓，多说多错，少说少错。遇到以下几种情况都应该三思而后言。

当别人请你帮他决策某件隐秘大事的时候，从乐观方面说，说明他对你十分信任；从悲观方面说，你掌握了他的重大秘密足以成为他的心腹之患。就算你日后谨言慎行也难保这事不被外人猜中，而你就是唯一的嫌疑，到那时，你就是浑身是嘴也说不清了。

如果你的朋友有某种隐私，秘密唯恐人知，但你毫无顾忌地说话，无意中触到了他的痛处，说者无心，听者有意，你很有可能莫名其妙就被朋友记恨了。

朋友不愿意或者没有能力做某件事情，你却认为他必须要做，不停地强迫他，就是强人所难，尽管你的本意是为他好，但也应该语带保留，好言相劝，如果他不愿意接受你的建议就要适可而止，以免好心办坏事，徒伤感情。

如果因为你的建议让上司成功地完成了一个项目，上司心中担心功劳都被你抢走，定然会备加敏感，此时，你却到处宣扬，逢人便说自己如何聪明，自然会遭致上司忌恨。

你发现别人犯了错误，直言不讳，很容易让对方恼羞成怒，引发冲突。一般而言，自己犯错了心中都十分羞惭。'响鼓不必重锤敲"，诚心改过的人只需你提醒半句即可。

此外，还应注意"交浅言深，君子所戒"，当你和对方交往还不够深，彼此还未建立足够的信任感时，你贸然和他说涉及隐私或者决策的话，若对方听信于你，结果不甚理想，必然会怪罪于你，哪怕结果颇佳也会认为是自己运气好，未必能增加对你的好感，因此还是少说为妙。

中国有句俗话："入乡问俗，入门问忌。"在没有了解清楚谈话对象的忌讳时，稍不留神，话语间就会触犯别人的忌讳，冲撞了对方，致使谈话不欢而散。

遇到喜事、乐事、得意事，如果四处高调宣扬，自鸣得意，很容易招致他人的妒忌，被人认为器小易盈，沾沾自足；同时偶有不如意事，你若学祥林嫂那样逢人诉苦，也会惹人反感，甚至说你咎由自取。故此，最好的办法，好坏皆默，切莫张扬。

方法 3   答非所问，避其锋芒

在辩论中，有时候会出现这样一种情况：对手故意刁难或者怀有恶意地提出某些问题，让我们难以回答，或者不愿回答，或者不屑于回答，遇到这种情况，我们有必要采取一些技巧闪避锋芒，以使自己不至于落入对方的语言陷阱。而这种技巧被称之为岔答术，说白了，就是答非所问。

《论语》中就有这样一段答非所问的对话。

子谓颜渊曰："用之则行，舍之则藏。惟我与尔有是夫？"

子路曰："子行三军，则谁与？"

子曰："暴虎冯河，死而无悔者，吾不与也。必也临事而惧，好谋而成者也。"

这段话其实每一句都答非所问，很有意思。

第一句话"用之则行，舍之则藏。惟我与尔有是夫？"孔子认为在国家需要自己的时候应该承担责任，为国尽心尽力，等到不需要自己的时候隐藏起来其实是识时变通，此时如果还要嘴硬说自己最行，就是不识时务。但是，能够这样洒脱豁达的人又很少，所以孔子对颜渊说："只有我和你才能这样吧？"这个观点看似消极，其实不然。因为用与不用的标准并非个人能够决定，古往今来，没有谁是不可替代的。"江山代有人才出，长江后浪推前浪"，时势的发展也非个人能够左右,所以孔子此话颇有深意。

孰料,子路答非所问,突然问了颜渊一句:"您率领军队,找谁共事呢?"重情重义的子路误以为孔子看重颜渊而冷落自己,想到国家大事莫过于带兵打仗,而颜渊身体不好,难堪此任,故而有此一问,完全和孔子的问题不沾边。

孔子一听就明白了子路这话的用意,便故意忽略子路的问题,同样答非所问,说:"赤手空拳就去打老虎,不用船,赤脚就渡河,这样死了都不后悔的人我是不与他一起共事的。我找的一定是面对任务谨慎、善于谋略而能成事的人啊!"这个回答实际上已完全与第一句话的意思无关了,但孔子针对子路好强的性格,指正了他错误的想法。

在论辩中,常常会遇到对方不怀好意的提问,企图通过这种方式使你处于难堪的境地。面对这种情况,如直言回答,便会落入对方的圈套,这就需要采用岔答术来答非所问,如此才能摆脱困窘,变被动为主动。

有一次,我国外交部部长陈毅举行记者招待会,一位日本记者问他,中国第三颗原子弹什么时候爆炸,陈老总略加思索,便回答说:"你我都知道,中国已经爆炸了两颗原子颗,至于第三颗原子弹是否也要爆炸、何时爆炸,你可以等着看公报。"日本记者故意问出这种不能公开的、涉及军事机密的敏感问题,企图刁难陈毅。陈毅处在这种不能说又不得不回答的微妙境况中,如果显出尴尬或愠怒,就表示着他陷入了困境。碰到这种困难局面,唯一的出路只有冷静、沉着、巧妙应战。陈老总巧用岔答术,看似回答了记者很多话,但没有一点有效信息,成功摆脱了困境。

岔答术关键是要抓准时机、选准岔口。而岔口的选择,可从下列的几个方面入手:

一、概念相近易分岔

邮递员满头大汗地骑着自行车爬山越岭把一份生日贺卡送到坚守在深山里

的护林员手上，忍不住喋喋不休地抱怨路途遥远、山高坡陡时，护林员说："你再不停下来，我就订报纸啦!"

护林员这句订报纸有多重含义：第一是吓唬邮递员，要他每天进山送报纸，另一方面也体现出护林员对外界信息的了解欲望。护林员没有直接表达出对邮递员啰唆的不耐烦，而是选择这样一句看似完全两种概念的话，成功地阻止了邮递员的抱怨。

在现代汉语中，很多词语所表达的概念常常带有一定的模糊性，并没有明确的界限。辩手在论辩中可以利用这种概念的不确定性，把话题中某些概念转换为与它相近的另一概念，岔开话题。

二、一词多义好分岔

婚姻介绍所介绍一对大龄青年男女见面，介绍人当场悄声地问男青年："你觉得怎么样?"男青年莽撞地大声说："我觉得老点!"一下子，在场的人都十分尴尬。但那个女青年熟谙论辩艺术，笑着说："这位同志真坦率，刚认识就说我老成，真难得!"女青年用岔答术化解了难堪的局面。

中国的文字博大精深，一个词语往往包含多重含义。这个女青年就是利用一词多义，把年纪老解释为成熟老练，巧妙地岔开了话题。

三、从虚入手可分岔

一次，约翰老师在上地理课时，指着地图上的美洲大陆提问一个叫迈克的学生："迈克，这是什么?"迈克只顾着玩，根本没有听课，抬头便答："老师，这是你的手指。"

"不，我问你我指的是什么?"

"地图。"

"不对，我是问地图上的什么地方?"

"地球!"

老师十分无奈,然后问学生:"谁能在地图上指出美洲的位置?"

女学生贝蒂走到地图面前,准确地指到了美洲的所在。老师又问迈克:

"迈克,你知道是谁发现了美洲大陆吗?"

迈克大声说:"贝蒂!"

大家哄堂大笑。

调皮的迈克显然是故意装聋作哑,钻了老师说话的空子,答非所问。但从论辩艺术的角度来讲,倒也不失机巧,不失诙谐。

方法 4 避实就虚,闪避回答

在论辩赛场上,我们难免会遇到一些没有充分准备,或者难以回答的问题,这时,可以采用避实就虚、闪避答问的技巧来回避。

在辩论中,可采用避实就虚法进行答辩,即暂时回避难以直接回答的实质问题,抓住对方之"虚",选择其薄弱环节连连进攻,一攻到底,把对方的"虚"问题辩论清楚后,实质问题便迎刃而解。

以刘某盗窃案庭审辩论为例。刘某趁好友宋某家中无人之机盗走一辆摩托车,被告人当庭供称是借车。公诉人没有和被告人在借车与偷车这实质问题上直接纠缠,抓住被告人当天到宋家去过两次而未提出借车这一情节进攻,另辟蹊径地向被告人发问:"你以前供述这天到宋家去过两次,属实吗?"被告人表示属实。公诉人又问:"这两次宋家有人吗?"被告人回答"有",公诉人乘势出击:"宋家有人,你不向车主借车,家中无人你却将车开走,难道这是借车吗?"被告人无奈承认了不是借车,从而使偷车这一实质问题得以证实。此案公诉人就是抓住了被告人先后二次到过宋家而未提出借车这看似"虚"的事实,来揭露偷车的真相。

在辩论中，对于自己或己方不愿回答的问题，也可采用这种方法来加以回避。

有人曾问球王贝利："你觉得自己哪一个球踢得最好？"

"下一个。"贝利回答说。

当他踢进第 1000 个球，创新世界进球纪录之后，又有记者问他："在 1000 个进球当中，你最满意的是哪一个？"

"第 1001 个！"贝利回答说。

贝利虽然没有正面回答具体哪一个球最满意，但他用一种幽默机智的方式，巧妙地避开了这一问题，反而让人敬佩他的谦逊和努力不懈的精神。

有一次，年轻的钢琴家贝伦哈特为席勒的诗《钟之歌》谱了一首曲子，他特地举办了一场演奏会，邀请了大名鼎鼎的作曲家布拉姆斯参加。

布拉姆斯在演奏会上聚精会神地倾听，露出一副极为陶醉的模样，显得十分投入。

贝伦哈特不禁雀跃万分，以为布拉姆斯必定十分欣赏这首曲子。等演奏会一结束，他便喜滋滋地询问布拉姆斯："阁下是不是很喜欢这首曲子？"布拉姆斯礼貌地笑着说："这首《钟之歌》果然是不朽的诗。"

言下之意，布拉姆斯并不认为贝伦哈特的曲子水准很高。但如果直言不讳会让双方尴尬，布拉姆斯便答非所问，巧妙地避开这个问题，委婉而有礼貌地表达了他的真实想法。

答非所问是论辩中的一种回避战术。在辩论赛场上，当对方提出某些问题，我方基于某些原因不能不答，又不便作出直截了当的回答时，便可以运用这种战术，避实就虚，以非实质性的话将对方的问题引开，表面上好像已作了似是而非的回答，其实已悄悄地转移了问题的方向。运用得当的话，答非所问甚至可以产生幽默机智的效果，增添你的论辩魅力。

闪避回答在实际运用中具体分为以下几种办法：

一、金蝉脱壳，推开话题

有一天，乾隆皇帝和江南才子张玉书在江边游玩，忽然看见江中驶来一条小船，船上装着满满的货物，用苫布盖得密不透风。

乾隆皇帝问："船上装的是何物？你不说是抗旨，说错了是欺君！"

张玉书信口答道："陛下，船上装的是东西。"

乾隆皇帝又问："什么东西？"

张玉书再答："东边来，西边去，即为'东西'也！"

如此一来，张玉书既回答了皇帝的问题，话语间又挑不出错误，让乾隆皇帝暗自赞叹。

由此可见，用一些信息度为零的话来回答对方，往往空而不假，让对方难以抓住把柄。

在论辩中，我们不但要善于进攻，也必须学会有效地保护自己，对付唐突的言辞，我们可以答非所问，谈一些"风马牛不相及"的事。这种闪避回答的方法就是防身绝招。对于论敌意欲暗算的冷箭，这种方法是坚硬的盔甲；对于企图探察虚实的骚扰，这种方法是铜墙铁壁；对于咄咄逼人的进攻，这种方法是坚实盾牌。

二、两可闪避，移花接木

日本一位著名的女影星到了 30 岁还没有结婚。当她来上海访问的时候，有名热情的中国观众问她什么时候结婚，那位女影星不愿意在公开场合谈及私密话题，便微笑着回答："如果我结婚，就到中国来度蜜月。"巧妙地把"什么时候结婚"的问题变成了"在什么地方度蜜月"来回答，观众听了，也就不好意思再问下去了。

有时候，对方并不是出于攻击的目的，反而是因为关心或者喜欢你而提出一些让你不方便回答的问题，我们便可以采用女影星这种转移话题的方法温和地解决。

对方询问甲事情，我则换用乙事情来回答，可以委婉温和地拒绝对方。回避问题的实质，并不意味着我们不回答这个问题，而是可以围绕着问题展现自己的观点。这种"两可闪避，移花接木"的方法主要适用于难以直接反击对方攻势，只能回避对方锋芒的场合，其实质是在掩藏自身锋芒的同时更巧妙地显露出自己的观点。

方法⑤　以谬制谬，刁问巧答

有时候，对方为了故意刁难你，会提出一些怪问、谬问、错问。如果你一本正经地去纠正对方就会打乱自己的论辩逻辑，落入对方的陷阱，被他牵着鼻子走了。在这个时候，辩手可以采用歪问歪答来以谬制谬，使用这种方法可以很快揭露对方的荒谬，抓住对方论据的漏洞，还能展现出辩手幽默风趣的个人魅力。

下面是关于"足球比赛引进电脑裁判利大于弊"辩题中，正方西安交通大学代表队针对反方新南威尔士大学代表队的一节辩词：

正方三辩：对方说，因为足球是人的运动，所以才喜欢，所以不要引进任何一种辅助性的工具。如果真的是这样的话，大家都不要穿球鞋，大家都不要穿衣服，光着身子、光着脚踢球，那才是的的确确、彻彻底底的人的运动。

正方针对反方足球"不要引进任何辅助性的工具"的荒谬观点，用不穿衣服不穿鞋踢球这种更荒谬的说法揭露出对方观点的谬误，成功地运用了以谬制谬法,也展现出己方的幽默感,使得大家忍俊不禁。

19世纪末,有个人写了一封信给伦琴射线的发明者。信上说有一颗子弹在他胸中残留多年,需要用射线治疗,所以他特地写信请伦琴寄一些伦琴射线和一份怎样使用伦琴射线的说明书给他。

伦琴提笔回信道:"真遗憾,目前我手上的 X 射线刚好用完了。这样吧,请把你的胸腔寄给我吧!"

对方提出的要求显然是荒谬的,伦琴射线怎么能邮寄呢?但假使伦琴直接揭露事实,指出这个人的无知,多少有些居高临下教训的意味,容易让对方不快,于是伦琴聪明地采用了以谬制谬的办法,由对方要求"寄伦琴射线",推出让对方"把胸腔寄来",巧妙地暗示了对方要求的荒谬性,又不失幽默感。

将伦琴这种做法联系到论辩赛场上来,有时对方往往提一些古怪的难题,或故设谬论相刁难,或以荒谬的理论相诘。面对这种情况,论辩者应打破正常的思维模式,不去指出对方提问的荒谬,先假定它是正确的,并以此为前提条件,恰到好处地按提问者的反常思路去构思答案,以谬推谬,引申出一个荒谬的后果来。以此法推理,否定后果必否定前因,因此可以从后果的荒谬推导出前因的荒谬,以谬制谬,以毒攻毒。这种方法,在论辩中称为谬答术。

李时珍幼年跟父亲学医,小有名气。一次,有人故意刁难他,便问:"腊月时,有人被蛇咬伤,怎样医治?"李时珍慧黠一笑,应声答道:"取 5 月 5 日南墙下雪涂之,即愈。"那人感到十分奇怪,问:"5 月哪里有雪?"李时珍反问:"腊月何处有蛇?"

那人所说的腊月被蛇咬明显是故意为难李时珍。李时珍明知腊月没有蛇,问题荒谬,不成立,如果拒绝回答,那人便可以笑他不会治病,如果李时珍认真回答如何治疗蛇伤,一样会被嘲笑对常识的无知。在这种进退两难的局面下,李时珍运用谬答术,故意不提问题的不合理之处,而是根据荒谬的前提回答了一个更加荒谬的答案，当对方质疑其答案的合理性时，再从答案推及问题，凸显问题的荒谬可笑，反使对方陷入尴尬境地。因为提问者的话本身是不合理的，所以对于不合理的回答，自然也就失去指责的效力。

谬答术是论辩中较为机智的一种论辩艺术，它要求辩手的大脑反应必须灵敏、快捷，要敏于选择谬例。所选谬例愈谬愈和问题有紧密关系就愈有反驳力和讽刺性。

1935 年，一名法国的主考人在巴黎大学的博士论文答辩会上，向年轻的中国留学生陆侃如提出了一个奇怪的问题："《孔雀东南飞》这首诗为什么不叫'孔雀西北飞'呢?"陆侃如机智地应答："因为西北有高楼。"陆侃如巧妙地引用了我国《古诗十九首》中的名句"西北有高楼，上与浮云齐"，孔雀被高楼阻挡，自然飞不过去，只好向东南飞了。

真是问得奇怪，答得巧妙，以谬制谬，令人拍案叫绝。

在运用谬答术时，虽然谬例的选择不受类比关系的限制，可以任意杜撰，但在此过程中，要尽量依据对方提出的谬论选择相应的谬例，效果会更好。

在实际运用当中，谬例的选择也可利用时间和空间等因素构成反差，形成表达上或者逻辑上的不连贯，并因两不相谐而凸显其趣味。

同时，在运用当中，如果一时难以举出适当的谬例，也可以采用设立条件的方法，给自己创造一个好的前提来回答一些模糊、愚蠢、荒诞的提问。

有个国王听说阿凡提很聪明，便有意为难他，指着一条河问阿凡提："这条河的水有多少桶?"阿凡提从容应答："如果桶有河这么大，那只有一桶水；如果这个桶有河一半大，那就只有两桶水。"国王的提问十分刁钻，阿凡提便先设置一个条件，后说结果。条件不同，结果也不一样。

这样，就圆满地回答了一个根本无法回答的怪问题。

方法 **6** 适当妥协，不逞一时之勇

子曰："巧言乱德，小不忍，则乱大谋。"意思是小事不忍耐，就容易坏了大事。论辩同样如此，如果过于计较一时一地的输赢，锱铢必较，很容易为了眼前一时之争打乱了整体的辩论策略，因而必要的妥协是论辩双方形成合作或者更进一步合作的唯一途径，是一种性格和人格的磨练。

一位男士在公司因为一个问题和同事争得面红耳赤，下班回家后心情糟糕到极点。就餐时，男士不高兴地说："今天的菜怎么一点味道都没有！"妻子没理，一个人静静地吃着。饭后，男士将一个人关在书房里，很是烦躁。不一会儿，妻子拿了一盘水果走进书房，问："是不是遇到什么麻烦事了？"男士将白天在公司发生的事情对妻子说了一遍。妻子说："那你为什么不先停止争吵呢？凡事都要学会妥协，如果刚才我不妥协，我们现在还在吵架吧。"

论辩也是一样，懂得彼此妥协，才会共享胜利。

在人们日常生活的种种论辩中，不抵抗主义完全可以派上大用场。在日常的人际交往中，谈论的话题无非是家长里短、琐碎小事，只要不涉及原则问题，大可不必认真，是非胜负付之一笑，气度自可高人一等。

"匹夫逞一时之勇，莽夫凭一时之气。"鲁莽的人不计较后果，爱凭自己一时的感情用事，与人发生无谓的争辩，不仅浪费自己的精力和时间，还使其他人对自己产生反感，影响人际交往。就算你争赢了这一时，但负面影响很长时间都无法消除，实际上还是输了。疯狗争路，那就立刻让开它，节约我们赶路的时间。否则，如果被它咬上一口，就算我们可以把它打死，但时间已经浪费了，损失无法挽回。

罗斯福总统就深谙妥协之道。他面对反对党，往往会和颜悦色地说："亲

爱的朋友，我们两个的见解自然不同，让我们来讲些别的话题吧!"在瓦解了对方的心防之后，他会使出别的手段，使对方在不知不觉中改变自己的意见，而去认同他的主张。

成功者的第一步都是避免争辩，减少对立面和反抗者，在回避争辩中为自己说服对方赢得时间，并寻找双方共同话题。

我们懂得了要妥协，而妥协时机的选择往往决定了妥协的成败。那该在何时妥协最为恰当呢?

我们可以选择在得出结论之后妥协。

结论的得出一般都是建立在双方参与论辩的基础上，在这个时候的妥协，是向结论妥协，根本就无损我们的尊严。没有经过深入的论辩，向结论妥协就毫无意义了。

还有就是自己有更为重要紧急的事情需要立刻处理的时候，我们也要考虑是否妥协。

事有轻重缓急，我们不能为了争取眼前小小的胜利而耽误其他更重要的事情。如果另外有事情比继续论辩更为重要，你不如选择妥协，放弃继续争辩，把有限的时间投入到更值得你争取的事情上去。

总之，达成妥协要遵循 6 项原则:

一是遇到矛盾和争执，首先要讲清楚自己的观点，但不一定要坚持到底。

二是摆正心态，在妥协中找些积极的因素鼓励自己，而不是一味地觉得委屈难过。

三是受降如受敌，如若对方妥协，也要保持高度警惕和戒备，以防欺诈。

四是妥协不代表软弱，不要让对方看轻自己。

五是面对对方的妥协，适时安慰并表达出理解之情。

六是对于一些非正常的妥协，严正告诫对方下不为例。

第十一章 | 蓬生麻中，
让真理自己证明自己

孟子曰："有楚大夫于此，欲其子之齐语也"，"一齐人傅之，众楚人咻之，虽日挞而求其齐也，不可得矣；引而置之庄岳之间数年，虽日挞而求其楚，亦不可得矣。"这句话的意思是，人的成长会受到周围环境的影响。环境好，成长得就顺利；环境坏，成长就会失范。后者形成一种矛盾对立关系，会耽误一个人的顺利成长。在论辩中，我们要注意找出这种矛盾关系，发现对方辩论中前后相互抵触的地方，进而判断出对方说理失范的漏洞所在。正所谓，让真理证明自己，让谬论杀死自己。

【经典今解】

子曰："道之以政，齐之以刑，民免而无耻；道之以德，齐之以礼，有耻且格。"（《论语》）

在这里，孔子举出两种截然不同的治国方针，一种是"道之以政"，一种是"道之以德"。孔子认为，"道之以政，齐之以刑"只能使人尽量不犯罪，却不能使人懂得犯罪可耻的道理，而"道之以德，齐之以礼"比前者要高明得多，既能使百姓守规蹈矩，又能使百姓有知耻之心。

孔子的话反映出他对道德在治理国家时不同于法制的特点的认识。但在今天，我们也应该看到：孔子这种"为政以德"的思想，重视道德固然应该，但却忽视了刑政和法制在国家治理中的作用。

孟子谓戴不胜曰："子欲子之王之善与？我明告子。有楚大夫于此，欲其子之齐语也，则使齐人傅诸？使楚人傅诸？"

曰："使齐人傅之。"

曰："一齐人傅之，众楚人咻之，虽日挞而求其齐也，不可得矣；引而置之庄岳之间数年，虽日挞而求其楚，亦不可得矣。子谓薛居州，善士也，使之居于王所。在于王所者，长幼卑尊皆薛居州也，王谁与为不善？在王所者，长幼卑尊皆非薛居州也，王谁与为善？一薛居州，独如宋王何？"（《孟子·滕文公下》）

孟子对戴不胜说："你希望你的君王向善吗？我明白地告诉你吧。比如说有一位楚国的大夫，希望他的儿子学会说齐国话，是找齐国的人来教他好呢？还是找楚国的人来教他好？"戴不胜说："找齐国人来教他好。"

孟子说："如果一个齐国人来教他，却有许多楚国人在他周围用楚国话来干扰他，即使你每天鞭打他，要求他说齐国话，那也是不可能的。反之，如果把他带到齐国去，住在齐国的某个街市，比方说名叫庄岳的地方，在那里生活几年，那么，即使你每天鞭打他，要求他说楚国话，那也是不可能的了。你说薛居州是个好人，要他住在王宫中。如果在王宫中的人，无论年龄大小还是地位高低都是像薛居州那样的好人，那君王和谁去做坏事呢？相反，如果在王宫中的人，无论年龄大小还是地位高低都不是像薛居州那样的好人，那君王又和谁去做好事呢？单单一个薛居州能把宋王怎么样呢？"

　　孟子从语言学习说起,本意还是在政治方面,总之是力求阐明"近朱者赤,近墨者黑"的道理,并以此说明环境对人的成长的重要性,进而说明当政治国的国君应注意考察和遴选自己身边所用的亲信。如果国君周围多为好人,那么国君也就会和大家一起向善做好事。相反,如果周围多是坏人,那么国君也就很难做一个好人了。孟子此处所说的道理其实并不深奥,也就是《大戴礼记·曾子制言》中所说"蓬生麻中,不扶自直;白沙在泥,与之俱黑"的意思。甚至连《三字经》中也有近似的说法。所谓"昔孟母,择邻处",是说孟子的母亲为了让他好好读书搬家3次,"孟母三迁"不就是为了找一个周围环境 比较好的地方以利于孩子的教育与成长吗?孟子从小就在这方面受到母亲言传身教的影响,早有切身体会,所以说得非常在理,且能举出生动形象的例子来说明。

　　从论辩的角度来说,我们之所以对孟子这段话感兴趣,不仅仅是因为他阐述政治意图的逻辑,还因为他所举例子的巧妙。学齐国话,是跟齐国人学,还是跟楚国人学?找出矛盾所在,让真理自己证明自己。这实际上是一个外语学习问题了。原以为,学习外语是在当今流行"出国潮"这样的时代才有的,没想到早在两千多年前,孟子就谈论过这方面的问题了。我们这里研究而加以肯定的是孟子所强调的语言环境问题。诚如他在本章中所论,语言口耳之学,学习环境至关重要,这是凡有过外语学习经历的人都深有体会的。孟子的分析具体而生动,读来很有亲切感,不但戴不胜立即折服,两千年后我们看了也不得不连连赞叹。

　　孟子用学习外语为例子,说服戴不胜相信,为政就和学习语言一样,会受到身边人的耳濡目染。他先是预设了一个前提,即跟着齐国人学习齐国话效果更好,这是一个不容怀疑的真理,但紧接着就故意编造出一个矛盾现象:在齐国学习楚国话。戴不胜自然认为这是错误的,到了后面的政论阐述阶段,他也就不由自主地跟着孟子的逻辑走了。在论辩中，或者在日常生活的对话中，我们要学习孟子这种蓬生麻中，让真理自己证明自己的技巧，重视"矛盾"，这往往是突破口。

【古为今用】

方法 **1** 矛盾判断法

"南北不分，必定失败"，是说一种错误的行为。如果一个人走路分不清楚方向，那就只能南辕北辙，不但不能达到目的地，还要浪费更多精力。所以，我们在论辩中，首先要做的是看对手的观点有没有互相抵触的部分，也就是识破矛盾，找到对方的漏洞，对于快速击败对手非常重要，这往往是我们赢得辩论的第一个突破口。

古时候有个穷秀才，家住在两条河中间的一个地方。秀才每天用功读书，可是很多年都没有继续高升一步，就怀疑风水不好。有一天，这个秀才请来风水先生，请他看看自己住的地方是否吉利。风水先生来了一看，发现秀才家境贫寒，便说：

"秀才先生，这两条河把你家的风水都冲走了。"

不料，秀才接下来连中三元，成了状元。那位风水先生不等新状元招呼就主动上门说：

"状元郎，您住的地方像一顶华丽无比的大轿子，两条河就像轿杆一样抬着您。这么好的风水，您能不中状元嘛!"

风水先生对秀才家风水的点评前后判若两人，真可谓"翻手为云，覆手为雨"。在我们的生活中，常常遇到这样的情况，让人无可奈何。再看下面一例：

从前有一个人，别的爱好没有，但特别喜欢抬杠，人称"杠铺老板"。有一天，他突发奇想，居然摆下擂台要和天下善辩人士抬杠。八仙之一的铁拐李听了，感到很有意思，就打算会一会杠铺老板。

铁拐李说："杠头，我铁拐李前来和你比试抬杠。"

杠铺老板说："原来是神仙到了，有何贵干？"

铁拐李答道："特来和你抬杠！"

杠铺老板问："那么请问谁先开言？"

铁拐李道："你先说。"

杠铺老板问："大仙下临凡界，所为何事？"

铁拐李答道："拯救黎民百姓。"

杠铺老板又问："敢问大仙有何济世仙方？"

铁拐李答道："我葫芦里有灵丹妙药，能医治百病。"

杠铺老板听罢，一下子就乐开了。他一阵哈哈大笑后说道："你说你的灵丹妙药能医治百病，我看不尽然。"

"何出此言？"铁拐李问道。

杠铺老板不慌不忙地说："既然百病都能医治，大仙为何不先把自己的瘸腿治好呢？"

铁拐李听了，当时就无话可说，只好承认"杠铺老板"的确不是浪得虚名。

我们认真分析一下"杠铺老板"的反驳可以看出，在一般性的辩论中，辩论者的思维不仅要有确定性，而且要有连贯性。也就是说，在辩论中，我们的思考过程和作出的论断必须首尾一致、前后一致，不能互相抵触。从逻辑学角度来说，两个互相对立或互相矛盾的判断不可能同时为真，其中至少有一个是假的。所以，在陈述观点时，我们要尽量避免出现自己打自己脸的情况。在反驳时，要善于通过分析对方的论据和论断，抓住其中自相矛盾之处。然后，我们就可以搜罗真实论据，集中力量发起攻击，"以子之矛，攻子之盾"，揭示出对方辩论中荒诞不经的地方,使其荒谬观点不能得逞。

在日常生活中也一样,我们常会听到一些错误的思想、观点。这种情况下,如果我们能及时抓住对方在概念、判断、推理中出现的某些悖论,就容易说服对方放弃错误主张。这种论辩方式,最好要借用对手原话,从而指出其中不能自圆其说的逻辑矛盾。这样一来,对方的"空中楼阁"就会迅速崩塌了。

在辩论中,我们还要善于在对方的言辞中捕捉逻辑线索,故意引导对手走歪路。如果对手一不小心道出矛盾的观念,就立即予以反击,让对方陷入尴尬境地。

下面为读者介绍两种常见的矛盾形式。

一、不同判断互相矛盾

古希腊时候,人们都喜欢辩论。有一个克里特岛人提出一个观点,他说:"所有克里特人说的话都是谎话。"另外一个擅长辩论的人就问他:"你这话是不是谎话?"对方听了,立即承认失败。

原因何在呢?

质疑人正是使用了矛盾判断法。如果这句话是真的,那就等于说所有克里特人说的话都是谎话,然而此人本身就是克里特人,这句话又是假的。如果这句话不是真话,那就等于承认此人是在说谎,也等于承认 并非所有克里特人说的话都是谎话了。

在上述例子中,反驳者的质疑确实非常有力。这是因为,反驳者抓住了这个克里特人的自相矛盾之处:一方面主张全体克里特人所说的话都是谎话,另一方面又要在这里宣扬他自己这个克里特人说的是真话。思维敏捷的反驳者发现了他辩论主张中的矛盾,用子之矛,攻子之盾,就轻松驳倒了这个狂妄的克里特人。

记住一条:对手言辞中不能同时肯定两个互相矛盾或互相对立的判断,因为那必然违反了矛盾律的要求。只要对手敢于违反规律,我们就能够驳倒他。

二、自相矛盾

互相矛盾的判断，是指论辩者在作出结论的时候，与其论据形成矛盾的现象。在辩论中，我们有时候会遇到对手提出一个概念，或者阐述一个观点，但这种概念或者阐述自身就是存在矛盾的。概念是思维的细胞。如果概念自相矛盾，那么后面的整个思维过程就必然会出现错误。如果我们一时间无法判断出对手的逻辑线条错误，就可以找出一个点，从这个地方出发。所谓，千里之堤溃于蚁穴。只要找到蚁穴，就不怕对手列出什么复杂的主张。

识别对方矛盾只是初步行动，接下来就要揭露矛盾。其实有很多行之有效的方法可以直接揭露对方的明显矛盾，也可以揭露其论点或论据中隐含着的矛盾。在批驳对手的同时，我们甚至还可提出一个与论敌观点相矛盾的真实命题，逼迫对手承认失误。这些方法在论辩中往往能够形成摧枯拉朽的战斗力，令对方无可奈何。

古希腊智者派代表人物克拉底鲁常常喜欢在论辩中使用诡辩技巧，并常常因此获胜。面对这样的对手，"反矛盾律"技巧就会有明显的优势。哲学家亚里士多德在一次论辩中就因此获胜。

克拉底鲁认为："我们对任何事物所作的肯定或否定论断都是假的。"亚里士多德反驳说："你的命题等于说'一切命题都是假的'。我认为，这种说法在逻辑上是自相矛盾的。如果一切命题都是假的，那么，你所谓的'一切命题都是假的'这一命题本身也 不应当是真的；如果'一切命题都是假的'这个命题并不包括你的命题在内，也就是说你的观点没错，这就无异于承认有了例外。所以，'一切命题都是假的'这一命题也就不能成立了。"

亚里士多德的这种反驳确实有力，他基于识别矛盾的前提，判断对方诡辩中包含着自相矛盾的地方，于是他使用反矛盾律逆势而行，用对方的一个判断去否定另一个判断，由此推翻了诡辩者的命题。

方法 **2** 架桥铺路，巧设前提

架桥铺路，正如字面含义一样，就是要为后面的推论布局。一些巧妙的提问，能够引申出本身就蕴含着的答案。只要巧设前提，也许就能在论辩中引出你想要的答案。这种方法也是辩手经常使用的方法。架桥铺路，具体来说，就是巧设条件，即通过设定某种条件，然后方便对情况作出断定，以此取得论辩胜利的方法。

相对于常规论辩方法，设定条件可以说是一种独辟蹊径的方法。这种思路主要是针对论敌故意提出的模糊、荒诞、刁钻甚至是愚蠢的问题而施展的。

在一次联欢晚会上，主持人问一位男嘉宾："二加三在什么情况下不等于五?"本来，主持人是想为难一下他，以便迫使他表演节目。不料，这位男士略加思忖，回答说："如果一加二不等于三，那么二加三不等于五。"这个巧妙的答案刚一说完，全场就爆发出热烈的掌声。

上述例子中的男嘉宾如果直接回答主持人的提问，无异于否定一个基本的数学知识。他巧妙地设定了一个虚假的前提，就此回答了主持人的问题。巧设条件是一种强有力的论辩绝招，但是要灵活自如地运用它，并非易事。我们必须善于把握事物之间的条件联系，并且根据这种联系恰当地设定前后因果关系，才能得出合理的结论。要做到这一点，就必须注意才智的运用和临场应变能力的培养。

在生活中，很多人利用这种方法来进行诡辩或给人设圈套，让人左右为难。在日常生活中，我们尤其要擦亮眼睛，认真识别其诡计。客观事物之间总是存在着一定的关系，我们要想在论辩中取胜，就必须准确地把握对方论辩环节之

间的关系。

美国著名作家马克·吐温有次参加一个酒会。酒会上，有记者询问他对美国国会议员的看法，他回答记者说："国会中有些议员是婊子养的。"这句话虽然有些粗俗，但却准确地表达了作家对某些卑鄙无耻政客的义愤之情。然而，此话一出，议员们不干了，他们纷纷要求马克·吐温公开道歉，否则，就要将他告上法庭。为了免受刑罚之苦，马克·吐温不仅当面向某些态度强硬的议员发表"道歉讲话"，事后还在《纽约时报》上发表了一篇与道歉讲话内容一致的"道歉声明"：

前两天，鄙人在一个酒会上发言，说"国会中有些议员是婊子养的"。事后，有人向我兴师问罪，要求道歉。本人考虑再三，承认话说得不恰当，而且也不符合事实，故特此登报发表声明，将我的话修改如下："国会中有些议员不是婊子养的。"

乍一看，马克·吐温似乎真心实意道歉了。他承认先前那句"国会中有些议员是婊子养的"说"错"了，但认真一看就会发现，他利用了"架桥铺路法"。这个道歉有一项前提条件，即"国会中有些议员不是婊子养的"。结论是道歉没错，但马克·吐温刻意利用预设条件的调侃意味，依然保持了原话的意思，而且更加有趣。

为了更熟练地掌握这种方法，我们来看另外一个例子。

北宋年间，两位皇亲国戚因财产分配不均轮番跑到宫里告状。常言道，清官难断家务事。事情闹到最后，连皇帝也不知如何是好。最后，皇帝就将这件案子交给丞相张齐贤处理。张齐贤了解案情后，就把双方当事人都找来询问。

"你们都认为自己分得少，别人分得多。是这样吗？"

"大人明鉴！"双方齐声回答。

张齐贤把他们的意见都记录下来，又让他们签名画押，然后说：

"既然两位都说对方财产分得多，现在我就把你们的财产交换一下。如此一来，双方都应感到满足了吧?"

话音刚落，他就召来两名官员，分别将甲家的人带到乙家，又把乙家的人带到甲家。两位当事人换了地方，然而一切财产都不准移动，同时把分财产的文书相互进行了交换。

如此一来，双方均无话可说。

张齐贤处理这件案子的诀窍就在于正确地把握了双方主张的"少于"对方这种不对称关系。从逻辑上看，"少于"是一种反对称关系：甲少于乙，则乙必定不会少于甲。然而，案件中的双方却都认为自己分得的财产少于对方，于是张齐贤把双方的财产交换一下，从逻辑上看，双方都得到了自认为多的那份，自然就没话可说了。

方法 3   直来直去，针锋相对

所谓直来直去，强调的是在论辩中针锋相对、以牙还牙。在辩论中，有时候节奏很快，而且时间往往有限制，所以我们不妨以其人之道还治其人之身，在最快的时间内解决战斗。事实上，当对方逻辑混乱，讲歪理、不讲理或者陈述失序的时候，这种方法特别有效。

正面进攻往往用事实说话，少抽象内容，多具体陈述，一针见血，以痛快淋漓的情感和干脆利落的语言说服对方。

当年，爱国将领冯玉祥治军有方，为人称道。不过，他的部队一开始仍然是旧派做法，并利用基督教维系军心。每天早操前，他必问士兵一个问题："弟兄们，我们是谁的军队？"官兵们照例要回答："我们是老百姓的军队！"可是有一天，冯玉祥照例问话完毕，有一个士兵突然大声回答："我们是洋人的军队！"冯玉祥听了勃然大怒，下令将这个士兵押到台上，责问他为什么做出这样出格的举动。这个士兵面不改色，昂首挺胸对冯玉祥直言道："咱们的队伍，是中国人当兵没错，都是老百姓的子弟。可是大家看看，是不是听洋人的话、信洋人的教、替洋人打仗、受洋人的气？既然这样，我们怎么不是洋人的军队？"士兵的回答直截了当，没有一丝一毫的含糊，结果反倒令冯玉祥无言以对。

表面上，冯玉祥气呼呼地走了，但他从心底赏识这个"冒失鬼"憨直的性格与无畏的胆量，私下里暗喜发现一个可造之才。结果，冯玉祥不但没有责罚这名士兵，反而提拔重用了他。这个士兵，就是后来的著名抗日将军吉鸿昌。

正面进攻的关键是,要运用真实判断直接确定对方论证的虚假性,或以自己论据的真实性直接推出论题的真实性,从而否定对方的辩驳。正面进攻以事实说话,务必追求立竿见影的效果,不要扭扭捏捏地含混表达意思。

有一次,阿凡提在城里一家饭馆吃饭。他吃了 3 个煮熟的鸡蛋,可吃完后却发现身上没有带钱。于是,阿凡提向开饭馆的财主表示歉意,并许诺下次经过时一定把钱送上。财主说:"阿凡提,只不过是 3 个鸡蛋而已,算不了什么。谢谢你的光临,饭钱什么的,以后再说吧!"

过了半年,阿凡提又一次来到这家饭馆。于是,他找到饭馆老板说:"上次我吃了你 3 个鸡蛋没有付钱,现在我来还钱啦。"

财主听了,拿过算盘,噼噼啪啪拨拉了半天说:"不多,不多,你就给 300 块钱吧。"

阿凡提听了非常吃惊:"3 个鸡蛋就要 300 块钱,你这是发昏了吧!"

财主说:"这算多吗?要是你当初没有吃掉我这 3 个鸡蛋,我就会用来孵化小鸡。算算时间,早就孵出 3 只母鸡来了。假设一只母鸡半年能下 100 个蛋,3 只母鸡就能下 300 个蛋。我要是再把那 300 个蛋孵成小鸡,你说应该值多少钱?"

阿凡提当然不能同意财主的谬论,于是二人争吵起来。财主讨不到 300 块钱,就一纸诉状把阿凡提告到了官府那里。

皇帝知道阿凡提很聪明,想借机戏弄一下阿凡提,便决定亲自审理这个案子。然而,到了审案这天,皇帝在衙门里一直坐等到中午也不见阿凡提到来。大家左等右等,实在不耐烦了,便连连派人去催。最终好不容易才看见阿凡提出现,他手提一把铁勺慢腾腾地走进衙门。

皇帝立即大声斥责他:"阿凡提! 你好大胆子,为什么迟迟不到?"

阿凡提平静地回答:"陛下,我和邻居合伙种的麦子明天就得下种了。刚才我们正忙着炒麦种，所以耽误了时辰，请陛下息怒。"

皇帝听了大笑："阿凡提，你不是糊涂了吧，炒熟的麦子难道还能出苗?"

阿凡提立即回应说："陛下，既然炒熟的麦子不能出苗，那么请问，煮熟的鸡蛋还能孵出小鸡来吗?"

皇帝和财主听了，顿时张口结舌，只好放阿凡提回家。

正面进攻，关键在于不拐弯抹角，不卖弄语言关子，在简短的几个回合中辩明问题的是非。因而，在使用这一方法时，除了要求论辩者善于切中要害外，还对口头表达能力有比较高的要求。总结起来，这些要求包括：语言要力求清楚、明快、简洁有力；可适当运用反复、反问手法，但句式不能太复杂；还可适当地运用排比，层层递进，步步紧逼，为论辩营造一种磅礴的气势。

第十二章 独乐众乐，
诙谐幽默是雄辩之良器

孟子曰：独乐乐不如众乐乐。意思是自己独自享乐不如和大家一起分享这份快乐，他当年是劝诫宣王要与民同乐才可以王道统一天下。联系到我们的论辩赛场上，如果辩手能用诙谐幽默的语言活跃现场气氛，使得论辩双方的心情轻松，便犹如一件雄辩良器在手，胜算更添一筹。

【经典今解】

孟子见梁惠王，王立于沼上，顾鸿雁麋鹿，曰："贤者亦乐此乎？"孟子对曰："贤者而后乐此，不贤者虽有此，不乐也。《诗云》：'经始灵台，经之营之。庶民攻之，不日成之。经始勿亟，庶民子来。王在灵囿，麀鹿攸伏。麀鹿濯濯，白鸟鹤鹤。王在灵沼，於牣鱼跃。'文王以民力为台为沼，而民欢乐之，谓其台曰：'灵台'，谓其沼曰'灵沼'，乐其有麋鹿鱼鳖。古之人与民偕乐，故能乐也。《汤誓》曰：'时日害丧？予及女偕亡！'民欲与之偕亡，虽有台池鸟兽，岂能独乐哉？"（《孟子·梁惠王章句上》）

孟子拜见梁惠王，梁惠王站在池塘边上，一面顾盼着鸿雁麋鹿等飞禽走兽，一面说："贤人也以此为乐吗？"

孟子回答说："正因为是贤人才能够以此为乐，不贤的人就算有这些东西，也不能够快乐的。《诗经》说：'开始规划造灵台，仔细营造巧安排。天下百姓都来干，几天建成速度快。建台本来不着急，百姓起劲自动来，国王游览灵园中，母鹿伏在深草丛。母鹿肥大毛色润，白鸟洁净羽毛丰。国王游览到灵沼，满池鱼儿欢跳跃。'周文王虽然征用老百姓的劳力来修建高台深池，可是老百姓非常高兴，把那个台叫作'灵台'，把那个池叫作'灵沼'，以那里面有麋鹿鱼鳖等珍禽异兽为快乐。古代的君王与民同乐，所以能真正快乐。相反，《汤誓》说：'你这太阳啊，什么时候毁灭呢？我宁肯与你一起毁灭！'老百姓恨不得与你同归于尽，即使你有高台深池、珍禽异兽，难道能独自享受快乐吗？"

孟子这番话的意思是：一位优秀的领导人要做到与民同乐，才能享受到真正的快乐。而专制独裁者不顾百姓死活，穷奢极欲，其结果是郁郁不得欢。历史上这类例子不胜枚举：殷纣王造酒池肉林、秦始皇建阿房宫、隋炀帝修迷楼、宋徽宗筑艮岳、慈禧太后建颐和园等，他们大兴土木，劳民伤财，只为贪图享乐，却失去了为君者最重要的民心，最后都没落个好下场。这些无不佐证了孟子"与民同乐"思想的正确性。

把与民同乐的"民"字稍加替换，改成"与人同乐"，同样适用于我们每一个人。对于我们立身处世都是非常具有积极意义的。"赠人玫瑰，手有余香"，有时候给予比拥有更快乐。有些人千辛万苦地拼搏和奋斗一辈子，钱倒是挣了不少，可没有时间经营感情，到了晚年才发现亲情疏离、友情寡淡，身边没有一个亲人或者朋友来与自己分享，人生了无生趣，拥有再多金钱都无法感到快乐。相反，有些人看似碌碌无为，却愿意和人分享快乐，打造一个温馨的家，一辈子虽平淡却幸福。

　　说到底，快乐本来就不属于物质范畴题而是属于精神范畴。诚然，物质条件和环境的优劣可以影响精神和心理，但它毕竟不是决定的因素。如孔子所说："饭疏食，饮水，曲肱枕之，乐亦在其中矣。"（《论语·述而》）又如颜回："一箪食，一瓢饮，在陋巷，人不堪其忧，回也不改其乐。"（《论语·雍也》）无一不是说明精神满足更甚于优渥的物质条件所能带来的快乐。"独乐乐不如众乐乐"，如果无法让自己周围的人和你一样快乐，就像孟子举出夏桀的例子那样，君主一个人开心了，却让老百姓付出沉重的代价，他们当然恨不得与你同归于尽，的确也是："虽有台池鸟兽，其能独乐哉？"

　　联系到我们的辩论之中也是同样的道理，如果你能通过幽默诙谐的语言将自己的快乐感染现场观众以及对手，就会营造出一种轻松愉悦的氛围，在这样的氛围之下的谈话也更易于被人接受。

方法 1 幽默答辩，缓和气氛

很多情况下，言辞激烈的辩驳倒不如一句幽默诙谐的语言更能使对手无话可说。所以，在辩论中恰当地运用幽默的语言，既能够说服对方，还能激起听众的愉悦感，营造出一种对己方有利的辩论氛围。

幽默具有缓和紧张气氛的功能。有时候，在辩论进入白热化、双方情绪激动的时候，适当地运用幽默答辩法，引发笑声，营造出轻松愉快的氛围，让对方在忍俊不禁之中消除对抗情绪，在笑声中作出对是非、善恶、真假的评判，会给人留下更为生动、深刻的印象，可以增强其论辩的力量。

古时候，有一位姓邢的男子，身材十分矮小，有一次在路上遇到强盗，强盗把他身上所有的钱财洗劫一空，还打算杀人灭口。正当危急时刻，他以风趣的口吻对强盗说：

"平时人们都笑话我是邢矮子，你要是再砍掉我的头，那我岂不是要更矮了吗？"

强盗听了，忍俊不禁，心中敌意渐消，最后放过了他。

这位姓邢的男子虽然身材矮小却有着大无畏的勇气和机智，在面对凶恶强壮的强盗，势单力薄的情形下与其针锋相对地进行争辩，只会更加激怒歹徒，置自己于死地；而一句幽默诙谐的话却能缓和紧张的气氛，让对方心情愉悦，放自己一条生路。

在辩论赛中，幽默的答辩可以活跃赛场的气氛，一方面可以使听众和评委在愉快的氛围下接受自己的观点，倾向于己方，给对手造成心理压力；另一方面，还可以给己方鼓劲加油，如果己方的幽默产生了良好的现场效果，同队辩手的情绪自然就会高涨，士气大振，越战越勇。因而，幽默这一法宝被辩论家们称为"幽默炸弹"，一个辩论者、一个辩论队要想在辩论赛场上漂亮地战胜自己的对手，幽默答辩是制胜的重磅武器。

第二届亚洲大专辩论会关于"儒家思想可以抵御西方歪风"的辩论中，反方复旦大学代表队有这么一段辩词：

在孔子时代也有歪风，正所谓歪风代代都有，只是变化不同。孔子做鲁国司寇的时候，齐国送来了一队舞女，鲁国的季桓子马上"三日不朝"。而对这股纵欲主义的歪风，孔子抵御了没有呢？没有，他带着他的学生"人才外流"去了。这能叫抵御"西方"歪风吗？

复旦大学代表队这一段辩词巧妙地古今连用，在提及当代的"抵制纵欲主义歪风"时举出孔子离开鲁国这个家喻户晓的故事，切入点新颖独特，给人耳目一新的感觉。尤其最后神来一笔说孔子是带着学生"人才外流"了，勾画出一幅儒学大家面对"西方歪风"手足无措、避之不及的生动画面，让人会心一笑，收到了很好的辩论效果。

当人们遇到一些麻烦或者困境一时难以解决时，幽默可以让人急中生智，富有创造性地，巧妙而又温和地解决问题。

有一位顾客慕名前往一家饭店吃饭，他点了一只油焖龙虾，却发现菜盘中的龙虾少了一只虾螯。他询问侍者，侍者把老板找来。

狡猾的老板装作抱歉的样子说："真不好意思，您知道的，龙虾是一种非常残忍的动物，我猜您这盘中的龙虾可能是在和它的同类打架时被咬掉了一只螯。"

顾客不怒反笑，顺着老板的话回答："那么请调换一下，把那只打胜的给我。"

老板和顾客双方都用幽默的表达方式，委婉而又友善地说出了自己的解释和要求。这种方式温和有礼，没有伤及他人的自尊，既保护了餐馆的声誉，也维护了顾客的利益，是现代文明的一种沟通方式。

有一次，萧伯纳的脊椎不舒服，去医院检查，医生对萧伯纳说："我们可以通过手术从你身上其他部位取下一块骨头来代替那块坏了的脊椎骨，但这种手术很困难，我们从来没有做过。"其实医生这番话是在暗示手术费用会很昂贵。

萧伯纳听后没有直接表示不满、疑惑和失望，而是淡淡一笑地说："那太好了，你们打算付给我多少手术试验费？"

有时候，幽默是最好的润滑剂，即使遇到对方的有意为难或者是十分棘手的难题，机智的幽默语言也能帮助人摆脱窘境，使尴尬或严峻的局面化解在笑声中。

有一次，美国总统里根带着他的夫人南希在白宫听钢琴演奏会，演出结束时里根发表讲话，当大家都沉浸在里根精彩的发言中时，他的夫人南希一不小心，连人带椅跌落到台下的地毯上，在现场观众的一片惊叫声中，夫人尴尬地爬了起来，此时，里根幽默又不乏俏皮地说："亲爱的，我在出发之前告诉过你，只有在我没有获得掌声的时候，你才需要这样表演。"只是这么一句话，成功化解了妻子的尴尬，也赢得了演奏会场上前所未有的掌声，众人都被里根的幽默所折服。

综观辩论史上众多精彩案例，运用有趣、可笑、寓意深长的语言来进行论辩是许多辩论大师的特点。

在论辩中，幽默显然不同于证明和反驳，它无须辩驳和举例，而是以谐趣的方式揭开荒唐的外衣、暗示事物的本质，从而达到明辨是非的目的。

在辩论中反驳对方，有时不需要针锋相对，采取攻击性的语言，反而是选择风趣含蓄、诙谐生动的语言，其效果往往更好。

当然,不一定非得在敌对的争吵和攻击中才用得上幽默答辩法,有时也可以在轻微的讽刺、戏谑、谈笑风生的氛围下巧用幽默,既能达到驳斥对方观点的目的,又能营造和谐、友好、轻松愉快的气氛。

有一次,一位富商邀请英国著名生物学家达尔文参加晚宴,特意安排了一位年轻貌美的女士和他坐在一起。这位美女用戏谑的口气向达尔文提出质问:"亲爱的达尔文先生,听说你认为人类都是由猴子变来的,那我也是属于你的论断之列吗?"达尔文面对这位美女的提问,不疾不徐地回答:"的确是这样的!不过像你这么具有魅力的小姐,应该是由长得非常迷人的猴子变来的。"

其实这位美女的提问属于偷换概念的诡辩。达尔文的人类进化理论是指整个人类进化的历史演变规律,而非个体的人的转变。但如果达尔文一本正经地和美女讲解科学理论,晚宴很有可能变得枯燥无味,也影响大家享乐的兴致,于是达尔文用戏谑反驳戏谑,既得体地回答了美女的提问,又巧妙地称赞了对方的美貌。

心理学家认为,在外交活动中,幽默可以让大家同时拥有快乐的心情,而当大家一同发笑时,便都处于平等的地位了。

一位辩手在论辩中是否幽默非常重要。无数的事例告诉我们:辩论,一是要说理,用事实、道理说清楚事理和观点。二是要幽默,用生动、有趣的语言展现辩手的个人魅力,营造有利于自己的谈话氛围。幽默是一个人的综合素质的反映,来自于一个人对事物的透彻认识和高超把握,是对一种知识随心所欲的驾驭。富有幽默感的人必然是具有一定智慧和修养的人,他们能够从自己的观点里提炼出最受人喜欢的部分,用诙谐的方式表达出来,让人在笑和深思中充分感受事物的内在本质。

幽默是机智的自然流露,不同于刻意的搞笑,更不是哗众取宠。幽默是智慧与智慧碰撞出来最绚丽的那一朵火花,它能够给我们的辩论增色,给论辩的双方以愉悦和启迪。

值得注意的是，辩论场上幽默的运用从来就不仅仅是为了引起评委与观众开怀大笑这么简单的事，大多数时候要瞻前顾后、三思而言之。如果你留心，就不难发现，我们的生活常识与逻辑往往存在着很多漏洞，稍稍利用理论与逻辑的力量就可总结归纳出一种荒谬可笑的言论。辩论也是如此。辩论中的双方为了深入浅出地论证自身的观点，必定采用大量的类比、比喻来证明己方论点和攻击对方论点，这其间较难做到严密与精确，极可能有所疏漏，而被攻击一方稍加处理，便会生发出一个以子之矛攻子之盾的反驳高招来，造成螳螂捕蝉、黄雀在后的局面。

所以，辩手应该注意幽默要与一定的场景结合起来，要了解对手的心思和所处的社会环境。社会环境包括历史、社会、文化、风土、时事等各个方面的知识。同时幽默也要有一定的格调，特别是在一个严肃的、知识和理论气氛很浓的辩论场上，如果举的例子过于粗俗，只会产生反效果。

要把话说得幽默风趣，一般有几种形式：

逻辑颠倒，违背常理，形成夸张的喜剧效果；提炼出日常生活中的趣事、糗事；巧用修辞手法使语言生动风趣；说话者通过肢体或者表情的辅助，"添油加醋"地把本来干巴巴的事件表现得妙趣横生。

方法 2 机智应答，巧解难题

一位聪明的辩手在面对难题时会通过巧妙的回答来表达自己的观点，抨击对方的观点，这是辩手灵活机智的表现。

某日，一男子为了引起大家的关注，爬上纽约国际贸易中心，站在顶楼，做出一副要跳下去的样子。很快，警察、医生和记者赶到现场，楼上楼下都挤满了人。局长和警长轮番喊着话并指挥人员试图救险，那男人总是色厉内荏地叫喊着："别过来啊！谁要是过来，我就跳下去！"场面一时僵持不下，这时一名医生走上前，只说了一句话，那男子便默默地走下楼去。当时医生轻轻问了一句："我不是来救你的，我只是想问问你，你死后，愿不愿意把尸体捐献给医院？"

这位医生避开直接劝说，反而通过这种机智而又不失幽默的方式轻松地劝走了男子。生活中无论遇到什么样的问题，在适当时刻巧妙地运用幽默的方法，常常是事半功倍。应变的语言最好是诙谐一些，因为这样的语言能使局促尴尬的场面变得轻松、缓和。

论辩中，应答是一种难度较大、要求较高的口才形态。有时对方会提一些古怪的难题或无理的刁问，如果直接正面回应，容易上当，陷入对方设好的陷阱之中。这时，就需要辩手灵活应变、机智作答。

一次，乾隆皇帝带着刘墉微服出游，他们走在京城的街道上，乾隆突然问刘墉一个怪问题："京城共有多少人？"毫无心理准备的刘墉表现得非常冷静，立刻回了一句："只有两人。"乾隆觉得奇怪，问："怎么可能只有两个人？"刘墉答曰："这么多人，除了男人就是女人，岂不是只有两人？"乾隆故意又问："那你说说看，今年京城里有几人出生？有几人去世？"刘墉回答："一人出生，12人去世。"乾隆更奇怪了，问："何出此言？"刘墉妙答曰："今年是兔年，出生的人再多，也都是兔，岂不是只出生一人？今年去世的人则12种属相皆有，岂不是死去12人？"乾隆听了大笑，连夸刘墉妙语如珠。

在机智应答中有一种最为典型的技巧叫作灵巧仿接。

古希腊曾流传着一个这样的故事：

有位年轻的演讲家，雄心勃勃地想要猎取功名利禄。凭借其伶牙俐齿，到处发表演讲，在各地颇有名气。

有一天，他父亲告诫他："孩子，你四处演讲是不会成功的。说真话吧，富人会恨死你；说假话吧，贫民不会拥护你。无论你说话真假，都会遭到其中一方的反感啊。"

儿子听后，笑着反击说："父亲，您错了，我一定会成功的，如果我说真话，贫民会敬佩我；如果我说假话，富翁会赞颂我。无论说什么，我都会受到人们的欢迎啊。"

这位演讲家沿用父亲的语言表达结构，轻巧反击，破坏了对方的阵势，使自己的论点得以成立。这就是灵巧仿接。

灵巧仿接是一种以其人之道还治其人之身的妙法。我们在论辩中，同样可以学习这种技巧，它一般分为两种形式，一是仿照对方的言语结构，建构出一个与对方语意相反的句式，产生同构意悖的效果；二是仿用对方用过的方法、技巧来还击对方。运用此法往往能最有效地置对手于窘境，使其自食其果，哑口无言。

在运用此法时，首先要仔细分析出对方话语的实质和目的；其次要了解对方攻击的理由和根据；最后巧借对方的话或用过的攻击方法反击。

同时还要注意场合和对象，在友好的场合对友好的对象忌用此法，否则容易使气氛不协调，伤了和气。

方法❸　模糊应对，进退自如

一般来说，辩论语言应该做到语意准确清楚，不能含糊其辞。但是，在一些特殊的辩论场合，面对某些不能直接回答或者一时难以回答而又不能不回答的问题，说话者可以适当地运用一些比较模糊的语言来回答，故意在语言中暗含弦外之音，所强调的往往不是其表面的意思，而是另有所指，这种方法能够使自己或己方在对方咄咄逼人的发问面前进退自如，更能产生令人意想不到的幽默效果。

从前有个很有钱的人，十分吝啬，是个十足的铁公鸡——一毛不拔。

有一天，有位客人去拜访他，正好赶上吃饭的时候，他把客人晾在客厅里，自己偷偷地溜到内室去吃饭。客人十分不满他这副待客的嘴脸，便故意大声地说："哎呀，真是太可惜了，这么华丽的房子，却有许多梁柱被蛀虫蛀坏了!"

主人正在内室里面狼吞虎咽，听到这番话，慌忙跑出来，问道："咦，蛀虫在哪里?"

客人两眼朝他身上打量一下，慢悠悠地回答说："它在里面吃，外面怎么知道?"

客人的话表面上是说蛀虫，其实暗指主人，主人心知肚明他在嘲讽自己，但也不便发作。

由于模糊语言措辞含糊，语义不明确，所以使得语言具有很强的伸缩性和很大的变通性，也就是说，一句话，你这样理解可以，那样理解也可以，这种语言在许多社交的场合里特别受青睐。

有人问一个年轻漂亮的美女："你为什么嫁给一个快要死的老头?"

少女反问道："如果有人给你一张百万美元的支票，你会不关心支票上的兑现日期吗?"

还有这样一段辛酸的对话，一人问："你和丽莎的婚约取消了吗?"另一人答："是的，她不愿嫁给我，嫌我穷。"

一人再问："你没有告诉她，你有一个很富有的叔叔吗?"另一人再答："告诉啦，所以她现在是我婶婶了。"

少女和穷小子都通过模糊应答含蓄委婉，又不失幽默地表达了自己或是女友的拜金思想，让本来不那么光彩的事情显得容易被接受了。

模糊应对变通性强、可塑性大、攻击火力大，可以化解矛盾、应付刁难，摆脱困境，是一种常用的舌战技巧，广泛用于外交谈判、生活论辩等场合。

方法 4　岔开话题，曲解语意

在论辩中，如果你想用幽默来调节一下论辩气氛，就需要用一种超出常规的逻辑来思考问题，切勿为常理所囿。我们可以有意将对方问句语意分离曲解，以角度奇特的解释作答，产生戏谑性极强的论辩效果。这是经常被人们用到的一种岔开话题、曲解语意的论辩技巧。

在双方关系比较融洽的论辩中，常常用到曲解论辩，因为论辩双方的关系融洽，彼此容易打破礼仪的拘束，构成对常理的超越。

北齐高祖召集很多有名的儒生集会，会上辩论很是热烈。

石动桶问博士道："先生，你知道天姓什么吗？"

博士回答："北齐天子姓高。"

石动桶说："这谁都知道，但书上肯定写过天的本姓，我想听听你有什么新的见解。"

博士道："什么经书上会写天的本姓？"

石动桶摇头晃脑地说："看来先生你根本不读书啊，《孝经》上说过'父子之道，天性也'，这不是说得明明白白：天姓（性）'也'吗？"这番话引得众人大笑不已。

石动桶利用"性"与"姓"的谐音，曲解经典本身的意思，制造出滑稽幽默的效果。

在碰到别人实实在在的话语，我们另辟蹊径，不从实际情景出发，而是侧重联想，不给他有关问题的对口信息，将话题转向与问题没有直接关联的其他事情上，必然引起对方对两个看似不相关的问题的思考，品味其中的不协调，产生幽默。

在论辩过程中，我们如果运用曲解经典的方法来进行论辩，需要注意的是所曲解的经典必须是对方所熟悉的，是对方能够理解、明白你是故意曲解的。否则，会把你的故意为之当作无意的错误，反而来纠正你，那就弄巧成拙，无幽默可言了。

一次服装展销会上，许多顾客前来选购，一位营业员正在向顾客介绍服装的式样，突然听到有个顾客挑剔说："式样不错，老点儿。"这位营业员一听，怕其他顾客受他这句话的影响，马上机敏地接着说："这位同志太有眼光啦，我们设计的服装式样好，又是老店，质量保证，价格公道……"

其实，那位顾客说的是"式样老套"的意思，这位营业员利用同音字，把"老点"说成"老店"，曲解了对方的语意，岔开了对自己不利的话题。同时还有效地把大家的注意力引导到对自己有利的方面来。

岔题是应对突发事件最快捷有效的方法。但要使岔题成功，必须注意两个问题：

一是要自然。所谓自然，就是指岔开的话题与原来的话题逻辑上链接自然、说得通。换句话说，也就是岔开的话题与原来的话题要有某种联系，如同音字、同义字又或者是两个话题概念相近、两个景物同处一种语境等。

二是要及时。所谓及时，就是指岔开话题要抓紧时机，在对方话题尚未充分展开之前第一时间找准岔口，以新的话题取而代之，趁对方还未反应过来时不知不觉地离开原来的话题，将注意力逐渐转移到新的话题上去。

方法 ⑤ 自我调侃，展现胸襟

在论辩中，辩手若能够做到慷慨陈词、情绪激昂、气势逼人，令对手手足无措，这固然很好。但是，如果对方也同样激情饱满、准备充足、侃侃而谈时，双方势均力敌，容易使论辩成为争吵。这时，你可以恰当使用自我调侃的方法，既能够活跃论辩场面气氛，愉悦人心，赢得听众的好感，还可以掩饰自己在论辩中的失态和尴尬，显示自己极深的生活修养，同时又兼具嘲笑对方的作用。

号称美国历任总统中最有幽默感的林肯就深谙此道，他常常通过自嘲来达到雄辩的目的。

林肯和美国作家、废奴运动领袖道格拉斯在黑奴的解放这件事上有很大分歧。有一次，两人发生了争执。人们都知道林肯的长相很难看，他自己也知道这一点。于是当道格拉斯说他是两面派时，林肯幽默地说："你居然说我是两面派，请听众来评评理，要是我有另一副面孔的话，你认为我会戴这副面孔吗？"

大家都被林肯这番话逗得捧腹大笑。

林肯作为总统、一国之元首，位于政治漩涡的中心，经常会遇到一些苛刻的指责、难缠的对手、棘手的问题、突发的事件等，如果反应不及时，处理不当，轻者会使自己陷入尴尬境地，贻笑大方，重者会使自己落入对手的陷阱，让对手有机会借此制造恶意舆论，使自己威信扫地。而林肯这种自我调侃的幽默论辩术是一种高妙的应变技巧。他把自己作为调侃对象，并不是自轻自贱，而是怀着广阔的胸襟，用智慧眼光看社会、看人生、看自己，显示出他深刻地洞察生活、客观地理解生活的敏锐和聪颖。

人们通常有着追求自我尊重的心理需求，这和自我调侃恰恰相反。但是，自我调侃的本意并非自我贬低，而是"醉翁之意不在酒"，具有"表里相悖"、"言此意彼"的特点。

台湾电视节目主持人凌峰先生在 1990 年的中央电视台春节晚会上有这样一段精辟而富有哲理的话："在我的人生观看来，我认为每个人都会扮演许多次小丑，有的时候是在孩子面前；有的时候是在父亲面前；有的时候是在爱人面前；有的时候是在领导面前。我呢，是在观众面前。"

凌峰先生这样令人耳目一新的自我调侃，显示了他特别宽广的胸怀，创造了极佳的幽默效果，把晚会推向了一个新的高潮。

在论辩中，自我调侃的应用，最为直接的作用是可以帮助你迅速地摆脱令人窘迫的尴尬局面。尤其是当你莫名其妙地被别人当作取笑对象时，惶恐狼狈、恼羞成怒都不足取。你可以先声夺人，来个以退为进，敏捷地接过对方打趣的话头，自我调侃，幽默自己。这样，就会使你化被动为主动，成为幽默的创造者，掌握主导权，从而进入愉悦的氛围。

美国著名演说家罗伯特是个秃头。有人揶揄他，叫他"别老是忘了戴帽子"。他却说："光头其实有很多好处，比如可以让我成为第一个知道下雨的人！"被人嘲笑的罗伯特，反倒以他的自我调侃赢得了众人的尊重。

有一次，钢琴家波奇来到美国福林特城内演奏，当他发现全场座位只坐了不到一半的观众时，他感到十分失望和懊恼。但是，他平复了情绪之后走到台前，幽默地对听众说："我今天才知道原来福林特这个城市的人都很有钱。"当看到听众诧异和疑惑的表情后，他接着说，"因为我看到你们居然每个人都买了两三个座位的票。难道你们是打算躺着听我的演奏吗？"此话一出，立刻引发全场观众的笑声，原本略显冷清的会场变得十分热闹，气氛顿时热烈起来。

自嘲不是自我辱骂，不是自我出丑，不是自认愚蠢，不是顾影自怜。它能消除紧张，更有效地建立起新的心理平衡。人们在面对羞辱的时候，用自嘲将自己"黑色幽默"一番，可以给自己找一个台阶，保住面子，同时也能"含沙射影"地反击羞辱自己之人，让对方为自己的失礼感到羞愧。这样既化解了自己的困境和不快，又可以训诫对方，可谓一举两得，何乐而不为？

自我调侃的幽默是一种超越于实用性的原则的情感。对于实用的理性原则来说，人总是越聪明越好。但对于幽默原则来说，人有时故意说了一些愚蠢的话，或者做一些蠢事，才能从实用和理性的心理习惯中解脱出来，从而获得更高的精神富足。

有一次，卓别林参加某个聚会，有一只苍蝇总是在他头顶上飞来飞去，于是他向旁边的人要了一个苍蝇拍来追打，可好几下都没打着。突然，一只苍蝇停在他面前，卓别林举起了苍蝇拍，正要狠狠地拍下去，忽然刹住了车。他凑过去仔细地看了看那只苍蝇，又把苍蝇拍放下了。人们觉得很奇怪，问他为什么不打，他耸了耸肩膀说："这不是刚才缠着我的那一只。"

卓别林这番言行看起来很愚蠢却十分滑稽。他幽默的一句话不仅摆脱了自己一直打不着苍蝇的窘态，更使大家钦佩他的机智和幽默才能。

这种故作蠢言、自我调侃的方法，实际上是刻意把自己的一个小缺点夸大到荒谬的程度，或者明明是大家都知道的浅显常识却故意装作不知道，说出一些显而易见的蠢话来，更显出自己在智慧、教养和道德上的优越。要做到这种"自我调侃"、"自我解脱"需要有一种拿得起、放得下的精神。

辩手在自嘲和调侃别人时也需要注意以下几点：

一、过犹不及，点到为止

调侃术具有很强的刺激作用，像"橡皮榔头"打人，未见皮肉破裂，但能致人内伤。每个人对调侃的承受能力也不一样，所以运用调侃术调侃别人时应慎重，通常情况下，应是"点到为止"。

二、审时度势，因地制宜

调侃术具有很强的幽默性和随意性，但也有明显的局限性，充其量，它不过是一种辅助性的表达手段，不宜滥用。尤其是遇到类似对话答辩、座谈讨论、调查访问等场合，辩手就应该直抒胸臆，坦率诚实地吐露思想观点、介绍情况、回答问题。如果不分场合时机，随意使用调侃术，反而会弄巧成拙。

三、端正态度，积极上进

调侃术看似是因为自卑而嘲笑自己，其实是一种采取貌似消极，实为积极的促使交际效果向好的方向转化的手段。调侃术的本质是具有积极意义的。如果辩手用一种玩世不恭的调侃，就会失去其意义，无益于论辩。

不管你是家喻户晓的大人物还是默默无闻的小人物，自嘲都能让你备受欢迎。大人物因自嘲可减轻妒意而获得好名声，小人物可以苦中作乐，保持对生活的热情。调侃术不伤害别人，也伤害不了自己，是论辩中最为安全的一种软武器。

第十三章 | 仁者爱人，斩钉截铁地控制住局面

子曰："人而不仁，如礼何？人而不仁，如乐何？"这句话的意思是说，只要仁者爱人，就能够牢牢地掌控局面，更好地领会礼乐的意义。在日常生活中，人们面对各种诱惑，要做到"仁者爱人"，必须坚守立场。论辩也同样如此，辩手必须斩钉截铁地掌控局面，才能够让自己的论辩更加有说服力。

【经典今解】

子曰："人而不仁，如礼何？人而不仁，如乐何？"（《论语·八佾》）

乐是人们用来表达思想情感的一种形式，在古代，它往往也是所谓"礼"的一部分。不过，在孔子看来，礼与乐都是外在的表现，而仁却不同，它是人们内心的道德情感和要求。正所谓"仁者爱人"，在仁者的标准中，乐必须反映人们的仁德。这里，孔子把礼、乐与仁紧紧联系起来，假设"人而不仁"，那么根本谈不上什么礼、乐的问题。唯有讲求仁义，在演礼奏乐这样重要的场合才

能斩钉截铁地控制住局面。

孟子曰："三代之得天下也以仁，其失天下也以不仁。国之所以废兴存亡者亦然。天子不仁，不保四海；诸侯不仁，不保社稷；卿大夫不仁，不保宗庙；士庶人不仁，不保四体。今恶死亡而乐不仁，是犹恶醉而强酒。"（《孟子·离娄上》）

孟子说："夏商周三代获得天下是由于仁，失去天下是由于不仁。诸侯国家的兴衰存亡也是由于同样的原因。天子不仁，不能够保有天下；诸侯不仁，不能够保住国家；卿大夫不仁，不能够保住祖庙；士人和平民百姓不仁，不能够保全身家性命。现在的人既害怕死亡却又乐于做不仁义的事，这就好像既害怕醉却又偏偏要拼命喝酒一样。"

孟子的这番说理，依然是对"仁"的呼唤。

这段道理，孟子说得清楚，无需咬文嚼字。就论辩而言，令我们感兴趣的是孟子雄辩的句式：

"今恶死亡而乐不仁，是犹恶醉而强酒。"孟子一针见血地指出，现在的人一方面害怕死亡却又乐于做不仁义的事，这就好比有些人既害怕喝醉却又偏偏要拼命似地喝酒一样。

同样的说理方式，《孟子》的其他篇章中也不少。比如："今恶辱而居不仁，是犹恶湿而居下也。"（《公孙丑上》3·4）这句话的意思是说，现在的人一方面厌恶耻辱却又常常做出不仁义的事情，让自己处于"不仁"的位置，这就好像厌恶潮湿却又偏偏住在低洼的地方一样。再如："今也欲无敌于天下而不以仁，是犹执热而不以濯也。"（《离娄上》7·7）这句话的意思是说，现在的人想无敌于天下，可是偏偏不行仁道，这就好像一个人热得快受不了却偏偏不愿意洗澡一样。

孟子追求"仁者爱人"，他多次使用上面列举的那种句式，即指出生活中的悖逆现象，用凌厉的气势牢牢掌控局面，以此来说明抽象的道理。由于局面被斩钉截铁地控制，听众往往如如雷贯耳，翻然猛醒，说服作用非常明显。

【古为今用】

方法① 场面很重要，论辩要有礼

双方平等、理由充足、服从真理是论辩伦理中的 3 个基本原则。一般来说，辩题必须具备现实性、可辩性和生动性，否则就没有讨论的价值。在日常生活中，我们常常需要与合作伙伴作各种论辩，以消除分歧，确定共同点，从而争取合作。求同存异是合作的基础，而论辩过程就是求同存异的过程，是一个打基础的过程。然而，由于论辩双方一开始都自认为掌握真理，故此都想推翻对方的看法，确立自己观点的权威。因为是意见之争，所以日常生活中的辩论往往表现为带有敌意的语言交锋，唇枪舌剑往来之间，极易沦为意气之争。

因此，控制场面就非常重要，这不仅有利于辩者充分发挥才智，更有利于双方在一个稳定的氛围中探求合作的可能。论辩必须在友好、和谐、宽松的气氛中进行，否则观点的陈述就会变得不可能，对方会不愿意听，自己讲起来也会觉得别扭。谁斩钉截铁地控制住局面，谁就能一马当先，占据论辩中的制高点。由此，我们必须一边说话，一边观察对方和其他听众的反应，与此同时还要密切关注周围环境的变化，以适时调整演讲内容和方法，确保对方和其他听众愿意听自己说下去。

在辩论中控制场面，有以下几个基本做法：

1.道德术

除非是生死存亡，否则辩论就只不过是为了交换意见或交流信息展开的讨论。双方的目的是一样，即加强对论题的多层面理解，而不像英国哲学家培根所批评的那样："只图博得机敏的虚名，却并不关心对真理的讨论。"

理想的辩论场合中，双方应持诚恳、谦虚的态度，以互相切磋、取长补短为目的。但这样的局面并不常见，总会是"东风压倒西风"或者"西风压倒东风"的讨论。为此，在论辩中，我们要争取自己控制场面。其中一个常用方法就是，在道德上保持自己的高水准。只有这样才会胜不骄、败不馁，才不会计较个人得失。久而久之，我们也会因此树立起良好的"辩德"，也会潜移默化地令更多人信任我们。

2.心理术

日常生活中，如果两个人发生争吵，一般是由于两种心态在作怪：一是"说服欲"；二是"表现欲"。如果我们想要顺利传达观点、求同存异，在平稳的局面下赢得对方的支持，那就需要在辩论中少用武断语言，而代之以态度温和但思路明晰、观点有说服力的语气。

万万记住：尽可能不要用偏激语言伤害或激怒对方。一个生气的对手，是最难与之合作的对手。万一对方激动起来，那么不要针尖对麦芒地吵架，你最好的应对办法是保持沉默。

3.审美术

理想的辩论几乎可以说是一种艺术，具有审美价值。见解精辟、论辩机智、妙语连珠、风趣幽默，这些都堪称是语言的艺术，能给人以美的享受。在追求论辩观点使人折服之外，我们应该尽量做到举止大方、文雅，展现出一种风度美。简单地说，就是以"仁者"的态度掌控局面，让人如春风沐丝雨一样地接受自己的观点，而非在剑拔弩张的情况下不得不接受。

方法② 过犹不及，控制为王

正式的、重大的辩论场合，论辩双方会做好辩论的心理准备，因此都是以一种上战场的姿态迎接挑战。但是，在日常生活中的辩论场合，许多人并没有这种心理准备。因此，谁能够稳得住，谁能够在心理层面有所准备，谁就能控制住场面，在论辩中取得胜利。所以，最为现实的就是要遵循心理控制原则。

请记住：过犹不及。一定要把过分的"表现欲"和"说服欲"视为破坏辩论气氛的罪魁祸首，把它们扔到垃圾箱里去。

1.说服欲不宜过盛

说服欲是指一个人在论辩中试图说服对方的强烈意向。具有这种欲望的人从不考虑别人的立场，似乎不知道对方也有自己的观点。即使双方争论已经陷入不可开交的乱麻状态之中，他也会千方百计地进行争辩，甚至进行诡辩，而不是设法调和。

这种情况下，论辩双方共同的错误，就是以自己的主观看法凌驾于对手，忽视对方的评价意见。对说服欲过于强烈的人来说，他们更加迫切需要的不是一场胜利，而是一次反省。"上士无争，下士好争"，说服欲过于强烈的人士应当谨记先贤的谆谆教诲。

2.表现欲不宜过分

表现欲是指人具有一种"自我表现的欲望"。具有这种欲望的人在论辩之前往往已经充分地准备了一套说辞，他的第一个愿望、第二个愿望，乃至第三个愿望，都是把自己的观点统统倾倒出来，尽量竹筒倒豆子地把自己的全部长处呈现在他人面前，比如伶俐的口才、渊博的学识、温文尔雅的举止。总之，要显示他自认为比较精彩的部分。

适当的表现欲是自信的标志，但过犹不及。判断一个人的表现欲是否合适，关键在于是否切合自己的身份，是否对某种技巧做到熟练掌握程度且分寸准确地拿捏了当时的气氛。在日常辩论中，尤其要注意避免虚张声势。倘若你用旁若无人的高声谈笑、矫饰的表情、夸张的动作来表现自己，结果往往是适得其反的。有些人为讨异性好感，甚至于乱送秋波、贬低同性，结果却让男性显得油滑，让女性显得轻浮。

有效地控制场面，是保证论辩顺利进行的重要前提。在论辩过程中，尤其是日常生活中，我们虽然要狠狠地打击对方的基本论点，但决不能对对方放弃其主张抱有不切实际的幻想。"表现欲"和"说服欲"一定不可以过分旺盛。

方法 3 　仁者爱人，自控求胜

归根结底，论辩是要争取让自己的主张为别人接受。所以，我们不能期待别人来控制场面，而要主动改善自己，让自己成为控场能力较强的那一个。

首先，我们要善于调整压抑情绪。

辩论中，一旦辩者处于失利的境地，或是现场受众情绪低落，对自己的主张丧失接受兴趣等，都可能令论说主张的辩者产生压抑情绪。这种情绪会让辩者斗志涣散，并削弱其论辩的勇气和趣味。在严重的情况下，压抑情绪甚至可能使辩者丧失论辩的力量。所以，我们必须学会自控，在必要的时候，自己给自己减压。

倘若辩者处于不利境地，应冷静分析场上局面，迅速改变自己辩论的谋略与技巧，使自己的注意力集中在尽快脱离困境上。一旦短暂地转危为安，就要立即振作精神，再接再厉，继续论战。倘若是受众情绪不高，我们也应迅速调整辩论的内容与方法，增删不必要的材料，提高趣味说理的比例，适当变换技巧，使辩论更加活泼生动，以此吸引他们的注意。一旦我们能够一举扭转场面的气氛，那不但有利于辩论的继续展开，还意味着我们已经重获主动权。

我们参加辩论，目的是为了探求真理。因此，不论遇到何种情况，一定要有责任感，不能泄气，不能打退堂鼓，务必以高度负责的精神将辩论进行到底。

其次，我们要学会摆脱冲动情绪。

辩论激烈、陷入困境、论敌激将、受众激动或冷漠……以上情况下，辩者都可能会出现情绪冲动的特征：或眉飞色舞、兴高采烈；或垂头丧气、抱怨连连；或捶胸顿足、怒气冲天；或手舞足蹈、得意忘形。或许论辩者自己不觉得有什么，但这时辩者往往缺乏冷静态度，容易采取非理智的论辩举动。辩者情绪和辩论内容因此也就不可能保持协调一致，容易给对手留下可乘之机，结果必然不佳。

摆脱冲动情绪，必须学会克制自己。在辩论中，无论出现什么情况，都要泰然处之，绝不贸然行事。如果实在过于兴奋，可以采取自我暗示的方法。比如默念座右铭，或是用受众难以觉察的掐手指、捏耳朵等小动作对自己进行心理提示。

更重要的是，辩论前一定要做好各种准备。胜不骄、败不馁，要做好面对各种结果的心理准备。在论辩中，要防止大喜大怒，保持头脑冷静。

我们要记住，与论敌的辩论是为了探寻真理，而不是创造"敌人"，一定要摆正我们与论敌和听众的关系，与人为善。只要论敌不是真正意义上的敌人，就应亲切自然，和蔼待之。对受众，我们更应保持亲切友善，努力适应他们的表现，积极争取他们的支持。遇到受众不满、厌烦、抵制自己甚至吵闹起哄时，我们应多一点儿自省，少一点儿抱怨，同时迅速调整自己的辩论方式和方法，尽量满足受众的需要。

在论辩中，做好自己是第一位的，但如何引导对手和听众的情绪也非常重要。对论敌和受众情绪的控制是一种引导艺术。引导的目的在于打破对手和受众已有的心理平衡，疏而不堵，堵不如疏，诱导他们按照自己给予的提示或提供的思路去思考和行动，由此让大家都能接受己方的观点和主张。只要能够做到这一点，就会胜券稳操，对手就会甘拜下风，而受众也会积极支持己方。

做好这一点，关键就在于掌握论敌和受众的即时心理状态。在引导时，我们要做到有的放矢，针对其当时心境审时度势，研判情况，积极诱导。

审时度势，就是了解对手和受众当时的处境和心情。处境的顺逆和心情的好坏，都会直接影响他们对自己主张的看法和接下来的行动。研判情况，就是在审时度势的基础上掌握对手和受众的实际需求。不论这种需求是明可告人、直言不讳的，还是不可告人而只能存之于心的，我们都要体察入微，然后就可有的放矢，设法攻心。积极诱导就是投其所需、动之以情、晓之以理、诱之以利。我们要引导对手或者受众逐步打破其自身的心理定式，激发他们倾听自己主张的愿望，继而动摇其本来的主张和观点，进而诱使他们认同我方观点和主张。如此一来，我们就轻松获得辩论的主动权，胜利也就指日可待了。

自控或引导的目的，都在于保持己方的论辩思维、语言和行为的稳定与协调。这样，我们才能始终保持旺盛的斗志，充分发挥辩才。与此同时，这也能起到破坏对手和受众原有心理平衡、瓦解他们心理防线的作用，从而诱导他们就范。如果内外兼备，那么，辩论的胜利自然就非我莫属了。

方法 4 妙用排比，气贯长虹

论辩的基础是语言，一个好的辩手往往能够用自己喷薄而出的气势震慑对手，令全场听众佩服。语言技巧的高下直接影响着内容表达的成功与否，体现着辩者对其主张的表达能力。所以，不断提高语言技巧，是争取更多辩论胜利必不可少的重要素养。

就汉语的语法特点来讲，排比是最能造成铺天盖地、重重叠叠这样气势的最好修辞方法。如果在辩论中合理运用排比，就能增强辩论的气势，同时更好地烘托现场的气氛。

下面我们来体验一下排比的力量。

第五届中国名校大学生辩论赛上，有一场辩论是关于"统考制度是否有利于创新人才的选拔"的。反方是北京理工大学代表队，该队二辩有这么一段辩词：

选拔创新人才首先要搞清什么是创新、什么是人才，对方辩友对此始终没有解释清楚。创新是一个民族进步的灵魂，创新是时代对教育的要求，创新包括技术创新、组织创新、知识创新、制度创新。创新就是打破常规，创新就是标新立异。创新是发现、发明和发展，创新是超越、超拔和超群。杨致远的"雅虎"奇想、吴士宏的不屈不挠、张艺谋的独树一帜、柳传志的联想王国，都向人们展示了创新人才与众不同的显著特征。他们个性鲜明，富有批判精神，敢为天下先。所以，我们说，这种创新人才是十分宝贵和稀少的，他们是人才中的人才。

这段辩词一说出来就引发满堂喝彩，因为其中既有词组排比，又有句子排比，充分发挥了排比的修辞效果。在不长的一段话内，该辩手共运用了 4 组排比，气势充沛，生动有力，不但条理清楚，而且气势雄浑地论证了什么是创新、什么是创新人才。

从形式上说，把句式相同或相似的语句连续排列使用就是排比句。在论辩中使用这种修辞手法，表面上可以使内容严谨、整饬，气势上则可以保持流畅、贯通，令人感受到其中深厚饱满而一以贯之的感情和观点。

鲁迅先生的《"友邦惊诧"论》是一篇著名的杂文。这篇文章对国民党政府的"友邦人士"展开冷嘲热讽时，他是这样写的：

日本帝国主义的兵队强占了辽吉，炮轰机关，他们不惊诧；阻断铁路、追炸客车、捕禁官吏、枪毙人民，他们不惊诧。中国国民党统治下的连年内战，空前水灾、卖儿救穷、砍头示众、秘密杀戮、电刑逼供，他们也不惊诧。在学生的请愿中有一点纷扰，他们就惊诧了！

3个不惊诧，一个惊诧，读者不由感慨：好个"友邦人士"，是些什么东西！

鲁迅先生连用3个句式相似的"不惊诧"，不但淋漓尽致地揭露了国民党的"友邦人士"的丑恶嘴脸，还凸显出一种义正辞严的驳斥语气。之所以读者会感到其中有一种逼人的气势，并迅速被严谨有力的说理征服，这与鲁迅先生恰当地运用了排比句是分不开的。

上面我们已经说到，排比句能够增强文章气势，带来气贯长虹的感觉。那么怎样才能合理使用排比，表达强烈的感情呢？

大家知道，排比是由3个或3个以上的结构相同或相似，而且语气一致的语句成串地表达相关或相连的内容的一种句式。所以，我们要想收到言语规整、语气协调、感情贯通、表达流畅的修辞效果，并在论辩中形成一种势如破竹、排山倒海的气势，就必须采用符合排比特征的言语表达方式。

论辩中，如果能够准确、合理地运用排比，就可以全方位地展示不同的情感。

抗战初期，举国上下强烈要求蒋介石停止内战，展开全民抗日。当时，陈毅代表共产党在江西赣州同国民党第46师政治部主任展开谈判。谈判中，这个政治部主任狂妄叫嚣："国共之间不存在所谓合作！这种说法，英美不习惯。"

听了这番表态，陈毅怒不可遏，他声色俱厉地质问这位官员：

"你究竟代表谁？代表英美吗？你若代表英美，就没有资格同我谈判！我们的队伍要下山，你挡不住！进赣州，你挡不住！中国有共产党，英美来了也挡不住！形势变了，你们的脑袋也得变！"

陈毅在这里连用3个"挡不住"。这一排比构句一以贯之，语言连贯，情感统一，表达了共产党人坚决抗日的大无畏态度，气势磅礴、锐不可当，展示了陈毅非凡的雄辩才能。

李大钊是中国共产党早期领导人之一，当年在青年学生中具有很高的威望，这与他善于演讲是分不开的。在《现代青年活动方向》一文中，他写过这样一段话：

"……我们睁开眼看……那些倚门卖笑的娼妓们，果真都是她们自己愿做这样丑贱的事情么？卖笑果真是她们的幸福么？她们就没有一段苦情不平，为一般人所不知道的么？她们的背后，果真没有什么东西逼她们去做辱身的贱业么？那些监狱里的囚犯们。果真都是他们自己愿做罪恶的事么？他们做的犯法的事，果真是罪恶么？他们就没有一段苦情不平，为一般人所不知道的么？他们的背后，果真没有什么东西逼他们陷于罪恶或是受了冤枉么？再看巷里街头老幼男女的乞丐们，冻馁地颤抖在一堆，一种求爷叫奶的声音，最是可怜，一种秽垢惰丧的神气，最是伤心，他们果真愿作这可耻的态度丝毫不觉羞耻么？他们堕落到这个样子。果真都因为他们是天生的废材么？他们就没有一段苦情不平，为一般人所不知道的么？他们的背后，果真没有什么东西逼他们不得不如此么……"

李大钊在这里，目的是要唤醒读者认清楚，当时的社会到底是一个什么样的社会。所以，在上面这段话中，他连续用了9个"果真……"，以层层叠叠的句式、犀利无比的语言，层层建构起一种淋漓酣畅、势如破竹的凌厉气势。由此，这篇文章也准确、深刻而又清晰、有力地揭露了社会上的不合理现象。

虽然在论辩中应用排比可以增强气势，但是我们也应避免两个误区：

1.强求形式工整

排比归根结底是语言的应用，是我们说出来、写出来的东西，应以自然为原则，不必强求工整的形式。否则，我们可能在语言组织上花费不少的精力，却得鱼忘筌，影响了思想的流畅表达，反倒不能明确申述主张。此外，过分工整的语言形式也可能给人造成矫揉造作的感觉。

2.简单排列句子

排比是一种语言的修辞法，必须是结构上一以贯之的句子才能连用，不能把它简单地理解为句子排列。排列的适用范围则相对较广，可以是结构相同的句子，也可以是语法作用相同的成分，如词、词组等。

第十四章 孰轻孰重，站在诡辩高点上说服人

孟子曰："金重于羽者，岂谓一钩金与一舆羽之谓哉？"这句话的意思是说，将两种东西拿出来，比较孰轻孰重，不能采用不同的标准，而要放在同一水准的考察条件下比较。说金子比羽毛重可以，但说一车羽毛比一丁点金子轻就不对了。从论辩的角度说，我们要比较优劣势，要说服对手，就必须站在诡辩高点上压制住对手的论辩逻辑。

【经典今解】

任人有问屋庐子曰："礼与食孰重？"

曰："礼重。"

"色与礼孰重？"

曰："礼重。"

曰："以礼食，则饥而死；不以礼食，则得食，必以礼乎？亲迎，则不得妻；不亲迎，则得妻，必亲迎乎？"

屋庐子不能对，明日之邹以告孟子。

孟子曰："于答是也,何有?不揣其本,而齐其末,方寸之木可使高于岑楼。金重于羽者,岂谓一钩金与一舆羽之谓哉?取食之重者与礼之轻者而比之,奚翅食重?取色之重者与礼之轻者而比之,奚翅色重?往应之曰:'紾兄之臂而夺之食,则得食;不紾,则不得食,则将紾之乎?逾东家墙而搂其处子,则得妻;不搂,则不得妻,则将搂之乎?'"(《孟子》)

有个任国人问屋庐子说:"礼和食哪样重要?"屋庐子说:"礼重要。"那人问:"娶妻和礼哪样重要?"屋庐子说:"礼重要。"

那人又问:"如果非要按照礼节才吃,就只有饿死;不按照礼节而吃,就可以得到吃的,那还是一定要按照礼节吗?如果非要按照'亲迎'的礼节娶妻,就娶不到妻子;不按照'亲迎'的礼节娶妻,就可以娶到妻子,那还是一定要'亲迎'吗?"

屋庐子不能回答,第二天就到邹国,把这话告诉了孟子。

孟子说:"回答这个问题有什么困难呢?如果不比较基础的高低是否一致,只比较顶端,那么,一块一寸见方的木头可以使它高过尖顶高楼。我们说金属比羽毛重,难道是说一个衣带钩的金属比一车羽毛还重吗?拿吃的重要方面和礼的细节相比较,何止于吃的重要?拿娶妻的重要方面和礼的细节相比较,何止于娶妻重要?你去这样答复他:'扭折哥哥的胳膊,抢夺他的食物,就可以得到吃的;不扭,便得不到吃的,那会去扭吗?爬过东边人家的墙壁去搂抱人家的处女,就可以得到妻子;不去搂抱,便得不到妻子,那会去搂抱吗?'"

以诡辩对诡辩,以极端对极端。这是孟子针对任国人那种论辩逻辑所采用的论辩方法。任国人采取诡辩的方式,故意把食与色的问题放大到极端的地步,在此基础上与礼的细节相比较,追问哪个重要,企图迫使孟子的学生屋庐子作出不符合孟子思想原则的回答。屋庐子当然不愿意这样回答,但由于他落入了对方的语言圈套，自己又不能够跳出来，所以只能无言以对。

孟子是何等人物！他一下子就识破了对方的诡辩手段，一针见血地指出："不揣其本，而齐其末，方寸之木可使高于岑楼。"接下来，他从金属与羽毛的比重问题过渡到任国人的诡辩问题，明确地说明这实际上就是一个比较方法的问题。孟子的意思很清楚，合理的比较是对象在同一水平线上、同一基准上的比较，而不应该把一个对象推到极端来和另一个对象的常态细节作比较。这样比较孰轻孰重，当然是错误而荒谬的。所以，孟子以其人之道还治其人之身，站在诡辩的制高点上反击任国人，也教给学生以诡辩对诡辩的做法。

孟子用诡辩术实现了对礼的维护和捍卫，这种做法令人称叹。对论辩来说，更有启发意义的是这种思维方式和论辩艺术，即寻找一个诡辩的高点，来处理对手提出的棘手问题。所以，我们要学会，并且善于在制高点上使用诡辩，让对手的狡猾伎俩现出原形。这是一个非常实用且必要的技巧。

方法 **1** 虚拟前提，云山雾绕

虚拟前提是比较常见的诡辩技巧，常会令对手在云山雾绕中迷失立场。在揭露对手的阴谋时，这个方法有非常重要的作用。

那么，到底何为虚拟前提？

一个顾客走进一家商店，问老板有没有面包可以买。

老板说，有啊，两角钱一个。顾客说，拿两个。老板说，两个4角钱。这时，顾客又问，啤酒多少钱一瓶？老板说，4角钱一瓶。顾客于是问道："老板啊，我想用这两个面包换瓶啤酒，可以吗？"老板也没多想，就把啤酒拿了过来。不料，这位顾客接过啤酒一饮而尽，然后拔腿就走。

老板忙喊住他："先生，啤酒钱！"

顾客说："我是用面包换啤酒啊。"

老板说："面包钱你根本没有付！"

顾客说："我又没吃你的面包，为什么要给面包钱呢？"

店主闻言当即懵了，不知道说什么好，只能看着顾客扬长而去。

这位顾客显然是一位诡辩者。要是真能用没付钱的面包换没付钱的啤酒，那么天下的流浪汉们可就有福了。在这里，"没付钱的面包"就是一个虚拟的前提。

这种虚拟前提的诡辩，首要的成立条件是条件命题具有虚假性。

古代有个叫叶衡的人，因为病得很重，知道自己即将不久于人世。可是，他对人世的美好又留恋不已，因此，他非常苦恼。

一天，叶衡对来慰问自己的朋友说："唉，我很快就要死了。也不知道人死后的生活状况好不好？"

这个善于诡辩的朋友答道："非常好。"

叶衡感到很奇怪，就问："你怎么知道呢？"

朋友解释说："假如不好，那些死者早就回来了。现在一个也不见回来，可见是很好的。"

叶衡听罢知道是上了当，但却觉得找到了安慰。

凭借虚拟前提构成的诡辩，有可能具备一个复杂的前提，即包括大前提和小前提。这种情况下，虚假性的识别就会比较复杂。可能是大前提虚假，也可能是大前提真实而小前提虚假，或者大小前提都虚假。

虚拟前提是诡辩的关键，是构造一个虚假的前提。在日常论辩中，这个前提往往就是论辩主张作为凭借的论据。真实的论据是一个主张有说服力的重要条件，因为其真实性要靠论据来证明。如果论据不实，那就势必不能起到证明论题真实的作用。这样的证明就好比建立在沙滩上的建筑物，迟早是要倒塌的。

不过，诡辩论者却会利用这一点。一些道德恶劣的人更是常常制造虚假论据，用来欺世盗名。

1933 年，希特勒一手导演了"国会纵火案"。这就是一桩臭名昭著的虚拟论据诡辩案例。

1933 年 2 月 27 日晚上，位于柏林的德国国会大厦突然起火。奇怪的是，同一时间内竟然有 23 处火苗同时腾起。这显然是有意纵火。

纵火事件发生后，希特勒当局马上宣告抓到一个纵火犯——"荷兰共产党员"范德·卢贝。紧接着，内务部长戈林就发表了一个公告，硬说纵火案是共产党干的，并将之视作共产党发动武装起义的信号。希特勒政府以此为借口，大肆逮捕共产党员和进步人士，德国一时间笼罩在法西斯的恐怖气氛中。

可是，希特勒及其党徒一手制造的"国会纵火案"漏洞百出，很快就被人看出其中的虚假性。他们硬说卢贝是个"共产党员"，但很快有人证明卢贝并非共产党员。此人虽曾一度参加过荷兰共青团，但早被清除出团。接着，人们又查明有一条秘密地道可以潜入国会大厦，而地道的另一头恰恰在戈林家里。

"国会纵火案"发生后，希特勒治下的法西斯当局煞有介事地在莱比锡组织了为期3个月的公开审讯。当时被诬告与卢贝同谋纵火的共产国际人士季米特洛夫牵连受审，而在这场审讯中，他以出色的论辩能力驳倒了形形色色的伪证，揭穿了"国会纵火案"的阴谋。最后，季米特洛夫等人被无罪开释。希特勒法西斯政府本想以"国会纵火案"嫁祸于人，藉此打击共产党和进步运动，结果却搬起石头砸了自己的脚。与此同时，"国会纵火案"也成为全世界的笑柄，被认为是弄虚作假、栽赃陷害的典型案例。

虚拟论据以便施行诡辩，古今中外都不乏其例。它的具体形式是多种多样的，但却有一点是相同的：这些被虚拟出来的论据往往很具体，有鼻子有眼儿。因为比较具体，看起来仿佛很真实，于是那些不了解真实情况的人极易受骗。正因为此缘故，这种诡辩一般而言是很有欺骗性的。

因果联系是一种必然联系，一定的原因必然会产生一定的结果；一定的结果也必定是由一定的原因所引起的。所以，对结果来说，原因就是构成论证的依据。然而，并非所有联系都具有因果联系。在论辩中，如果把没有因果联系的前言后语硬拉到因果联系中进行申述，就构成了"虚拟原因"的诡辩方式。这其实是虚拟前提的一种形式而已。

倒因为果也可以归于这一类诡辩。

古人常说，"物腐而后虫生"。这种观点历经千年，人们都信而不疑。

17 世纪时，科学家布朗不再相信，他怀疑烂泥能生老鼠的观点时，有人还大发雷霆地说："谁要是怀疑这件事，我就把谁扔到埃及去。到了那里，他就会看见无数老鼠陆续从污泥中爬出来危害人类了。"

这种说法一直维持到 1688 年，才被意大利的生物学家雷迪彻底否定。在实验中，他故意把一块肉露出一部分，封闭起来另一部分。过了一段时间，他发现整块肉都腐烂了，但是只有露出部分的肉产生蝇蛆，而封闭部分虽然也腐烂了却未生蛆。

时至今日，我们早已通过各种科学实验证明，食物之所以腐烂，是由细菌所致。也就是说，完全是"虫生而后物腐"。

方法② 转换问题，逆袭对手

在论辩中，我们总会遇到一些情况难以对付。有时候，对方提出的问题难以回答或者我们不方便回答，就刻意通过转换对方的问题来处理。事实上，这种方法也是一种诡辩。

转换问题的目的是逆袭对手。这种方法的具体做法是：拒绝正面回答对方提出的问题，而是从中引出一个新的问题推回去。

甲：人为什么要有理想？

乙：什么是"人"？

甲：人是一种社会动物。

乙："动物"又是什么？

甲：动物是一种有神经、有感觉、能运动的生物。

乙：那么"生物"又是什么？

甲：你还有完没完了？

乙：要是你答不出来就完了。

在这轮问答中，本来是甲提了一个问题给乙，结果变成甲无法回答乙提出的问题。这样，诡辩者乙就达到了目的。

我们在论辩中也要警惕这种诡辩。如果遇到上述情况，处理的最好办法就是抓住最初的问题不放，即使回答了新的问题也要及时将初始话题重提，千万不能跟着对方的逻辑跑下去。

约翰问医生："先生，我能活到90岁吗？"

医生检查了约翰的身体后反问他："你今年多大啦？"

约翰说："40岁。"

"你有什么嗜好吗？比如说，喝酒、抽烟，或者赌钱？"

"我最恨吸烟、喝酒啦！"

"天哪！那你还要活到90岁干嘛呢？"

本来，约翰认为自己戒绝烟酒会得到肯定的评价，可能活得长一点。不料，结果恰好相反，医生把这一切当成了生命的意义所在。他否定了这一切，就否定了活到90岁的意义。医生未必见得就认为这些嗜好的价值高于长寿，却有效地使用诡辩技巧回避了一个难题。

即便是同一句话，假如重读部位不同，便可能产生意义不同甚至完全相反的结论。这称之为重音转换式诡辩。

比如说下面这样一句话：

"我"没说她偷了我的钱（强调可能别人这么说）。

我"没"说她偷了我的钱（强调我确实没这么说）。

我没"说"她偷了我的钱（强调没有用口说，但可能通过其他渠道暗示）。

我没说"她"偷了我的钱（强调有他人偷的可能）。

我没说她"偷了"我的钱（强调不是盗窃，但不妨碍怀疑她对这钱动手脚）。

我没说她偷了"我的"钱（强调她可能偷了别人的钱）。

我没说她偷了我的"钱"（强调她可能偷了别的东西）。

从头到尾一字不差的一句话，只因为重读的词不同，就会产生如此不同的含义。用这种方法造成偷梁换柱的效果，就是重读法诡辩，或者说是加重语气诡辩。

例如："我们不应讲我们朋友的坏话。"

通常情况下，这是一句很好理解的话。大家都不要说朋友的坏话，等于是相互告诫不要背后说三道四，有利于品德修养。但如果有人故意重读"我们朋友"这个词组，这句话的本来意义完全变了——不能说自己朋友的坏话，但可以说其他人的坏话。

方法 3　放大错误，寻找矛盾

在诡辩术中，有一个相对简单的做法，就是放大别人的错误。要反对别人的论点，你不一定非要正面驳斥，可以故意先承认对方的命题为真，然后以对方的命题为前提加以演绎，依照其逻辑推导出一个显而易见的荒唐结论并将之推向极端状况，由此得到一个明显荒谬的结论。这就是放大错误的诡辩方法。

三国年间，蜀国突然发生一次严重的旱灾。蜀主刘备下令：全国上下禁止酿酒，以免浪费仓廪存粮。后来，为了彻底防止有人偷偷酿酒，官府又规定：凡是被查出有酿酒用具的人，与制酒者一样受罚，不得轻饶。

但是，旱灾并不一定每年都会发生，存粮也不是年年紧缺。所以，禁止酿酒也只能是短时间内的权宜措施，如果真把所有酿酒用具完全销毁丢弃，不但民众会舍不得，连国家的经济运行也会受到影响。况且，即便查出酿酒用具，也只不过是说明了那人尚有酿酒之心，并不足以证明他们正在违法酿酒。如果不分青红皂白，只是一味地将藏有酒具的人与酿酒者一样处罚，百姓会觉得官府的规定近于苛刻。只不过，一直没人敢提出改善意见。

有一天，简雍陪刘备出宫游逛，见前面有一对同行的男女。他灵机一动，就趁机对刘备说："这两个人要相互勾搭，陛下为什么不下令将他们抓起来？"刘备听了大为不解，就好奇地问道："你怎么知道他俩要勾搭？怎么看出来的？"简雍笑着回答："他俩刚好一男一女嘛！这和官府规定有酿酒器具的人要和酿酒者同样遭受处罚是一样的道理呀！"

刘备听他说罢，不禁笑了起来，于是立即下令，家有酿酒器具而没有用粮食酿酒的百姓，一律不再追究。

在这个故事中，简雍就是通过假设对方的论点是真，然后再进行推论，由此达到驳倒对方论点的目的。所以说，这一手法可以称之为"欲抑先扬"或者"欲正故谬"。因为这种方法是通过合乎逻辑的推导，使原来不明显的谬误得以"放大"，所以往往一目了然，很快就能让对方臣服。

我们可以通过下面的一些方法来放大错误。

一、找矛盾判断

庄子与惠子游于濠梁之上。庄子曰："鲦鱼出游从容，是鱼之乐也？"惠子曰："子非鱼，安知鱼之乐？"庄子曰："子非我，安知我不知鱼之乐？"惠子曰："我非子，固不知子矣；子固非鱼也，子之不知鱼之乐，全矣。"庄子曰："请循其本。子曰'汝安知鱼乐'云者，既已知吾知之而问我。我知之濠上也。"在辩论上准确地抓住对方的矛盾和错误，就算是投机取巧也是对自己有利的。

二、从对手判断中引申假判断

苏东坡的笔记文《志林·记与欧公语》中讲述了他驳难欧阳修的一则故事。

一次，苏东坡与他的老师欧阳修在河边散步，二人引古论今，谈兴正浓，忽然看见有一帆船驶过。当时，舵工掌舵行舟，看上去颇有一番惬意的感觉。欧阳修见此情景，便对苏东坡说起一个故事：有一个人生了病，医生问他得病的原因，这人说是乘船时遇上大风，受惊吓，这样才得了病。于是，医生按医书上所说的"用麻黄根节以及旧竹扇子刮屑入药，可以止汗"的方法如法炮制，从被汗水浸透了的舵把上刮下木屑入药。没想到，病人的病真的好了。

苏东坡认为这不是科学的治病方法。于是，他对老师说："若照此法行医，不妨用笔墨烧灰入药给读书人喝下去，岂不是可以治一切昏惰病了吗？推而广之，不管是谁，只要喝一口伯夷（孤竹国君之子，与其弟互相推让王位）的洗手水，就可以治疗贪心病；只要吃一口比干（商纣王淫乱，比干净谏而死）的残羹剩汁，就可以治好拍马屁的毛病；只要舔一舔勇将樊哙的盾牌，就可以治疗胆怯病；只要闻一闻西施的耳环，就可以除掉严重的皮肤病？"

苏东坡以对手的论点为依据，不断作类似的判断，结果推导出一系列的荒谬结果，从而巧妙地驳斥了欧阳修讲述的故事中的命题。

歪理歪推，其实是放大错误的一种做法，这也是经常用到的诡辩方法。只不过，在这种做法中，我们明知对手的逻辑是"歪"的、不正确的，但可以去沿用他们的逻辑。

《古今概谈》中有个笑话，说一个人非常吝啬，从来不愿意请客。有个邻居就故意问这人的仆人："你家主人什么时候请客呀？"仆人说："要我家主人请客，除非你等来世。"主人在里面听到了，忍不住一声骂出来："谁让你许他日子的！"

"来世请客"明明是永远不请客的意思，意在否定，可是主人还不满意，从仆人的话里推导出更大的荒谬。主人的做法，其实就是歪理歪推，只不过他是站在自己的立场强化仆人的观点。在我们的论辩中，则可以站在自己的立场这么做，然后逼迫对手承认，用他们的"歪理"推断不出来好结果。

歪理歪推，是依据对方荒谬的逻辑推导出更加荒谬的结论。它的特点是：不但对手论述的前提是歪的，而且其展开说理的推论方法也是歪的。使用这种推理方法时，完全不管结论是否有多种可能性，只认准一种思路，一条路走到黑。使用这一方法进行反驳，其直接效果是越推越歪，越歪越有趣，与此同时，幽默感也就越强，讽刺意味也就越浓。

方法 *4*　活用反语

人们的日常语言表达有着约定俗成的习惯性规则。不过，在特定的情况下，人们也根据表达的需要不时打破习惯约束，甚至反其道而行之，于是便形成了反语。

汉武帝刘彻的乳母在宫外犯了罪，汉武帝知道后，打算不徇私情依法处置。乳母此时想起能言善辩的东方朔，请他搭救。东方朔了解情况后对她说："这不是唇舌之争，你如果想免于处罚，就在被抓走的时候不断地回头，但千万不要说一句话。你听我的，照着这样做，也许还有一线希望。"后来，乳母果然依计而行。与此同时，东方朔故意对乳母说："你未免也太痴情了！皇帝现在已经长大了，早就不靠你的乳汁过活了！"汉武帝听出东方朔话中有话，当即赦免了乳母的罪过。

所谓反语，就是用语言的实际意义跟字面意义正好相反的修辞手段，常常能够微妙地表达思想感情。活用反语的具体方法，有时表现为反话正说，即用正面的语言表达反面的意思。从字面来看，是对他人的肯定与称赞，但是如果放在特定的语境下来理解，就会看出它的深层含义其实是讽刺与嘲弄。两相一对比，往往具有极强的幽默讽刺意味。有时候，我们也会用反面的话来表达正面的意思。当然，这也需要特殊的语境。在某些场合，人们可能习惯于正面陈述，如果你出人意料地用反面的话来说，自然会引起人们的惊讶之情。这时候，说话者再揭示出话语背后的真正含义，无疑会使语言显得幽默风趣、意味深长。

齐国有一个大臣不小心得罪了国君齐景公，齐景公大怒，命人将这个胆大包天的人绑在了殿下，计划召集武士施行肢解大刑。为了阻止别人干预，他下令："有敢于劝谏者，定斩不误。"文武百官见国君发了这么大的火，都避之唯恐不及。只有相国晏子站出来说："让我先割第一刀。"其他人见状，都觉得十分奇怪：晏相国平时从不亲手杀人，今天这是怎么啦？只见晏子左手抓着那个人的头，右手执刀，不过他突然向坐在一旁的齐景公问道："请问我王，古代贤君杀人，一般从哪里下刀呢？"齐景公本来火气已经消了不少，此时听晏子这么说，赶忙一边摇手一边说："把这人放了吧，过错在寡人。"那个人由此死里逃生。

活用反语的妙处，由此可见一斑。

第十五章 | 触类旁通，举一反三的辩论智慧

子曰："绘事后素。"他的弟子子夏立刻由此联想到孔子先仁后礼的思想主张。子夏这种举一反三的灵活思维受到孔子的赞许。我们同样可以从这一事例中领悟出辩论的智慧——触类旁通、由此及彼。

【经典今解】

子贡曰："贫而无谄，富而无骄，何如？"子曰："可也。未若贫而乐，富而好礼者也。"子贡曰：《诗》云，'如切如磋！如琢如磨'，其斯之谓与？"子曰："赐也！始可与言《诗》已矣，告诸往而知来者。"（《论语·学而》）

子贡问道："贫穷而不去奉承献媚，富有而不骄纵傲慢，这种人怎么样呢？"

孔子答道："可以吧。但是还不如虽然贫穷而仍然过得快乐、富有了而又爱好礼仪的人。"

子贡说："《诗经》上说：'要像雕刻骨器、象牙、玉器、石器一样，切磋

它、琢磨它,'说的就是这个道理吧?"

孔子说:"赐啊!现在可以同你讨论《诗》了。因为告诉你这一点,你就能有所发挥,推知另一点了。"

孔子教育他的弟子子贡以及所有的人们,要做到安贫乐道、富而好礼这样的理想境界,社会上无论贫或富都能做到各安其位,便可以保持社会的安定了。子贡触类旁通,举一反三,在孔子的教育中联系到《诗经》里类似的道理,因而得到孔子的赞扬。这是孔子教育思想中的一个显著特点。

子夏问曰:"'巧笑倩兮,美目盼兮,素以为绚兮。'何谓也?"子曰:"绘事后素。"曰:"礼后乎?"子曰:"起予者商也,始可与言《诗》已矣。"(《论语·八佾》)

子夏问道:"'美妙的笑靥真美好呀,顾盼多姿真多情呀!素粉描面更娇俏啊!'说的是什么呢?"

孔子回答说:"就像绘画一样,不是最后用素粉勾画吗?"

子夏又问:"(您的说法使我想到)礼仪制度不是在后来产生的吗?"

孔子说:"给我启发的是卜商啊!如此,是可以和他讨论《诗》了。"

孔子认为,外表的礼节仪式同内心的情操应是统一的,如同绘画一样,质地不洁白,不会画出丰富多彩的图案。子夏能够从孔子所讲的"绘事后素"中领悟到仁先礼后的道理,受到孔子的称赞,再一次体现孔子鼓励并赞赏弟子独立思考、举一反三的思维能力。在我们辩论中,触类旁通、举一反三同样能体现出辩手高超的辩论智慧。

【古为今用】

方法 *1* 管中窥豹，以小见大

以小见大，犹如管中窥豹，从局部而见整体，由一木而见森林。在论辩中，尤其是批驳对手主张时，可以从对方的小谬误入手，然后再慢慢推导，由小及大，由个别到整体，逐渐批驳整个论点。

东汉时有个叫陈蕃的人，常常以名士自居。有一天，他父亲的好友薛勤到访，见他独居一屋，里面的东西摆放得非常杂乱又很少打扫，所以看上去龌龊不堪。于是，薛勤便问："孺子何不洒扫以待宾客？"陈蕃回答说："大丈夫处世，当扫除天下，安事一屋乎？"薛勤就反问他："一屋不扫，何以扫天下？"

陈蕃立志"扫除天下"，要做治国安邦的堂堂大业。有这种雄伟志向固然好，但如果我们看到一个连自己的屋子都懒于打扫的人，谁会相信他可以"扫天下"呢？薛勤的反问，以小见大，有力地批评了陈蕃的狂妄轻浮。

以小见大这种论辩技巧，首先要求论辩者能够从较高层次上，以其敏感的认知能力和洞幽烛微的观察能力，从对手所申辩的论说主张中抓住某一个最能反映事物本质的点。这一点抓住了，接下来才能触类旁通，引申扩张，从而达到论证自己观点，或者反驳对手论点的目的。

我们在进行论辩时，要集中注意力，选取最典型、最有代表性的一个点、一个方面，不要贪多。只有"小"确定了，我们才能更加游刃有余地由此及彼、由表及里，触类旁通、举一反三，进而认清事物的整体面貌，揭示出事物的本质，取得辩论的胜利。运用以小见大这一论辩技巧，一定要选准突破口，务必集中兵力攻击其最要害、最敏感而又最易击破的一点。

千万要记住：以小见大的"小"必须与"大"有必然的联系，不然就会犯下以偏概全或推理不当的错误，给对手留下把柄。

在一次论题为"对外开放与走私贩私关系"的论辩中，正方认为走私贩私都是对外开放造成的，反方则对此展开了针锋相对的反驳：

如果对方的说法能够成立，那么是否可以说我感冒是因为开了窗户？既然如此，为什么开了窗以后，有些人感冒，更多的人却身体健康如故呢？问题只能从自身去找。十一届三中全会以后，我国经济上对外开放，其目的在于利用当前国际有利条件，借外国资本之水灌溉我国现代化之花。我们是有度开放。问题是，有些不法分子一看见金灿灿的洋钱、洋货就眼花缭乱，挪不动脚，犹如蝇之趋腥，营营追逐。请问对方辩手，这能怪罪于谁呢？在改革的大潮下，有逐臭者，也有洁身自好者；有沉溺者，更有奋发向上者……

上述辩词中，反驳者使用以小见大的论辩术，从"感冒"和"开窗"这种生活中的小事切入，清晰地说明了开放与走私的关系。这样的做法，使说理既通俗易懂且生动形象，有很强的说服力。

运用以小见大法，关键是要选取有代表性、典型性的对象，虽小但实，虽短但精。片言以居要，一目能传神。在论辩中，只有当我们选中的"小"有充分的代表性，我们才能更好地触类旁通、举一反三，由此顺藤摸瓜揪出对手的论辩漏洞，这样才能"见一叶落而知岁将暮"。

春秋时期，管仲辅佐齐桓公实现霸业，使后者成为春秋五霸之首。当管仲病危时，齐桓公前往探望："看起来，你的病已经很严重了，你还有什么话要吩咐我吗？"

管仲说："我希望大王能疏远易牙、竖刁、公子开方、堂巫这4个人。把他们留在身边，无论对您还是对国家都不会有好处。"

齐桓公说："易牙是我喜欢的厨师。有一次我不过信口说，自己什么山珍海味都尝过了，就是还没有尝过蒸婴儿的味道。结果，易牙很快就把他刚出生不久的儿子蒸给我吃了。他对我这么好，我怎么能疏远他呢？"

管仲反驳说："从感情上说，没有哪个人不爱惜自己的亲生骨肉。易牙连自己的亲生骨肉都不爱，可以拿出来蒸给别人吃，他对大王是否真的爱惜呢？"

齐桓公又说："竖刁身为贵族，只不过了来侍奉我，就阉割了自己进宫做事。他如此爱我，我怎么能够疏远他呢？"

管仲反驳道："没有哪个人是不爱惜自己身体的，他连自己的身体都不爱，怎能真的对大王好呢？"

齐桓公又说："公子开方是卫国人。卫国并不远，可他侍奉我 15 年都没回家去看望自己的双亲一眼，他也不好吗？"

管仲反驳说："开方连自己的父母都不爱，怎能真正对大王好呢？这几个人之所以守在大王身边，其实都是包藏着不可告人的狼子野心啊！"

齐桓公听了终于有所觉悟，答曰："善！"

管仲是一代贤臣，要进谏国君"亲贤臣，远小人"。但是，齐桓公却对 4 个看起来效忠自己的人难下痛手。管仲要齐桓公自己陈述之所以留下这些人的理由，然后各个击破，关键就是找准了目标。管仲以其敏锐的洞察力，通过齐桓公述说的几个生活片断，分别作出精辟分析。这种分析是触类旁通、举一反三的，而原因是目标具有可延展性。正因为"小"足够典型，管仲才能够从中"见"大，预见到几个人的伪善面貌，就此做了一番精彩论辩。

方法 ② 不拘成规，直接破的

1931 年，国民党政府在通电中给请愿学生安上所谓的"捣毁机关、阻断交通、殴伤中委、拦劫汽车、撞击路人及公务人员，私逮刑讯，社会秩序，悉被破坏"种种罪名，鲁迅先生为斥责国民党政府这一荒唐行为，特意在名篇《"友邦惊诧"论》的结尾引用《申报》的南京专电反驳："考试院部员张以宽，盛传前日为学生架去重伤，兹据张自述，当时因车夫误会，为群众引至中大，旋出校回寓，并无受伤之事。至行政院某秘书被拉到中大，亦当时出来，更无失踪之事。"而"教育消息"栏内，又记本埠一小部分学校赴南京请愿学生死伤的确数，则云："中公死二人，伤三十人，复旦伤二人，复旦附中伤十人，东亚失踪一人（系女性）。上中失踪一人，伤三人，文生氏死一人，伤五人……"可见学生并未如国府通电所说，将"社会秩序破坏无余"，而国府则不但依然能够镇压，而且依然能够诬陷、杀戮。"友邦人士"从此可以不必"惊诧莫名"，只请放心来瓜分就是了。

在反驳错误观点时，我们既可以反驳对方的论点，也可以反驳对方的论据，还可以反驳对方的论证。这里，鲁迅先生列举确凿的事实，直接反驳了国民党政府的荒谬论点，直接揭示了他们论点的错误、虚假，或者逻辑上的混乱，非常直接有力。

这样一种在辩论中直接反驳对立方论点的方法称之为"擒贼擒王，直接破的"具体实施方法多样：可以举事实反驳，也可以进行分析反驳，还可以澄清概念来进行反驳。

古人行军打仗，只有将贼首擒获，敌人随即溃不成军，才能算真正取得战争的胜利。而通过对对手的观点直接进行反驳借以驳倒对手的方法正如同打仗一样"擒贼擒王，直接破的"。在与对手的交锋中，就算我们驳倒了对方的论据或论证，也不能充分说明对方的论题是必然虚假或者必然错误的，充其量只能说明对方的论题有漏洞。要将对方彻底驳倒，还必须对对方的论题进行彻底反驳才行。这就可以说，在反驳对方时，直接反驳论点是一种最快捷的方法。

俗话说，事实胜于雄辩。使用"擒贼擒王，直接破的"的方法，最行之有效的办法是利用大量确凿无疑的事实来佐证，在铁的事实面前，任凭对方如何信口雌黄也于事无补。

东汉末期，曹操挟天子以令诸侯，天下唯有刘备和孙权两股势力联合才能与之抗衡。当时孙权手下的谋士大都主张吴国降曹自保，只有鲁肃主张联刘抗曹，并请来诸葛亮说服一众谋士。诸葛亮在东吴"舌战群儒"，就充分施展了事实胜于雄辩这一反驳技巧。

在论辩中，东吴第一大谋士张昭首先发难，说"刘豫州得诸葛反不如其初"，以刘备原想夺取荆襄九郡做根据地。但荆襄已被曹操得到为论证，引出"诸葛亮言行相违"的结论。对此，诸葛亮根据事实，逐条反驳。

诸葛亮说："甲兵不完、城郭不固、军不经练、粮不继日。"诸葛亮首先指出了当时刘备所处的极为不利的境况这一事实，说明在敌我力量悬殊的情况下，刘备敢于以弱敌强，就是英雄。继而针对张昭提出的"曹兵一出，（刘备）弃甲抛戈，望风而窜"的说法，斥责张昭不论敌我实力悬殊，只看胜负结果是极其不客观的，同时进一步列举出"博望烧屯，白河用水，使夏侯惇、曹仁辈心惊胆裂"这些刘备所取得的辉煌战果。让事实说明，败中有胜，有力反驳了张昭的说法。

其后张昭又言："（刘备）上不能报刘表以安民，下不能辅孤子（刘琮）而据疆土"，诸葛亮先从主观与客观两方面分析，指出荆襄之失，主观上是刘备出于大义"不忍夺宗室之基业",客观上是刘琮暗降;紧接着又从得民与失民两方面作了分析。"当阳之败"是"豫州见有十万赴义之民,扶老携幼相随,不忍弃之,日行十里,不思进取江陵,甘与同败"。虽然荆襄之失和当阳之败俱是事实,但失去疆土得到了民心,可谓未尝有失。

在面对张昭等人的轮番攻击,诸葛亮见招拆招,通过对确凿事实的精准分析一一挡了回去,让张昭等人无言以对,败下阵来。这里使用的正是批驳论据的方法。

实践是检验真理的唯一标准。在具体的辩论中,除了用事实辩驳以外,我们也可以通过实践来检验对手的论点,因为它同时也是检验某论题是否真实的标准。辩手只要通过实践将对方的论题检验一番,其虚假性自然就会暴露无遗。

有一个人想要推销自己发明的士兵制服,便去拜访一位将军,并称自己发明的制服可以防弹。

将军不急着出言质疑,直接说道:"那好啊,你穿上它!我找个人来试试是不是真的防弹。"说罢,将军按铃叫来了随从:"你去叫上校带上枪到这儿来。"这个人一听,立刻抱着制服跑得不见踪影。

防弹制服是不是真的防弹,光用嘴说谁都不能保证真伪,最好的办法就是用枪弹检验。防弹制服的发明者不敢自己穿上制服接受子弹的检验,他的谎言也就不攻自破了。

方法3 声东击西,言此意彼

声东击西,指营造出要攻打东边的声势,实际上却将主要的兵力调动起来去攻打西边。这是使对方产生错觉以出奇制胜的一种战术。东与西截然相反,声东又怎么击西呢？其实，虽然东与西大相径庭，但它们却有着密不可分的内在联系，任何一个事物的存在都会辐射到它周围的事物，在其影响所及的范围内形成一个影响场。所以，使用声东击西的论辩方法，应该特别注意事物之间的联系。

在论辩中，这一方法的运用表现为明说东，暗指西，"声东"是假象，隐藏真实的意图，"击西"才是最后的目的。这通常是我们在有口难言之时的开口方法和技巧。

在某些场合，利用"声东击西"的技巧，把相同意思的话用不同的语言来表达，效果迥异。有时言在此而意在彼，令人回味无穷。

据《晏子春秋》记载，齐景公非常喜欢打猎，所以专门养了许多猎鹰。

有一次，负责为景公养鹰的烛邹一不小心让一只猎鹰逃走了，景公大怒之下，命人把烛邹推出斩首。晏子听闻，为了救烛邹，立即求见景公，说："烛邹犯有三大罪状，哪能就这么轻易杀了呢？"景公不禁疑惑道："何来三大罪？"晏子分析得头头是道："第一条，他作为养鸟人，居然把大王心爱的猎鹰放跑了。第二条，就是使大王为了鸟的缘故而杀人，造了杀孽。第三条，让天下人指责大王重鸟轻士，极大地损害了主公的名声。"齐景公知道晏子其实是暗示自己过于小题大做，不由得汗颜，只好说道："不必再说了，我明白你的意思，不杀烛邹就是了。"

晏子在这番求情的话语中就使用了声东击西的方法，表面上好像是在数说烛邹的三大罪状，实际上是在暗示齐景公如果因为区区一只猎鹰而处死烛邹会让人诟病。这就是说话之声和意之所指的方向刚好相反。这样，既顾全了齐景公的面子，又委婉地指出了其行为的不妥之处，成功救出了烛邹。

一天，曾国藩正在领兵打仗，突然来了一个告密者说有一个统领暗地里准备叛变，并声称自己就是这个统领的部下。没想到曾国藩不但没有奖赏这名告密者,反而勃然大怒,斥责他诬陷忠良,立即命令手下将告密者杀了示众。被告密的统领得知此事后,很快前来求见曾国藩,感谢其信任。不料曾国藩脸色大变,命令左右马上把这个统领推出斩首了。幕僚们都奇怪曾国藩为什么不相信告密者却还要杀了统领呢。曾国藩说:"其实告密者说的是真话。但如果我表明相信他,背叛者肯定会立刻起兵叛变,而我装作不相信他,立刻杀了他,背叛者一定会以为自己深得我信任,放松警惕,这样我才能把他骗来迅速解决掉。"

欺诈者蒙蔽他人时,常玩的把戏便是声东击西,目的在于突然发难而出奇制胜。他们通常会假装暴露出自己的想法,其实将自己的真实意图和目的掩盖了起来,不能让人发现,更不能让人预见。误导对方,使得对方放松警惕,然后伺机施以致命打击。

在日常生活中,假如我们看到自己的朋友或长辈言行不慎出现差错,而不予指出,任其发展,结果只能是害了别人。如果直接指出,又担心对方接受不了,那我们不妨采用这种声东击西式的劝说技巧。看似是指责或者提醒其他人,实际上是让朋友或长辈自己慢慢察觉和纠正自己的过失。

不管是在论辩还是生活中,当我们的意见和观念与人相左时,我们不必急于反驳,而是应当给予对方发表意见的机会,并且表明我们已接受了他的观点,然后再委婉地述说自己的意见。就算双方分歧很大,也可以温和地说:"我觉得你的看法细密周到,但我认为在那种场合可以……"这样既能表现自己的风度,又能坚持自己的立场。

方法 **4** 明知故问，点透事实

在日常生活中，我们常在某些话题上觉得有难言之隐，不能直说。在论辩中，也会存在这种现象。为了取得论辩胜利，我们就要看对手是否存在说话兜圈子的现象，一旦发现就要明知故问，并打破砂锅问到底。就论辩者的角度而言，有的时候为了达到自己的目的，迂回进攻来破除障碍是非常有效的一种方法。

唐高祖李渊登基时，国家还未统一。可是，当秦王李世民正率领将士在前方浴血奋战之时，李渊却大兴土木，修起极为豪华的披香殿。这让谏议大夫苏世长非常不满。有一天，他在庆善宫披香殿陪唐高祖进餐。当大家喝得酣畅尽兴的时候，苏世长突然向唐高祖问道："陛下，这座披香殿是隋炀帝修建的吗？"

唐高祖听了非常不悦，他对苏世长说："你的劝谏看起来好像很直率，但实际上却非常狡诈。你难道不知道这座殿是我修的吗？为何故意说是隋炀帝修的？"

苏世长答道："我的确不知道是陛下修的披香殿。我见这披香殿奢侈得就像殷纣王的倾宫和鹿台一样，所以断定不是能够兴天下的君王所为，因而误认为是隋炀帝修的。如果真是陛下所修，那微臣认为实在不妥。以前，我在武功旧宅侍奉陛下。记得那一阵子，陛下的住宅仅能遮风挡雨，然而陛下却已很满足了。如今，我们可以续用隋朝留下的宫室，那已够奢华的了，何必再建新的？宫殿尚且追求奢侈如彼，陛下又怎能汲取隋炀帝灭国的教训呢？"

唐高祖听了沉思良久，终于对苏世长表示赞许。

皇帝新建披香殿，肯定是朝廷的一件大事，苏世长自然没有不知道的道理。但是，他明知故问，反倒顺利地申述了自己的劝谏主张。

在辩论中，或者在日常生活的对话中，假如我们不愿意说出一些让自己为

难的话，那么不妨装作不知道的样子，而以发问的形式将之巧妙地提出来。这样一来，本来是十分难处理的问题，只因陈说形式发生变化，就往往能够变得易如反掌。一方面，对手会说出这个问题；另一方面，自己又可以坐等对手阵脚自乱。

使用这种发问方法，关键在于对主题一定要明明知道却又装作不知道，而且要尽量装得逼真一点。所谓"不知者无罪"，在别人以为你不知道的情况下，你就可以免去自己的责任而将麻烦丢给对手。

从论辩术的立场上来看，明知故问其实是一种声东击西的战术，或者说围魏救赵。明明目标在东而先向西，欲要进攻先佯装撤退，避其锋芒，迂回诱导，以迂为直。表面上看，这是放着直道、近路不走而走弯道、远路，实际上，因为效果比较明显，反而是一条尽快达到目标的直道、近路。

在正面"强攻"不下的情况下，迂回进攻不失为一种灵活有效的办法。因为这种方法的目的是赢得胜利，方法上又能迷惑对手，把明确的目的与灵活的战术合二为一地结合起来，也就能够避对方之所长，攻对方之所短。与此同时，在进攻路线上，我们已经精心设计，所以往往又带有隐秘性，并符合对方的心理需求。如此一来，对手很容易放松警惕，在对方戒备不严的情况下，我们就可以一步一步地诱使对方不知不觉地接受自己的观点。

除了论辩中策略使用外，日常生活中也常常要用到"围魏救赵"的迂回论辩技巧。一般来说，直言快语的人是真诚坦率、胸无城府的，很受大家欢迎。然而，有时候这样说话却效果不佳，可能刚刚脱口而出就立即碰到钉子。这是因为，语境会对一个人的思维接受状态产生影响。当一个人不愿意接收某方面信息时，你非要竹筒倒豆子似地跟他说个没完没了，那么轻者会损害人际关系，重者会造成不可预知的麻烦。这个时候，我们便不能做"直肠子"，而应该想办法兜兜转转，以一种温和的态度说话，也就是绕个弯子，避开钉子。

绕弯子也好，避钉子也好，核心要义是避免过分强硬地陈说主张和表达观点。下面就介绍几种绕圈子的技巧，帮助大家学习如何温和地表达意见。

一、摆事实

有一天，几位青年人吃过晚饭，大家相邀一起去拜访某教授。不巧，这位教授第二天一早就要出差，很想早点儿休息。只是碍于情面，他又不愿意让几位来客太尴尬，就一直耐住性子招待着。

结果，大家一谈就谈到夜深，几个青年人还在兴致勃勃地向教授请教问题。教授觉得时间实在太晚，就打算辞客。他是这么说的："你们提的这个问题很值得讨论，我明天一早要去 A 城参加一个学术会，正准备和几位专家一块聊聊这个问题。"几位青年都是聪明人，听了这话立即明白打扰到教授休息了，即刻起身告辞并诚恳地说："教授，很抱歉，我们不知道您明天要出差，耽误您休息了。"

二、讲道理

陈毅在新中国成立之初担任上海市长。当时，干部实行供给制，生活消费品都是按需分配。为了不给国家增添负担，他想劝一起居住的岳父回老家生活。如果直接提出，岳父难免产生误解，以为自己嫌弃老人。所以，陈毅就略施小计，先问老人家是共产党好还是国民党好。老人根据自己亲身经历说，国民党任人唯亲，一人得道，鸡犬升天。陈毅听了说："说得好啊，所以国民党要倒台……那您喜欢不喜欢您的女婿也这样？"老人听了，立刻明白其中道理，主动提出回老家休养。

当我们与对方观点不相同时，直接否定很容易挫伤其自尊心，反倒不便于申述我们自己的观点。因此，不妨先不否定对方的观点，而是先摆事实，再讲道理，最终落实到具体问题上，使对方自己否定自己的观点。

三、模糊语言

由于某种原因,我们有时候不愿意或不便于把自己的真实想法直接说给对方,这时就可以故意使用模糊语言来应付局面。

一位病情严重的病人问医生:"我的病是不是很重?您觉得还有康复希望吗?"医生回答他:"你的确病得不轻,但是只要耐心治疗,安心养病,慢慢会好的。"

病人的病情可能的确比较严重,康复希望也很渺茫。这时候医生如果直接告诉他真相,非但无助于病情缓和,反而会给其带来巨大的心理压力。这自然为医生所不愿为。然而,医生如果直接说病情没有大碍,则又违背了一个医生的职业原则。所以,医生承认病情严重,又说可以康复,事实上是一种模棱两可的做法。只不过,从病人的角度来看,还是有康复希望,听起来就会觉得有所安慰。

模糊语言还适用于这种情况,即你对某人某事有不同看法,而一时又说不出谁是谁非。这时,如果必须发表观点,就要本着"求大同,存小异"的原则含蓄地说出来,避免锋芒毕露。

四、动之以情

一般而言,人们不会轻易改变已经明确表示的态度和立场。在这种情况下,为了达到说服人的目的,我们必须先把自己的观点藏起来,而是先从感情上和对方接近,待到其事理通畅、道理明白时,再稍加点拨促使他人主动改变。

郑板桥早年家贫,生活很是艰难。有一年除夕,家里赊了一只猪头,刚准备下锅却被屠户收回拿去高价卖出。为此,他一直忿恨在心。后来,郑板桥到山东范县做官还特别规定,杀猪的不准卖猪头,即使自己吃也要交税,以示对屠户的惩罚。他的夫人认为,郑板桥此举并不恰当,但一直没有找到合适的机会进行劝解。

直到有一天，郑板桥的夫人捉到一只老鼠，就把它吊起来。夜里，老鼠不住地挣扎，声音彻夜不息，致使郑板桥一宿没睡好觉。第二天一早，他为此埋怨夫人。她就说，自己小时候好不容易做了件新衣裳，结果被老鼠啃坏了，一直怨愤在心难以释怀。郑板桥听后笑道："夫人，是兴化的老鼠啃坏了你的衣裳，又不是山东的，你恨它是何道理？"夫人趁机说："你不是也恨范县的屠户吗？"

郑板桥闻听此言，不觉心下一动。很快，他就废除了自己不近人情的规定。

在论辩过程中，迂回地表达自己的观点，围魏救赵、声东击西，非常有效。一般来说，这样的方法包括以下几个步骤：首先有意避开对方的讳忌点，绕道而行；其次，选择对方感兴趣的话题开始说，力争消除对方的敌意和不满；最后，一见时机成熟，对手情绪稳定下来，而立场也有所松动，就把话题一转，抛出自己真正的命题。结局往往是，当对方跟着你走完一段路程的时候，才突然发现已然偏离了自己的出发点。

在运用这种论辩术时，要尽量注意以下两个方面：

第一，要依据对方的心理状况进行论辩。摸清对方的真实想法，就是认清楚论辩的语境和环境，尤其要判定对方的认识基点。需要记住，不管对方认识水平如何，既然是你的论辩对象，他就总是一个客观存在，有着自己的立场，也就必须给以充分的尊重。所以，围魏救赵最忌讳的就是一开始就提出分歧性太过明显的观点，并要求对方承认。

第二，要积极主动地肯定对方的优势。在论辩时，对方谈话中表现出来的观点，只要我们同意，就应立即做出表示赞同的反应，但也不要太直接、太露骨，这样可以促进双方寻找共同立场，更快地解决问题。我们要表现得若无其事，和对方谈他们感兴趣的事，并将自己的诚恳感情渗进对方的问题和意识里，令对方感受到我们的诚意。只有寻找到共同话题，并适时适度赞扬对方的思辨脉络，双方才能消除对立情绪，才能求同存异。